SFI

上海新金融研究院

SHANGHAI FINANCE INSTITUTE

探索国际金融发展新趋势，求解国内金融发展新问题，支持上海国际金融中心建设。

新金融书系
NEW FINANCE BOOKS

可持续信息披露标准及应用研究

——全球趋势与中国实践

屠光绍　王德全　等◎著

中国金融出版社

责任编辑：丁　芊
责任校对：李俊英
责任印制：程　颖

图书在版编目（CIP）数据

可持续信息披露标准及应用研究：全球趋势与中国实践/屠光绍
等著. —北京：中国金融出版社，2022. 3
（新金融书系）
ISBN 978 - 7 - 5220 - 1567 - 5

Ⅰ.①可… Ⅱ.①屠… Ⅲ.①上市公司—会计信息—研究—
中国 Ⅳ.①F279.246

中国版本图书馆 CIP 数据核字（2022）第 052667 号

可持续信息披露标准及应用研究：全球趋势与中国实践
KECHIXU XINXI PILU BIAOZHUN JI YINGYONG YANJIU：
QUANQIU QUSHI YU ZHONGGUO SHIJIAN

出版
发行　中国金融出版社

社址　北京市丰台区益泽路 2 号
市场开发部　（010）66024766，63805472，63439533（传真）
网 上 书 店　www.cfph.cn
　　　　　　　（010）66024766，63372837（传真）
读者服务部　（010）66070833，62568380
邮编　100071
经销　新华书店
印刷　河北松源印刷有限公司
尺寸　170 毫米 × 230 毫米
印张　16.75
字数　240 千
版次　2022 年 3 月第 1 版
印次　2023 年 2 月第 2 次印刷
定价　58.00 元
ISBN 978 - 7 - 5220 - 1567 - 5
如出现印装错误本社负责调换　联系电话（010）63263947

新金融书系
NEW FINANCE BOOKS

中国的金融发展史就是一部"新金融"的历史，金融业的版图无时无刻不在演变、重塑。不断革新的金融工具、运行机制和参与主体塑造了不断变化的金融业态和格局。理念与技术的创新在推动金融结构演进、金融改革深化的同时，也为整个金融业的发展带来了机遇与挑战。

"新金融书系"是由上海新金融研究院（Shanghai Finance Institute，SFI）创设的书系，立足于创新的理念、前瞻的视角，追踪新金融发展足迹，探索金融发展新趋势，求解金融发展新问题，力图打造高端、权威、新锐的书系品牌，传递思想，启迪新知。

上海新金融研究院是一家非官方、非营利性的专业智库，致力于新金融领域和国际金融的政策研究。上海新金融研究院成立于2011年7月14日，由中国金融四十人论坛（China Finance 40 Forum，CF40）举办，与上海市黄浦区人民政府战略合作。

上海新金融研究院努力提供一流的研究产品和高层次、有实效的研讨活动，包括举办闭门研讨会、上海新金融年会、外滩金融峰会，开展课题研究，出版《新金融评论》、新金融书系等。

中国金融四十人论坛是一家非营利性金融专业智库平台，专注于经济金融领域的政策研究与交流。中国金融四十人论坛正式成员由40位40岁上下的金融精锐组成，致力于以前瞻视野和探索精神，夯实中国金融学术基础，研究金融领域前沿课题，推动中国金融业改革与发展。

本书课题组成员名单

课题负责人

屠光绍　上海新金融研究院理事长

课题组成员

王德全　鼎力可持续数字科技（深圳）有限公司首席执行官

曾　刚　上海证券交易所资本市场研究所执行所长

赵俊峰　鼎力可持续数字科技（深圳）有限公司气候变化总监

宋红雨　中证指数有限公司总经理助理

何基报　深圳证券交易所综合研究所所长

刘寒星　全国社会保障基金理事会股权资产部原主任

耿艺宸　中国平安保险（集团）股份有限公司 ESG 事务负责人

叶从飞　汇添富基金管理股份有限公司 ESG 负责人

孙　烨　深圳证券交易所综合研究所研究员

可持续信息披露标准研究应以投资者需求为导向①

肖　钢

在发展 ESG、应对气候变化的背景下，如何加强信息披露的基础设施建设是一个重大又现实的课题。

本研究形成了一份高水平的研究报告，全面介绍了国内外可持续信息披露的标准和规则体系，内容丰富，资料翔实，是这个领域不可多得的力作。报告深刻分析了全球可持续信息披露的发展趋势，反映了众多利益相关者对信息披露的客观需求，也探索了其内在的机理和动力。报告系统地构建了中国可持续信息披露的框架，这也是重要的成果。报告明确提出中国的可持续信息披露标准要与国际接轨，但不能简单照搬国外的经验，而是要根据我国的发展阶段和特点，制定适合我国国情的信息披露标准和规则。我个人完全赞同这一论断。

---

① 本文根据中国金融四十人论坛（CF40）资深研究员、第十三届全国政协经济委员会委员肖钢在 2021 年 8 月 29 日上海新金融研究院（SFI）内部课题评审会"可持续投资的信息披露标准设计：国际经验与我国探索"上的评审发言整理而成。

本报告以中国的实际情况为立足点，在此基础上还提出了一系列有参考价值的政策建议，包括可持续信息披露的规则和标准，我觉得都很有价值。

统一、高质量的信息披露标准的内涵

高质量、可持续的信息披露贯穿报告始末，但是，到底什么是高质量的信息披露？高质量又体现在哪些方面？

不同的组织、国际机构有不同的表述，目前国际上达成共识的包括一致性、完整性、可靠性，本研究报告都采用了，但是报告在少数地方还提到了规范性，当说到中国建立 ESG 可持续性的信息披露标准时又提出了普适性。当然，如果不细究用词的话，我想这些内容的大体原则和精神其实是一致的。

新《证券法》的亮点之一就是专门设置了一章关于信息披露的内容，这在原来的版本中是没有的。《证券法》准确道出了高质量信息披露的基本含义，集中表现为十个字：真实、准确、完整、及时、公平。这十个字的概括和之前提到的国际上常用的表述，在总的原则和精神上是一致的。

但是，当我们研究高质量信息披露标准的内涵时，到底应该使用哪一种表述？标准之所以为标准，是因为其具有统一性。然而，有时使用一致性、可比性、完整性来形容信息披露，有时又用一致性、可靠性，还有的机构可能扩展得更多，这可能违反了"标准"一词的应有之义。

我们研究信息披露标准时强调的是高质量信息披露，那么什么是高质量？对于这个词的具体含义，国内外机构也有不同的表述。我之所以强调这一点，并不是反对各方提出的多种标准，而是建议相关研究进一步明确高质量信息披露标准的内涵。

国际上经常讨论的信息披露标准是"一致性、可比性、完整性和可靠性"，这和《证券法》提出的"准确、完整、真实"意思相近。但国内对信息披露标准的概括和国际上常用的表述终究还是有区别，例如，《证券法》提出了公平，这一点在国际上却不常见。

如果完全按照《证券法》的提法，我们应如何理解"公平"作为信息披露的一个标准呢？如果我们使用国际上广泛使用的"一致性、可比性、完整性"等表述，是不是就忽视了我们国家的法律？个人看法是，我国的上市公司必须按照《证券法》的要求披露信息，其他 ESG 信息披露可以参考国际上的标准。

我始终认为一致性、完整性、可靠性等和我国《证券法》的要求具有一致的内涵，这两者并非相互矛盾。但当它们作为未来我们要贯彻执行的标准时，就不能有随意性，在表达上也应保持一致。根据我的理解，或许可以探索这样一种模式：先面向所有机构制定一套基本的信息披露标准，再以此为基础，给不同的机构发挥的空间，进行自我完善。

明确信息披露应以投资者的需求为导向

制定信息披露的标准需要进一步明晰，这些标准究竟是以投资者的需求为导向，还是以监管者的需求为导向，或是以混合需求为导向？

尽管以投资者需求为导向和以监管者需求为导向在根本上是一致的，但两者之间仍然有很多差别，我认为应体现信息披露以投资者需求为导向的原则。

前面提到，这两个导向不是相互矛盾的，充分的信息披露对监管者和其他利益相关者都有好处，但由于监管者是制定标准的人，这样就容易导致标准的制定往往以监管的需求为导向。换言之，就是监管者站在自己的角度制定标准。

如何使监管者站在投资者的角度制定标准呢？这个问题很重要。

国内信息披露的管理办法对中国上市公司的要求就是以投资者的需求为导向。对监管者来说，可能信息越详细越好，也不用在乎企业为此付出的成本，但是投资者对信息的要求往往是简明清晰、通俗易懂。所以，我国上市公司在信息披露方面做得比较好的，都是信息可视化水平比较高的。特别是在中国这样一个由散户主导的市场里，繁文缛节的大量信息并不见得就是好信息，要让投资者理解信息，就要采用图文并茂的方式，把复杂的信息翻译成"普通话"，这才是以投资者的需求为导向。

因此，只有监管者真正地转变观念，在制定标准时为投资者、上市公司考虑，才能提高信息披露的质量和有效性。

我认为要让信息服务好投资者，应处理好以下关系：第一，要处理好信息披露的统一性和投资者需求多样性的关系。标准肯定是统一的，但投资者的需求是多样的，这是对我们制定信息披露标准的挑战。在处理这对关系时，要特别注意投资者的多样性需求，即不同的投资者有不同的需求。第二，要处理好信息披露的数量和质量的关系，信息披露的数量不是越多越好，在这中间还要平衡好信息披露质量和企业成本负担的关系。第三，要处理好 ESG 信息披露与气候信息披露的关系，关于这方面的内容我将在后面详细说明。

除此之外，我们还要探索非财务信息的标准化问题。财务信息自不必说，但可持续信息属于非财务信息，非财务信息也应该标准化。国际机构现在正在探索这一问题，我认为我们也应该探索、解决这个问题，也就是说，我们应如何增强非财务信息的通用性和可比性，加快数字化信息披露，提高机器的可读性。

从我国的实践情况来看，由于投资者结构不平衡、散户过多，所以市场对高质量信息披露并不敏感。例如，上海证券交易所和深圳证券交易所曾分别发布它们对各个上市公司信息披露的评价结果，从 2021 年 1 月 1 日到 2021 年 8 月 15 日，股票涨得最好的前十家公司，只有一家公司被沪深交易所认为信息披露优良，剩下的九家公司中，六家信息披露合格，三家信息披露不合格。

这是一个值得我们深思并研究的现象，这既是一个理论问题，也是一个实践问题，其背后的原因有很多，其中之一可能就是上市公司的信息披露不符合投资者的需求，投资者可能不愿意看或者看不懂那么厚的资料。

因此，信息披露标准好不好要由投资者来决定，好的信息是受到投资者欢迎的信息，而不是监管者认为好的信息。这就像我们为人民服务，要坚持把人民答不答应作为衡量一切工作得失的标准，在信息披露方面，让投资者感到满意的信息披露标准才是好的标准。当然，这种标准也要随着历史发展阶段的演变不断改进。

综上所述，我们可以得出结论，信息披露得好的公司现在不一定受到市场的欢迎，但不好的公司，其信息披露肯定是不好的。

协调好 ESG 信息披露和气候信息披露

ESG 信息披露就是可持续信息披露，有很广泛的内涵，包括气候方面的信息披露。同时，报告也用专门的章节介绍了各个国际组织制定的气候变化相关信息披露标准，并提出我们要逐步采用气候相关财务信息披露工作组（TCFD）的气候信息披露标准，我赞同这一观点。只不过根据报告中的介绍，这个气候信息披露标准本身也非常复杂。

我的问题是，既然 ESG 的"E"包括环境信息，也包括一些气候、减排和污染防治的标准，并且在 ESG 体系下使用那么多气候方面的指标、研究得那么细致，既不可能也不现实。那么，公司作为信息披露的主体，要同时执行这两套标准成本负担会很重。

国际上现行的 ESG 标准也很复杂，另外还要采用一套相当复杂的 TCFD 的气候信息披露标准，那么，未来公司是否应同时执行这两套标准？还是说将气候信息披露标准纳入 ESG 体系中，以 ESG 标准为主、气候信息标准为辅，两者合为一套标准来使用？

根据本报告提供的资料，从趋势来看，各国际组织都分成两套来执行。它们保留了 ESG 标准，因为 ESG 的覆盖面更广，但气候作为一个专题又特别重要，并且难以被纳入 ESG 体系，因为它自身很复杂，要求得很详细，如碳足迹，企业不仅要披露自身的碳排放量，还要披露间接的碳排放量以及全产业链的排放量，既要求实体企业也要求金融机构披露相关信息。因此，从中国以及全球来看，都需要同时应用这两套标准，但这对企业的负担也比较重。

那么，我们应该如何协调这两套标准呢？现在设计的可持续信息披露框架中采用了三四个气候指标，简单明了，详细信息就要看单独的气候信息披露标准了。

我猜测我们最终可能同时使用两套标准，一套是 ESG 信息披露标准，其中"E"代表的环境部分可能反映更多的原则，设置较少的指标，以降低复杂度；另一套就是 TCFD 的气候信息披露标准。

未来，不管是从国际还是从国内的视角出发，关于这两套标准的问题都值得我们继续研究。

抓住机遇建立中国 ESG 标准[①]

陈文辉

ESG 投资在全球范围内推动比较缓慢，在中国更是如此。其中一个非常重要的原因是 ESG 缺乏统一的信息披露标准和统一的评价体系。本研究内容丰富，主要解决了统一信息披露标准的问题，系统梳理了可持续投资信息披露的国际经验，并提出了符合中国实际的可持续投资信息披露框架，具有一定的政策参考价值。接下来我谈几点看法。

ESG 信息披露应与当前重点工作相结合

总的来说，我国 ESG 的推进工作既缓慢又不均衡。从 ESG 的三个方面来看，公司治理（Corporate Governance）比较受重视。这是因为如果公司治理存在问题，则既会引起监管部门的关注，又会引起股东的重视，所以公司治理的推动力度较大，相关的规章制度、法律法规也比较完善，但是对环境（Environment）和社会责任（Social Responsibility）的重视程度都不够。

中央提出"双碳战略"有助于推动 ESG 从理念转向操作层面。原来 ESG 所欠缺的标准、披露、立法以及强制实施等方面都会加速落地。在制定 ESG 标准的过程中，一开始很难做到尽善尽美。应借助国家对于双碳目标推动的契机和动力，找到突破点，推动建立 ESG 信息披露标准，并且分

[①] 本文根据中国金融四十人论坛（CF40）学术顾问、全国社会保障基金理事会副理事长陈文辉在 2021 年 8 月 29 日上海新金融研究院（SFI）内部课题评审会"可持续投资的信息披露标准设计：国际经验与我国探索"上的评审发言整理而成。

层次、分重点、分阶段地实施。

2021 年 8 月 17 日，中央财经委员会第十次会议召开，研究扎实促进共同富裕问题，这对推进 ESG 标准的建立也具有重大意义。比如说，初次分配如何顾及员工的利益、灵活用工企业如何为员工解决社保问题、三次分配中个人和企业如何为社会做贡献，这些方面都与 ESG 中的社会责任息息相关，可以凭借"共同富裕"的东风，推动相关标准的建立。

制定信息披露标准需要考虑企业成本

在制定 ESG 信息披露标准时，一定要考虑企业披露成本。披露成本的可承受性会影响披露工作的可操作性。在保险行业，欧洲制定的偿付能力监管标准非常完善，但企业也承担了很高的成本，导致该标准很难推广。因此，信息披露标准一定要在企业可承受的范围内，否则会因披露成本过高而失去可操作性。

尽快建立中国 ESG 信息披露标准，提升国际话语权

目前全球 ESG 投资尚未形成统一标准，这既有弊端又存在机遇。由于缺乏统一的标准，ESG 的推进过程会相对缓慢，但也正因为没有统一的标准，我国可以在充分吸收国际经验的基础上，立足我国国情，建立 ESG 中国标准。在中国标准与其他国际主流标准趋同的过程中，我国在国际投资领域的话语权也会不断增强。

我的这些思考来自切身体会。银行业的监管在国际上形成了统一的巴塞尔协议，在巴塞尔协议比较成熟时我国才加入，因此导致我国只能遵守监管规则，话语权较弱。保险业没有全球统一的监管标准，美国保险监管主要依据 RBC 标准，欧盟依据偿付能力二号标准，我国则提出了保险业第二代偿付能力监管体系（简称偿二代），与欧洲、美国监管标准共同成为世界主流标准，大大增强了话语权。因此，在 ESG 投资未形成全球统一标准时，我们应该抓住提升国际话语权的机遇。

前言

一、可持续发展的概念形成及演进

可持续发展是 20 世纪 80 年代提出的一种新型发展观。20 世纪七八十年代以来，随着全球资源减少、能源消耗和环境被破坏的形势日益严峻，如何实现人类经济社会的可持续发展，引起全世界共同关注。1987 年，世界环境与发展委员会在《我们共同的未来》报告中第一次阐述了"可持续发展"的概念，得到了国际社会的广泛认同。

可持续发展是指既满足当代人的需求，又不危及后代人满足其需求的发展。具体来说，就是在经济发展的同时，要求社会通过提高生产潜力和确保所有人的公平机会来满足人类的发展，并采取保护环境和合理利用自然资源的方针，以实现经济、社会与环境的协调发展。①

1992 年，联合国环境和发展大会通过了《21 世纪行动议程》和《里约宣言》等重要文件，正式提出了可持续发展战略。大会之后，我国政府率先制定了《中国 21 世纪议程——中国 21 世纪人口、环境与发展白皮书》，是全球首个编制 21 世纪议程行动方案的国家，表明了我国坚定实施可持续发展战略的决心。

1995 年 9 月，中共十四届五中全会正式将可持续发展战略写入《中共

---

① World Commission on Environment and Development. Our Common Future ［R/OL］. （1987 - 08 - 04）. https：//sustainabledevelopment. un. org/content/documents/5987our - common - future. pdf.

中央关于制定国民经济和社会发展"九五"计划和 2010 年远景目标的建议》，提出"必须把社会全面发展放在重要战略地位，实现经济与社会相互协调和可持续发展"。这是党的文件中第一次使用"可持续发展"这一概念。根据十四届五中全会精神，1996 年 3 月，第八届全国人民代表大会第四次会议批准了《国民经济和社会发展"九五"计划和 2010 年远景目标纲要》，将可持续发展作为重要的指导方针和战略目标上升为国家意志。1997年中共"十五大"进一步明确将可持续发展战略作为我国经济发展的战略之一。①

可持续发展是以保护自然资源环境为基础，以激励经济发展为条件，以改善和提高人类生活质量为目标的发展理论和战略。近年来，中国积极响应国际社会可持续发展这个时代主题，同时植根于本国基本国情，在长期社会发展实践中探索出一条独具特色新发展理念和可持续发展观。

2005 年 8 月，时任浙江省委书记习近平在浙江湖州安吉考察时提出了"绿水青山就是金山银山"的科学论断。党的十八届五中全会首次正式提出新发展理念。

新发展理念强调发展是解决我国一切问题的基础和关键，发展必须是科学发展，必须坚定不移贯彻创新、协调、绿色、开放、共享的发展理念。② 新发展理念要求在发展经济的过程中，必须与人口、资源、环境统筹考虑，树立和践行绿水青山就是金山银山的理念，坚持节约资源和保护环境的基本国策，不仅要安排好当前的发展，还要为子孙后代着想，为未来的发展创造更好的条件。必须把新发展理念贯穿发展全过程和各领域，构建新发展格局，切实转变发展方式，推动质量变革、效率变革、动力变革，实现更高质量、更有效率、更加公平、更可持续、更为安全的发展。

创新是可持续发展的不竭动力，协调是可持续发展的内在要求，绿色

---

① 新中国峥嵘岁月：可持续发展战略. 新华网［EB/OL］.（2019 - 10 - 29）. http：//www. xinhuanet. com/2019 - 10/29/c_1125165645. htm.

② 习近平. 决胜全面建成小康社会、夺取新时代中国特色社会主义伟大胜利——在中国共产党十九次全国代表大会上的报告［EB/OL］. http：//www. gov. cn/zhuanti/2017 - 10/27/content_5234876. htm.

是可持续发展的必要条件，开放是可持续发展的必经之路，共享是可持续发展的终极归属。只有坚持创新发展，才能解决发展动力问题；只有坚持协调发展，才能解决发展失衡问题；只有坚持绿色发展，才能实现和谐共生；只有坚持开放发展，才能弥补发展短板；只有坚持共享发展，才能回归发展本源。

当前国际格局加速演变，新冠肺炎疫情触发全世界对人与自然关系的深刻反思，全球气候治理的未来更受关注，如何在发展经济的同时，更好保护资源和环境，促进人与自然和谐发展，已成为新发展理念的重要内容。2020年9月22日，习近平主席在第七十五届联合国大会一般性辩论上宣布"中国将提高国家自主贡献力度，采取更加有力的政策和措施，二氧化碳排放力争于2030年前达到峰值，努力争取2060年前实现碳中和"。此后，习近平主席在不同场合就碳达峰、碳中和发表十余次重要讲话，不断深化战略部署。至此，中国的可持续发展又迈向了探索碳中和之路的新进程。

可持续发展已经越来越成为当今社会各国家和地区、各行业和各阶层的共识。于中国而言，可持续发展既是自身发展的需求，也对实现开放共享，实现人类命运共同体具有重要意义。同时，要实现可持续发展是个宏大的系统工程，需要在战略规划、发展方式、体制机制以及国际合作等各方面统筹推进，而各类企业作为市场主体在其中发挥着基础性作用，如何通过金融和投资资源的有效配置，促进并推动实体经济向可持续发展转型就是金融体系的重要任务，这就使健全和完善有利于企业可持续经营实践和金融投资体系的互动机制更加迫切，而可持续信息披露的意义就愈加重要。

二、可持续信息的定义及其价值链

可持续发展要求在发展经济的同时要兼顾环境和社会影响，要作出长期规划，平衡这三者之间的关系。经济、社会、环境这三个领域是可持续发展的三大支柱。为了帮助广大利益相关方了解和评价企业活动对经济、社会和环境的影响，作出更符合可持续发展理念或方向的决策以创造长期价值，需要作为市场经济重要主体的企业披露其可能影响广大利益相关方决策的重大可持续信息。

过去创造价值的方式通常只考虑经济的维度，但在可持续发展理念之下，还应将环境和社会维度以及可能影响公司价值创造的治理维度纳入考虑范畴。因此本书所称可持续信息是指与企业自身活动和发展相关的、会创造或破坏企业长期价值、对可持续发展目标具有重要性的事项或信息，主要涵盖广泛的经济、环境、社会和治理信息。

在实践中，企业通常将其提供的有关环境、社会和治理表现及影响等的报告称为可持续发展报告、ESG 报告或社会责任报告，国际上也有很多组织机构用非财务报告来指代这类信息。ESG 信息顾名思义是指环境（Environmental）、社会（Social）和治理（Governance）信息，聚焦的是企业在环境保护、社会责任和公司治理三个方面的活动和绩效。社会责任信息是指企业对国家和社会的全面发展、自然环境和资源，以及股东、债权人、职工、客户、消费者、供应商、社区等利益相关方所应承担责任的信息。非财务信息是指以非财务资料形式呈现的，与企业的生产经营活动有着直接或间接联系的各种信息资料，包括公司背景信息、管理层讨论与分析、前瞻性信息、社会责任和核心竞争力等信息。

从理论上来说，可持续信息包含非财务信息，非财务信息包含 ESG 信息，ESG 信息包含社会责任信息。但实践中，不少企业经常将可持续信息、非财务信息或 ESG 信息互换使用，可持续发展报告、ESG 报告、社会责任报告或非财务报告之间也经常互换使用，且都已成为国际上常用的术语。本书不就使用哪个词语进行特别的建议，但为了反映披露和使用此类信息以促进可持续发展的目的，主要使用"可持续信息""可持续发展报告"等表述。

如今，可持续信息的使用变得越来越广泛，包括企业本身、投资者、消费者、员工、社区、政策制定者等在内的众多利益相关者开始利用公司披露的可持续信息作出各种决策。为了更好地满足各利益相关者的各种信息需求，与可持续信息相关的价值链也开始快速发展。可持续信息价值链示意图如图 1 所示。

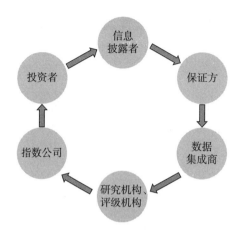

图1　可持续信息价值链

随着人们对可持续发展绩效及其对财务可持续性影响认识的不断提高，企业需要提高其所披露信息的可信任度，以展示公司运营的透明度，强化品牌形象。因此，这一需求催生了可持续信息审计或认证业务的发展。

在大量的可持续信息使用需求下，越来越多的数据集成商开始建立可持续信息数据库，广泛收集和整合数据源，对庞大的、分散的、无序的信息进行采集、加工和组织，方便用户查询、检索和获取，并根据不同用户群的不同需求，提供有针对性的产品和服务。

可持续投资规模的日益扩张，使可持续投资理念日趋走向主流化。为统一衡量企业的可持续发展绩效，建立在信息披露上的可持续研究及可持续评级在资本市场中应运而生。在可持续评级发展的基础上，可持续相关指数也得到了快速发展。可持续评级较高的公司将得到更多投资者的青睐，更有可能被纳入可持续相关指数，获得更多资本注入。

越来越多的投资者构意识到可持续投资的价值，纷纷加入可持续投资的队伍。可持续信息的保证、数据集成、研究、评级以及指数的发展为投资者开展可持续投资提供了重要支持。为了更好地满足投资者的需求，吸引投资者的关注，企业也会主动地改善其可持续发展实践及信息披露。如此循环往复，可持续信息价值链中的各个环节相互促进、相互加强。

三、可持续信息披露的重要性及其规范指引

在可持续信息价值链中，可持续信息披露是底层基础，可持续信息的保证、数据集成、研究、评级以及指数的发展都建立在信息披露的基础之上，同时这一系列环节也主要是为了支撑可持续投资。

从广义上来说，可持续信息披露包括所有市场主体的可持续信息披露，但由于可持续信息披露的主要使用者是投资者，所以从可持续投资的立场出发，最受关注的是企业层面的可持续信息披露（支撑投资者对企业的投资）以及金融机构层面的可持续信息披露（支撑投资者对金融产品的投资），每一类主体的可持续信息披露都有不同的利益相关方及其不同的信息使用目的。由于企业层面的可持续信息披露是各利益相关方（包括金融机构）进行相关评价和决策的基础，是整个可持续信息披露大厦的基石，因此本书主要探讨的是以投资者需求为导向的企业层面的可持续信息披露。

（一）上市公司的可持续信息披露

企业可持续信息的公开和透明对于一个正常运转的金融体系来说至关重要。企业通过可持续发展报告，将公司在可持续性议题上的信息向投资者或社会公众披露，能够帮助投资者评估其可持续性方面的风险和机遇，并了解其长期估值以为投资决策提供依据；能够使客户通过这些信息判断其产品和服务的环境及社会影响，判断其产品和服务是否符合自身的可持续发展理念，进而实现供应链的可持续性管理；可以帮助社区根据这些信息判断公司对所在社区的影响，从而决定社区是否应该支持该企业的入驻和经营；政府和监管机构也只有在了解了公司的这些信息后，才能更好地了解我国整体的环境和社会状况，进而对公司的可持续发展进行有效的激励和监督。

可持续信息是对企业可持续发展表现的度量，可有助于评价企业的可持续发展能力。要发挥市场优化资源配置的作用，需要企业披露一致的、可比的、全面的可持续信息，使利益相关者了解企业是如何将可持续发展原则融入其日常运营的，从而促进可持续投资资金的有效分配。随着人们

对于可持续信息的关注度越来越高，许多国家和地区都在推动辖区内企业可持续信息披露制度的建立和完善。

欧盟早在 2014 年颁布的《非财务报告指令》中已要求大型企业进行非财务信息披露。由于投资者要求公司提供更多有关社会和环境绩效及影响的信息，而且各类组织和利益相关者都呼吁对非财务报告采用新的监管方法，因此欧盟委员会提出关于企业可持续发展报告的提案，拟要求所有大型公司和上市公司根据强制性可持续发展报告标准进行报告。

英国在《公司法》中提出了非财务信息披露的要求，要求公司披露自身商业活动造成的影响、公司的反腐败和反贿赂方针以及针对非财务问题进行尽职调查的流程等。伦敦证券交易所也适时更新 ESG 方面的报告指南，对上市公司可持续信息披露提供不断完善的指引。

美国纳斯达克证券交易所在 2019 年发布了《ESG 报告指南 2.0》，参照全球报告倡议组织（Global Reporting Initiative，GRI）、气候相关财务信息披露工作组（Task Force on Climate – Related Financial Disclosures，TCFD）建议等国际报告框架，从利益相关者、ESG 因素的重要性及 ESG 指标度量等方面为所有在纳斯达克上市的公司和证券发行人提供 ESG 报告编制的详细指引。近期美国证券交易委员会（SEC）也正在考虑将 ESG 信息披露纳入对发行人的披露要求中。

日本金融厅和东京证券交易所也多次修订《日本公司治理守则》，加强上市公司对非财务信息（含 ESG 信息）的披露要求。2020 年 5 月 31 日，日本交易所集团联合东京证券交易所发布《ESG 信息披露实用手册》，汇总了上市公司在开展 ESG 活动和信息披露方面面临的问题，并为其提供了 ESG 信息披露的步骤指引；为了使公司信息披露尽可能有利于投资者作出投资决策，该手册的编制还充分考虑了投资者的观点。

新加坡证券交易所也发布了《可持续发展报告指引》，自 2017 年 12 月 31 日或之后结束的财政年度开始，强制要求所有发行人每年编制一份可持续发展报告，并以"遵守或解释"为原则列出了报告的主要组成部分。对于可持续发展报告框架，新加坡证券交易所并未提供明确的要求或建议，而是指引发行人在全球公认的可持续发展报告框架中选择适合其行业和商业模式的报告框架，并解释其选择。根据发行人的业务，其也可选择多个可持续发展报告框架。

2012 年香港交易所首次发布了《环境、社会及管治报告指引》（以下简称《ESG 报告指引》），建议所有上市公司披露相关信息。随后，香港交易所分别于 2015 年和 2019 年对《ESG 报告指引》进行了修订，最新的《ESG 报告指引》对上市公司就 ESG 相关的信息披露提出了董事会声明的强制披露要求及环境和社会绩效的"不遵守就解释"要求，同时拓展了披露的内容，不断强化上市公司的 ESG 信息披露义务。

虽然各国和地区的信息披露要求不完全一样，信息披露内容也因各国和地区的发展情况不同而各有侧重，但总体而言，国际上越来越多的国家和地区开始设计本地的可持续信息披露制度，以规范和引导辖区内企业的可持续信息披露。

（二）金融机构的可持续信息披露

金融行业具有引导和配置社会资本流动的重要职能，在经济的长期稳定发展中扮演着重要角色。金融机构本身在金融行为过程中重视对企业可持续信息的了解，践行可持续投资理念；同时，作为可持续投资环节中的重要参与方，越来越多的监管机构也日益重视金融机构本身的可持续信息披露。

1. 香港证监会对 ESG 基金提出更高信息披露要求

2019 年 4 月 11 日，香港证券及期货事务监察委员会（Securities and Futures Commission，SFC，以下简称香港证监会）发出一份通函，就加强香港证监会批准的绿色基金或 ESG 基金的披露，向有关资产管理机构提供披露指引，要求绿色基金或 ESG 基金披露投资重点和目标、投资策略及投资过程中考虑的 ESG 标准或原则、自行编制的或由独立第三方提供的合规确认文件及香港证监会要求的其他信息等。

为协助资产管理机构进一步提升 ESG 管理水平，并使证监会的监管制度更接近全球标准，香港证监会有意在企业管治、投资管理、风险管理和信息披露等方面，对资产管理公司设定应达到的标准，并更加专注于环境风险，特别是气候变化风险方面。① 2021 年 6 月 29 日，香港证监会发布了新的关于规范 ESG 基金的通函，在投资策略、参考基准、投资管理实践、定期评估和报告、持续监督等方面对 ESG 基金提出了更具体、更清晰、更严格的信息披露规范。

2. 欧盟将金融机构纳入可持续信息披露计划中

为了提高金融市场参与者和财务顾问将可持续性风险考量纳入其投资决策和投资建议或保险建议的透明度，提供与金融产品相关的可持续信息的统一规则，欧盟出台了《欧盟可持续金融信息披露条例》（*Sustainable Finance Disclosure Regulation*，SFDR），并已于 2021 年 3 月 10 日全面生效，对所有欧盟成员国产生直接法律效力。

SFDR 从实体层面和产品层面对所有类型的金融市场参与者和财务顾问均提出了基本的可持续信息披露要求，同时对于重点关注 ESG 领域的金融产品以及明确将对环境或社会产生积极影响作为投资目标的金融产品设定了更高、更明确的披露义务。SFDR 将"可持续投资"定义为，对有助于实现环境目标的经济活动的投资，或对有助于实现社会目标的经济活动的投资，且投资不会对任何这些目标造成重大损害，同时被投资公司遵循良好的公司治理实践，特别是在健全的治理结构、员工关系、员工薪酬以及合规纳税等方面。同时，欧洲金融监管机构制定了 SFDR 配套的监管技术标准草案，为金融机构考虑投资决策对可持续发展因素的主要不利影响声明提供了强制性报告模板，并从环境和社会领域共提出了 18 个强制性披露指标和 46 个可供选择的指标。

加强对金融机构的可持续信息披露，有助于引导资金流向可持续发展领域，降低投资的"漂绿"风险。但是对金融机构来说，要满足这些信息披露义务，有效披露自身的可持续投资绩效，离不开底层被投企业的信息披露。因此，缺乏能满足金融机构投资决策需要及其信息披露需要的可持

---

① 香港证券及期货事务监察委员会. 有关在资产管理中纳入环境、社会及管治因素和气候风险的调查 ［EB/OL］.（2019 - 12 - 16）. https://www.sfc.hk/web/files/ER/Final% 20CH% 20Survey% 20Findings% 20Report% 2016% 2012% 202019. pdf.

续信息披露的企业，在可持续投资蓬勃发展及全球金融市场一体化的背景下将失去竞争优势。

四、中国建立可持续信息披露标准的意义

中国尚没有规范、具体、统一的可持续信息披露标准，企业在可持续信息披露方面存在诸多困难，众多利益相关者在获取可持续信息上也面临挑战。因此，市场对于建立规范、具体、统一的可持续信息披露标准有着广泛而紧迫的需求。一方面，规范和具体的可持续信息披露标准通过设定上市公司应披露的可持续发展主题，并对每个主题提供详细的披露要求，可以有效地指引上市公司如何准备信息，帮助国内企业更高效地实现可持续信息披露并加强可持续风险和机遇管理，同时帮助广泛利益相关者获得一致的、可比的、全面的可持续信息；另一方面，统一的可持续信息披露标准可以帮助上市公司减少在不同信息披露标准和框架间进行选择的困扰，降低因根据不同的标准进行重复披露的成本。

从全球视角来看，不论是企业管理自身的经济行为，还是投资者进行投资决策，或是监管机构完善监管要求，都需要依赖统一的可持续信息披露标准。目前境外成熟市场的众多利益相关者也正在努力试图形成一套被广泛接受的可持续信息披露标准。然而，尽管可持续发展是全球的共同目标，但是不同国家和地区的发展阶段及国情却相差甚远，在推进可持续发展的过程中需要优先解决的问题也不一样，因此全球要实现完全一致的可持续信息披露标准并不现实。

中国还是应建立自己的可持续信息披露标准，在全球统一标准的趋势中与国际保持接轨，但也不能简单地照搬国际标准，应根据我国的发展阶段和特点制定适合我国国情的可持续信息披露标准。

本书通过深入分析全球可持续信息披露标准发展趋势，研究国际标准的内容及其适用性，梳理主要国家和地区对可持续信息披露的推动和实践，综合考虑我国实际情况，为我国可持续信息披露标准的建立建言献策，以期为各利益相关者，尤其是作为披露主体的企业和作为主要信息使用者的投资者，提供相关指引，并提高中国在可持续信息披露规则制定领域的话

语权和影响力。

五、本书结构和主要内容

本书由七章构成，各章主要内容如下：

第一章首先对全球可持续信息披露标准的发展动态和趋势进行全面系统的梳理，并对趋势背后的原因进行研究分析，以对全球可持续信息披露发展进行总体把握。

第二章对国际上被广泛参考的 GRI、SASB、IIRC、ISO 26000、WEF、IFC、SDGs、UNGC 等信息披露标准和框架进行系统研究，分析这些标准制定的背景、目的、主要内容及其在中国的适用性。

第三章分析并总结 TCFD、CDP、CDSB 等国际主流气候相关信息披露标准和框架的内容和特征，在当前气候变化成为首要议题且中国提出"30·60"双碳目标的背景下，为中国制定气候相关信息披露标准提供启示。

第四章对全球主要国家和地区，包括欧盟、英国、美国、日本、新加坡、中国香港等在可持续信息披露方面的规则制定和标准推进情况进行整理，以期从主要国家和地区的发展趋势和经验中为中国的可持续信息披露发展提供借鉴。

第五章通过对境外优秀企业的可持续信息披露及发展历程进行分析，探讨国际可持续信息披露标准及境外国家和地区的相关监管要求对企业的影响和帮助。

第六章对中国可持续信息披露的实践，包括相关披露要求的发展历程、绿色金融对可持续信息披露的强烈需求以及中国可持续信息披露现状等进行研究分析，发现各利益相关方都需要且期待中国能出台一套规范、具体、统一的信息披露标准。

第七章对中国的可持续信息披露发展提供相关建议，在参考国际主流信息披露标准，借鉴全球主要国家和地区经验，结合中国国情的基础上，为中国可持续信息披露的指标框架和披露标准提供建议，并从监管和市场的角度，为中国可持续信息披露监管及可持续投资生态系统建设提供建议。

目录

第一章　可持续信息披露标准的国际发展趋势及推动力

第一节　可持续信息披露标准的国际发展趋势

一、可持续信息披露框架正走向整合

目前，国际上有许多组织提供可持续信息披露框架、标准和指标，它们的内容会有一些重叠，但每个框架或标准制定者所侧重的利益相关方群体不一样，导致它们的关注点和对重要性的判断不一样，因此报告的方法和指标内容也不尽相同。尽管如此，众多利益相关方日趋达成的共识是，全球需要建立一个相对统一的可持续信息披露框架和标准，使企业之间的可持续信息更具可比性，减少方法和目标的复杂性。制定统一的可持续信息披露框架和标准特别体现在与气候相关的信息披露上，差异化的披露框架和标准对引导资本市场平稳过渡到低碳经济方面造成了一定困难。因此，目前全球都在通力协作应对气候变化这一挑战，许多国家和地区都已经确定了趋同的碳中和目标，而相对统一的可持续信息披露框架和标准对于协助实现这些目标具有重要作用。

当前，国际权威标准或框架制定者之间正在开展紧密合作，以减少可持续发展报告的差异，实现全球重要标准一致性，以下三部分对此进行了进一步的总结。

（一）GRI 与 SASB 的联合研究

为了更好地满足广泛的利益相关方使用可持续发展信息的需求，2020

年 7 月 12 日，全球报告倡议组织（GRI）和可持续发展会计准则委员会（Sustainability Accounting Standards Board，SASB）宣布开展合作，将通过实例研究向大家展示它们的标准如何并存，并分享如何同时使用的经验，有望进一步提升两者标准的清晰度和兼容性，加强可持续发展信息的披露。①

2021 年 4 月 8 日，GRI 和 SASB 联合发布了《使用 GRI 标准和 SASB 标准进行可持续发展报告的实用指南》。该指南概述了 GRI 标准和 SASB 标准之间的相同点及区别，覆盖了重要性、披露的类型和范围、受众和标准制定过程，并基于对英国的帝亚吉欧（Diageo）、新加坡的城市发展有限公司（CDL）、美国的通用汽车（GM）和加拿大的森科能源（Suncor Energy）四家同时使用 GRI 标准和 SASB 标准的全球公司的采访，以及全球 132 家 GRI 标准或 SASB 标准使用者代表的调查结果对四家公司见解的补充，指出了如何同时使用 GRI 标准和 SASB 标准以满足广泛的信息使用者的需求。在 132 家企业代表中，有 52 家同时使用这两个标准。

该指南也指出 GRI 标准和 SASB 标准在全球公司报告系统中具有独特的互补作用：GRI 支持公司进行广泛而全面的披露，而 SASB 则侧重于财务实质性问题的披露。因此，同时使用 GRI 标准和 SASB 标准可以提供公司绩效的整体图景，将可持续性和财务信息更紧密地结合在一起，满足广泛利益相关方的需求，并通过扩大信息披露范围来提高信息使用者的参与度。

总的来说，GRI 标准和 SASB 标准为公司提供了一种审视和披露其重大问题及影响的实用方法。GRI 和 SASB 通过联合研究发布的指南，向大家介绍了公司如何成功地使用 GRI 标准和 SASB 标准，以满足包括投资者在内的广泛利益相关方所要求的披露深度和广度。

（二）SASB 与 IIRC 的合并

2020 年 11 月 25 日，SASB 和国际综合报告理事会（International Integrated Reporting Council，IIRC）宣布将合并为一个统一的组织，即价值报告基金会（Value Reporting Foundation，VRF）。该组织将维护综合报告框架，

——————————

① SASB. Promoting Clarity and Compatibility in the Sustainability Landscape［EB/OL］. https：//www. sasb. org/blog/gri – and – sasb – announce – collaboration – sustainability – reporting/.

倡导综合思想，并对企业价值创造设定可持续信息披露标准。SASB 与 IIRC 的合并直接响应了全球投资者和企业简化企业报告的呼吁，展示了可持续信息披露全球一致性的发展趋势。①

IIRC 的董事会主席 Barry Melancon 表示，IIRC 的综合报告框架和 SASB 标准是互补的：综合报告框架描述了所有价值创造相关主题，以及将这些主题整合到公司理念和报告中的方法；SASB 则为各个行业在这些主题上应报告的数据提供了准确的定义。全球范围内的组织已经使用这两种方法与投资者进行有效沟通，探讨可持续发展相关问题如何与长期企业价值联系起来，而这些努力最终也会使其他利益相关方受益。

SASB 首席执行官 Janine Guillot 说："对于许多人来说，可持续信息披露是首要任务，这为简化公司报告创造了令人难以置信的动力。通过合并两个专注于企业价值创造的组织，我们希望对这一范围进行明确的阐明。我们随时准备与国际财务报告准则基金会（IFRS Foundation，以下简称 IFRS 基金会）、国际证监会组织（International Organization of Securities Commissions，IOSCO）、欧洲财务报告咨询组（European Financial Reporting Advisory Group，EFRAG）以及其他致力于在公司报告系统上实现全球统一的机构进行合作。"

这次合并是在建立综合公司报告系统方面的重大进步。IIRC 和 SASB 将努力确保综合报告和可持续信息披露拥有与财务会计信息披露同等的严格程度，以确保企业对企业价值创造因素具有有效的治理，并确保投资机构能够履行其尽责管理义务。

GRI 主席 Eric Hespenheide 在谈到价值报告基金会的成立及其与 GRI 未来的合作伙伴关系时说："GRI 希望与价值报告基金会紧密合作，以继续朝着建立统一的公司报告体系的愿景前进。"

（三）五大可持续信息标准制定者宣布合作

2020 年 9 月，GRI、SASB、气候披露标准委员会（Climate Disclosure

---

① Integrated Reporting. IIRC and SASB Announce Intent to Merge in Major Step towards Simplifying the Corporate Reporting System ［EB/OL］. https：//integratedreporting. org/news/iirc－and－sasb－announce－intent－to－merge－in－major－step－towards－simplifying－the－corporate－reporting－system/.

Standards Board，CDSB)、IIRC、全球环境信息研究中心（原"碳排放信息披露项目"，former Carbon Disclosure Project，CDP）五大权威报告框架和标准制定机构联合发布了携手制定企业综合报告的合作意向声明书。为了帮助企业提供、帮助使用者获得更综合的信息，五大机构决定向市场提供如何同时使用它们的框架和标准的联合指引，并考虑与 IFRS 基金会合作，将财务会计信息披露与可持续发展信息披露相联系，共同致力于建立企业综合报告系统。①

可持续信息的使用者有许多不同的需求，可持续信息披露标准旨在满足不同利益相关方的广泛需求。除了了解与公司活动相关的对环境和社会的影响外，利益相关方也需要了解这些问题如何影响公司的财务表现及公司的长期价值。自 2020 年起，在全球新冠肺炎疫情的冲击下，世界各地的企业需要调整其经营管理模式，优先考虑员工和客户的健康与安全，而非仅仅短期的财务表现。同时，可持续发展因素与财务风险和回报之间的联系比以往任何时候都更加清晰。因此，五大权威报告框架和标准制定机构致力于彼此合作，一起推动企业综合报告的全面发展。

全球企业已经广泛使用这些权威的报告框架和信息披露标准，通过其报告为利益相关方提供强大而有效的信息，以推动更好的决策和资产配置。五大机构的合作愿景就是通过多方标准制定者的努力减轻公司的报告负担，同时便利信息使用者的分析、理解和行动。

标准制定者认识到结构化信息对于数据可比的重要性，因此强调根据确定的分类法构建数据结构的重要性。CDP 拥有全球最大的企业环境信息披露数据库，并表示将继续帮助公司评估其环境风险、机遇及相关进展。

五大机构的联合声明表明了它们致力于与所有利益相关方合作，以实现迫切需要的全球公认的综合报告系统的承诺。如 CDSB 董事总经理 Mardi McBrien 表示，他们期待在不久的将来进一步促进不同标准间的支持和互补，以满足全球投资者、政府及消费者日益增长的需求；GRI 主席 Eric Hespenheide 表

---

① CDP, CDSB, GRI, IIRC, SASB. Statement of Intent to Work Together towards Comprehensive Corporate Reporting [EB/OL]. https：//www.globalreporting.org/media/bixjk1ud/statement - of - intent - to - work - together - towards - comprehensive - corporate - reporting.pdf.

示 GRI 秉持统一的全球报告标准的愿景，并将与其他组织合作以实现这一目标。

二、非财务信息与财务信息日趋并重

在非财务信息对财务分析越加重要的背景下，传统的财务标准制定者也将眼光投向可持续信息领域。财务报告和可持续发展报告有望在未来实现更加紧密的协同。

（一）IFRS 基金会拟设立可持续发展标准理事会

2020 年 9 月 28 日，国际会计准则理事会（International Accounting Standards Board，IASB）主席 Hans Hoogervorst 在 IFRS 基金会视频会议中发表主旨演讲，指出近年来气候变化带来的紧迫感日益增强，这引起了人们对可持续发展报告的关注。他在演讲中也提到，虽然国际财务报告准则不涉及"气候变化"或"可持续发展"相关表述，但这并不意味着国际财务报告准则与可持续性问题毫无关联。国际财务报告准则是以原则为导向的会计准则，因此，在确认、计量和披露等方面，能够体现以原则为导向的客观事实。例如，基于重要性原则，部分与气候变化影响有关的信息可能已经在企业财务报告中进行了单独披露。他还认为，可持续发展报告对企业财务报告来说具有重要的附加价值，有助于企业尽早意识到可持续发展问题可能造成的财务后果。

为降低现有可持续发展报告的多样性和复杂性，提高可持续发展报告的一致性、可比性和透明度，2020 年 9 月 30 日，国际财务报告准则（International Financial Reporting Standards，IFRS）基金会发布了《关于可持续发展报告的咨询文件》，就是否需要全球一致的可持续信息披露标准、IFRS 基金会是否应成立可持续发展标准理事会（Sustainability Standards Board，SSB）、如何与现有的可持续发展报告框架或标准制定者合作、是否应首先发展气候相关的信息披露等问题向社会征求意见。① 2021 年 2 月 2 日，IFRS

---

① IFRS Foundation. Consultation Paper on Sustainability Reporting [EB/OL]. https：//cdn. ifrs. org/ - /media/project/sustainability - reporting/consultation - paper - on - sustainability - reporting. pdf？la = en.

基金会表示《关于可持续发展报告的咨询文件》中前三个问题的反馈意见表明，全球迫切需要改善全球可持续发展报告的一致性和可比性。各主体对 IFRS 基金会建立 SSB 以及通过 SSB 与现有的报告倡议组织进行合作以建立全球一致的可持续信息披露标准表示广泛的赞同与期待。鉴于需求的增加及其紧迫性，IFRS 基金会可能在 2021 年 11 月的第二十六届联合国气候变化大会上宣布建立可持续发展标准理事会。①

IOSCO 在对 IFRS 基金会《关于可持续发展报告的咨询文件》的反馈意见中表示，在 IFRS 基金会下建立可持续发展报告的全球系统架构，有助于促进跨境信息披露的一致性和可比性，减少信息分散的风险。健全的可持续发展报告标准与财务报告标准相结合，还能有效支持审计和认证的发展，增强市场对可持续信息披露的信任，并为在国际上进行强制性的企业可持续信息披露奠定基础。IOSCO 支持在 IFRS 基金会下成立 SSB，也鼓励 SSB 利用现有可持续发展报告框架的内容，与主要的可持续发展报告框架或标准制定者探讨如何将各自的原则、框架和指引结合起来，以推动可比的高质量国际标准的发展，提供资本市场需要的内容。②

（二）IFRS 基金会探讨可持续发展因素对财务报表的影响

2020 年 11 月 20 日，IFRS 基金会在其官网上发布《气候相关事项对财务报表的影响》的教育材料。③ 该教育材料表明，虽然 IFRS 标准中未明确有"气候变化"或"可持续发展"的相关表述，但如果相关事项对财务报表整体来说具有重要性，则公司在应用 IFRS 时必须要考虑相关事项。基于重要性原则，当遵守 IFRS 标准中的具体要求不足以使投资者了解特定交易、

---

① IFRS Foundation. IFRS Foundation Trustees Announce Next Steps in Response to Broad Demand for Global Sustainability Standards. https：//www. ifrs. org/news – and – events/2021/02/trustees – announce – next – steps – in – response – to – broad – demand – for – global – sustainability – standards/.

② IOSCO. IOSCO Response to the IFRS Foundation Consultation on Sustainability Reporting ［EB/OL］. （2020 – 12 – 23）. http：//eifrs. ifrs. org/eifrs/comment _ letters//570/570 _ 27480 _ JonathanBravoInternationalOrganizationofSecuritiesCommissionsIOSCO _ 0 _ IOSCOcommentlettertoIFRSConsultationPaperonSustainabilityReporting. pdf.

③ IFRS Foundation. Effects of Climate – related Matters on Financial Statements ［EB/OL］. （2020 – 12）. https：//www. ifrs. org/news – and – events/2021/02/trustees – announce – next – steps – in – response – to – broad – demand – for – global – sustainability – standards/.

其他事件和条件对公司财务状况和财务业绩的影响时，公司需要考虑是否提供额外的披露。该教育材料主要对与气候变化有关的国际财务报告准则进行说明，包括 IAS 1 财务报表列报，IAS 2 存货，IAS 12 所得税，IAS 36 资产减值，IAS 16 不动产、厂房和设备，IAS 38 无形资产，IAS 37 准备、或有负债与或有资产，IFRS 7 金融工具列报，IFRS 9 金融工具等。

气候变化相关风险对财务报表的潜在影响可能涉及长期资产减值、预计资产使用年限的变化、资产公允价值变化，以及因气候变化导致的成本增加或需求下降引起的亏损合同准备与或有负债计提等方面。如与气候相关的事项可能导致公司的存货过时、销售价格下降或完工成本增加。如果导致存货成本无法收回，IAS 2 要求公司将这些存货价值减记为可变现净值，可变现净值应基于作出估计时最可靠的证据来对存货预期变现金额作出估计。IAS 1 要求附注披露未在财务报表列报但与公司经营情况相关的信息。只要这些信息被合理地预期可能会影响投资者的决策，这些信息就是相关的。

从 IFRS 基金会发布的该教育材料可以看出，虽然 IFRS 标准中并未明确提及气候相关事项，但相关财务报告准则中的重要性原则其实已经隐含了对具有实质性影响的可持续发展因素的披露要求。

IFRS 基金会的参与将有力推动可持续发展报告与财务报告的交集和整合。IFRS 基金会监督国际会计准则理事会（IASB）的运作，而 IASB 是国际财务报告准则的设定者，当 IFRS 基金会同时监督 SSB 时，它具有推动综合报告的理念，并将其落实的能力。不过，虽然 IASB 在设定财务报告要求方面积累了丰富经验，但可持续发展报告的利益相关者比财务报告的利益相关者范围更广，而且可持续信息披露将涵盖更广泛的环境、社会和治理因素，而 SSB 在设定可持续信息披露标准方面仍是新手。所幸由于其他组织在过去已积累了不少经验，因此 IFRS 基金会在相关方面无须"平地起高楼"，由 GRI、SASB、IIRC、CDSB 和 CDP 建立的可持续信息披露标准，应该是一个好的起点。① 另外，由于同在 IFRS 基金会的治理框架下，SSB 与 IASB 可以进行很好的协同

①　邱慈观. ESG 影响力评估：机遇与挑战［EB/OL］.　（2021 - 04 - 22）. 财新网，https：//opinion. caixin. com/2021 -04 -22/101694824. html？ cxw = Android&Sfrom = Wechat&originReferrer = Androidshare.

运作，所以可持续发展报告与财务报告在未来有望实现更加紧密的协同。

三、气候变化信息披露成为首要议题

气候相关风险作为金融稳定的重要影响因素，各国金融监管机构不断加深、拓宽对其的关注。越来越多针对银行和保险公司的监管压力测试包含了对气候变化影响的评估。同时，想要了解气候变化对企业影响的需求不断深化，而这些需求正大力推动气候变化信息披露的快速发展。

2015 年，二十国集团（G20）财长和央行行长委托金融稳定理事会（Financial Stability Board，FSB）召集成立气候相关财务信息披露工作组（TCFD）。TCFD 于 2017 年发布了自愿性的"气候相关财务信息披露工作组建议"（以下简称 TCFD 建议），从治理、战略、风险管理、指标和目标四个维度提出了气候信息披露的总体框架。TCFD 建议发布后，受到了官方与私人部门的广泛支持与认可。由于大量国际组织和政府的采纳和支持，TCFD 建议成为气候相关信息披露领域最为广泛参考的标准之一。截至 2021 年 6 月，支持 TCFD 的组织机构已经超过 2000 家，从投资者到行业协会、再到监管机构，覆盖 78 个国家和地区，其中包括来自全球的 110 多个金融监管机构和政府实体，以及管理了 178 万亿美元资产的 900 多家金融机构。

央行与监管机构绿色金融网络（Central Banks and Supervisors Network for Greening the Financial System，NGFS）于 2017 年由 8 个国家的央行和监管机构联合发起，包括中国人民银行、欧洲中央银行、英格兰银行在内，旨在加强实现《巴黎协定》目标所需的全球应对措施，让金融系统更好地控制风险，增加绿色、低碳投资，促进环境可持续发展。2019 年 4 月，NGFS 在第二次全体会议结束后发布了"行动呼吁：气候变化成为金融风险的来源"的报告，对全球央行、监管机构和政策制定者提出了六条应对环境风险和气候变化的政策建议，其中第一条为将气候相关风险纳入金融稳定监测和微观监管范围，第五条为按照一致的国际标准，开展有效的环境与气候信息披露。[①] 关于环境

---

① 中国金融信息网. 央行绿色金融网络巴黎会议发布六条建议，马骏代表中国参会［EB/OL］. (2019 - 04 - 19). http：//greenfinance. xinhua08. com/a/20190419/1819819. shtml.

与气候信息披露的一致国际标准，NGFS 鼓励各国央行采取 TCFD 建议内容，强化金融机构的环境信息披露质量、协助各方更好地把握可持续发展带来的机遇，并稳定金融市场的健康有序发展。

由于气候信息披露的重要性日益显著，且与财务会计披露有较强关联性，国际会计准则制定领域高度重视气候信息披露议题。IFRS 基金会拟成立可持续发展标准理事会（SSB），SSB 设立后将采用"气候优先"的方法，制定全球可持续发展报告准则。随着气候风险的重要性日益增长，全球各个主要国家和地区纷纷为实现净零碳排放设立目标日期，推出相关的公共政策倡议。为响应应对气候变化的公共政策倡议，企业需要调整现有的商业模式，以满足主要国家和地区制定的净零碳排放目标，而气候信息披露可以加强企业的透明度，在实现净零碳排放的过程中发挥关键作用。SSB 的工作将优先聚焦于气候相关信息，但同时也会考虑其他环境相关问题，而随着需求变化，SSB 可以逐步拓展工作范围，在气候和环境之外涵盖更多优先任务，如社会或治理相关问题。

欧盟的碳排放虽不到全球总碳排放的十分之一，但欧盟在应对气候变化上一直保持积极的态度，先后出台一系列控制温室气体排放的政策和法律，成为全球应对气候变化的领导者。为了将更多资金引入可持续发展领域，实现欧盟的可持续和气候变化目标，2018 年 3 月 8 日欧盟委员会发布了《可持续发展融资行动计划》（*Action Plan on Financing Sustainable Growth*）。该行动计划主要包括三大领域、十大行动要点，其中排在第一位的行动要点即为可持续性的经济活动建立一个欧盟分类体系，分类哪些活动可被认为是"可持续性"的。① 2020 年 6 月 22 日，欧盟正式发布了《欧盟可持续金融分类法》（*EU Sustainable Finance Taxonomy Regulation*，EU Taxonomy），要求相关经济活动至少有助于实现六大环境目标之一：缓解气候变化、适应气候变化、海洋与水资源可持续利用和保护、向循环经济转型、污染防治、保护和恢复生物多样性和生态系统。该分类法也以应对气

① EU. Action Plan: Financing Sustainable Growth［EB/OL］. (2018 - 03 - 08). https: //eur - lex. europa. eu/legal - content/EN/TXT/? uri = CELEX%3A52018DC0097.

候变化为首要目标，主要为有助于实现缓解气候变化和适应气候变化两个目标的经济活动设定了相应的技术筛选标准。①

英国作为 2021 年 G7 峰会的举办地和第 26 届联合国气候变化大会主席国家，其政府对气候变化议题的关注程度日益增长，同时相关监管机构也正在稳步推进环境信息强制披露的进程。英国财政部联合英国金融行为管理局（FCA），商业、能源和产业战略部（BEIS），就业和养老金部（DWP）在 2020 年 11 月发布"强制披露气候相关信息的路线图"，其中计划到 2022 年强制要求所有上市公司和大型资产所有者按照 TCFD 建议披露气候相关信息，并预计至 2025 年将相关要求覆盖至所有养老金计划、资产管理人、保险公司等②。2021 年 3 月，BEIS 发布了一份关于强制性要求企业披露气候相关财务信息的公众咨询文件，拟强制要求拥有 500 名以上雇员的英国上市公司，及雇员人数超过 500 人且年收入达 5 亿英镑的英国注册企业等应当根据 TCFD 建议进行披露，并要求企业在战略报告的非财务信息声明中，披露气候相关财务信息。这项规定于 2021 年末颁布，并预计自 2022 年 4 月 6 日及之后开始的会计周期正式实施。③

2021 年 6 月 13 日，在英国举办的七国集团峰会（G7）正式结束。在七国集团峰会公报中的"气候和环境"章节中，也强调市场参与方应在本国的监管要求基础上，采取 TCFD 推荐的披露内容，从而为市场提供具有较高一致性以及有效性的环境信息。除此之外，公报中还提及了自然相关财务信息披露工作组（Taskforce on Nature – related Financial Disclosures，TNFD）

---

① EU. EU Taxonomy Regulation – Regulation（EU）2020/852 of the European Parliament and of the Council of 18 June 2020 on the establishment of a framework to facilitate sustainable investment，and amending Regulation（EU）2019/2088 ［EB/OL］.（2020 – 06 – 18）. https：//eur – lex. europa. eu/legal – content/EN/TXT/? uri = CELEX：32020R0852.

② HM Treasury. A Roadmap towards Mandatory Climate – related Disclosures ［EB/OL］.（2020 – 11）. https：//assets. publishing. service. gov. uk/government/uploads/system/uploads/attachment _ data/ file/933783/FINAL _ TCFD _ ROADMAP. pdf.

③ BEIS. Consultation on Requiring Mandatory Climate – related Financial Disclosures by Publicly Quoted Companies，Large Private Companies and Limited Liability Partnerships（LLPs）［EB/OL］. https：// assets. publishing. service. gov. uk/government/uploads/system/uploads/attachment _ data/file/972422/Consultation _ on _ BEIS _ mandatory _ climate – related _ disclosure _ requirements. pdf.

的组建以及接下来 TNFD 会发布的披露框架。而环境信息披露可以有效调动市场各方对可持续投资的兴趣，为国家和企业把握气候机遇和解决气候风险发挥着至关重要的作用。

2010 年美国证券交易委员会（SEC）发布了《关于披露有关气候方面的信息的指引》，要求公司从财务角度对环境责任进行量化披露，向上市公司就适用于气候变化事务的现有披露要求提供了指导。随着投资者日益关注气候及 ESG 相关的信息披露和投资，加上拜登政府对气候变化的重视，SEC 也越来越重视 ESG 问题。2021 年 2 月 24 日，SEC 发布关于强化上市公司气候相关信息披露的声明。根据声明，SEC 将基于 2010 年发布的《关于披露有关气候方面的信息的指引》，对美国上市公司的信息披露工作进行审查和评估，在总结近年来资本市场应对与管理气候风险相关经验的基础上，对 2010 年的指引进行修订。[1]

2021 年 3 月 4 日，SEC 宣布成立专注于气候和 ESG 问题的执法工作组，该工作组的首要目标是识别和监管发行人在现有规则下气候相关信息披露的重大遗漏和虚假性陈述。该工作组还将分析与投资顾问和基金的 ESG 战略有关的披露和合规问题。[2] 2021 年 3 月 15 日，SEC 代理主席 Allison Herren Lee 发表声明，表示为了评估与气候相关的披露的重要性，以及不同监管方法对气候披露的成本和收益，邀请投资者、上市公司和其他市场参与者就气候变化披露问题提出意见。[3]

四、可持续信息披露政策法规增加且趋严

可持续信息披露是促进可持续发展，形成良好的可持续投资市场的必要条件。当前，境外主要国家和地区的可持续信息披露要求基本可分为三

---

[1]　SEC. Statement on the Review of Climate Related Disclosure［EB/OL］.（2021 - 02 - 24）. https：//www. sec. gov/news/public - statement/lee - statement - review - climate - related - disclosure.

[2]　SEC. SEC Announces Enforcement Task Force Focused on Climate and ESG Issues［EB/OL］.（2021 - 03 - 04）. https：//www. sec. gov/news/press - release/2021 - 42.

[3]　SEC. Public Input Welcomed on Climate Change Disclosures［EB/OL］.（2021 - 03 - 15）. https：//www. sec. gov/news/public - statement/lee - climate - change - disclosures.

类，分别是强制披露、半强制披露（即"不遵守就解释"，又称为"遵守或解释"）和自愿披露。

近年来，越来越多的政策制定者开始以强制性手段加强企业（特别是上市公司）对可持续信息的披露，将可持续信息披露的规定逐步从鼓励自愿披露转变为半强制或强制要求。对可持续信息披露施加强制性要求的目的是满足企业众多利益相关者的需求，加强企业的社会责任和综合竞争力，从而进一步提升国家的综合国力。

（一）可持续信息披露政策法规数量不断增加

根据 GRI、斯泰伦博斯大学商学院（University of Stellenbosch Business School）和联合国环境规划署（United Nations Environment Programme，UNEP）联合发表的 2020 *Carrots & Sticks* 报告，2016 年，采用"不遵守就解释"方法的披露要求为 38 例，到 2020 年，采用这种方法的规定数量激增，达到 120 例。如图 1-1 所示，自 2000 年以来，出台了可持续信息披露相关规定的国家数量不断增加，其中自愿性规定和强制性规定数量也越来越多。①

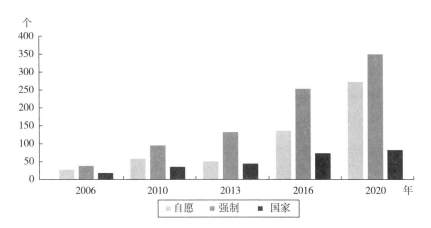

图 1-1　2000 年以来可持续信息披露自愿性规定和强制性规定及所涉国家的数量

（资料来源：GRI、USB、UNEP，2020 Carrots & Sticks）

---

① GRI，USB，UNEP. Sustainability Reporting Policy：Global Trends in Disclosure as the ESG Agenda Goes Mainstream［EB/OL］．（2020 - 07）．https：//www. carrotsandsticks. net/media/zirbzabv/ carrots - and - sticks - 2020 - june2020. pdf.

（二）欧盟拟扩大报告主体范围并制定强制性报告标准

欧盟在 2014 年修订的《非财务报告指令》（NFRD）中，通过"不遵守就解释"原则首次将环境、社会和治理三要素的信息披露列入法规条例，该指令要求大型公共利益实体需要在披露非财务信息时至少涉及环境、社会和员工问题，尊重人权、反腐败和反贿赂问题。如果不能就一项或多项事项采取政策，则非财务报告中应进行明确且合理的解释。但在披露标准上，企业可以自主采用如生态管理和审计计划（EMAS）等国家或基于联盟的框架，或采用联合国全球契约（UNGC）、经济合作与发展组织（OECD）跨国企业指南、国际标准化组织的 ISO 26000、全球报告倡议组织（GRI）标准或其他公认的国际框架。因此，在 NFRD 的要求下，企业所提供的可持续信息可比性不高。

此后，欧盟陆续制定和修订了多项政策对上市公司、资产所有者、资产管理机构在非财务信息的披露与评估上作出日渐明确和强制性的要求，逐步完善了披露政策的操作细节，从制度上保障可持续信息披露体系在欧洲资本主义市场的成熟化，扩大了资本市场参与主体范围，帮助实现对可持续投资的全过程覆盖。2021 年 4 月，欧盟委员会发布《企业可持续发展报告指令》（CSRD）提案，以 NFRD 中规定的可持续发展报告要求为基础进行修订，以使可持续发展报告要求能与更广泛的可持续金融法律框架（包括《可持续金融信息披露条例》和《欧盟可持续金融分类法》）更加一致。CSRD 提案的特点主要在于，将报告要求的主体范围扩大到其他公司，包括所有大型公司和上市公司（上市微型公司除外），更详细地指定公司应报告的信息，并要求它们根据强制性的欧盟可持续发展报告标准进行报告，确保所有信息以机器可读的数字格式披露等。

（三）香港证券交易所不断完善《ESG 报告指引》并提升强制性程度

香港证券交易所（Hong Kong Exchanges，HKEX，或简称港交所）从 2013 年度开始施行《环境、社会及管治报告指引》（以下简称《ESG 报告指引》），最初也是鼓励和支持上市公司自愿编制 ESG 报告，对环境和社会有关披露层面均是建议披露。2015 年，港交所对《ESG 报告指引》进行修订，修订后要求上市公司须每年披露 ESG 报告，并自 2016 年度开始，每个层面与政策相关的一般披露责任由建议披露提升至"不遵守就解释"的要求，自2017年度开始则将有关环境的关键绩效指标提升为"不遵守就解释"的半强制要求。2019年港交所再次修订《ESG报告指引》，要求上市公司强制披露董事会声明，将社会关键绩效指标的披露责任也提升至"不遵守就解释"的范畴，自2020年7月1日及之后开始的财政年度开始实施。港交所从上市公司董事会参与ESG监督、对ESG的风险管理，量化目标及对量化绩效指标的披露要求等方面，引导上市公司构建ESG管理体系，而不仅仅停留在报告层面。

港交所不断完善ESG报告的披露指引，提升环境和社会议题信息披露的强制性程度，增加气候变化信息等，对上市公司的ESG信息披露要求越来越严格，统一了香港上市公司的信息披露框架，进一步提升了香港上市公司ESG信息披露质量及信息可比性。港交所认为《ESG报告指引》的发展是一个循序渐进的过程，其更长远的目标是令发行人在环境、社会及管治报告方面达到更完善及更全面的披露，因此港交所将继续定期检讨《ESG报告指引》，尤其会注意在这方面的地区性或国际性的法规发展。

五、行业特定标准的重要性凸显

随着可持续投资意识日益增长、可持续投资总额不断扩大，投资人对高质量可持续信息的需求也逐渐提升。如果仅仅依赖行业通用指标则不能有效反映各行业面对的特定风险，也不利于分析可持续发展议题对企业的财务影响。举例来说，餐饮行业可能需要着重关注食品安全和供应链管理；石油和天然气行业应注重环境管理以及员工健康与安全；互联网行业需要特别重视数据隐私保护和竞争行为。综上所述，制定行业特定标准有以下作用：（1）识别可持续发展议题对特定行业造成的影响；（2）设定可被合理收集和披露的可持续相关信息；（3）加强与同行的可持续发展对比分析。

欧盟正在酝酿为非财务信息披露框架增加行业特定指标。2020年6月，在欧盟委员会（European Commission，EC）的委托下，欧洲财务报告咨询小组（EFRAG）组建了多方利益者项目小组（PTF），为欧盟的非财务披露标准进行前期研究工作，工作结果在 2021 年 3 月交付给欧盟委员会。① 工作结果有多项提议涉及了建议行业特定指标，例如第十条提议，要求特定行业信息标准应建立在现有的行业法律要求之上，涵盖被广泛接受且符合欧盟信息披露质量的指标、已识别的行业特定可持续发展目标以及通用指标未能覆盖的行业特定风险及其影响；第十一条提议，要求标准制定机构在起草可持续信息框架过程中，应根据欧盟产业分类体系（NACE）设计一套覆盖所有行业的行业特定可持续披露标准；第五十条提议，确保行业特定标准符合现有的国际披露标准和欧盟相关要求。②

目前，市场认可度较高的行业披露指标是由可持续发展会计准则委员会（SASB）和气候相关财务披露工作小组（TCFD）制定。考虑每个行业所涉及的实质性问题不同，2018 年 11 月，SASB 针对 11 个大行业、77 个子行业梳理了可持续相关问题和指标。SASB 将梳理内容整合至"SASB 实质性问题路线图"（The SASB Materiality Map®），用更直观的方式呈现各行业机构需披露的内容。TCFD 为金融行业（银行、保险、资产拥有人及资产管理人）和非金融行业（能源、交通运输、材料和建筑、农业、视频和林业产品）也制定了行业特定指标。例如，保险公司需要披露其房地产业务对气候灾难的风险敞口数据（如气候灾难造成的年度预计损失）；资产所有人应披露其基金和投资策略面临的气候相关风险和机遇数据；资产管理人应汇报其投资组合和投资策略的加权平均碳强度数据（Weighted Average Carbon Intensity）等。③

国际主流行业组织认可行业特定指标价值，通过合作、发声和评估等方式，共同推动行业特定指标发展。世界可持续发展工商理事会（WBCSD）

① EC. Reports on Development of EU Sustainability Reporting Standards ［EB/OL］. https：//ec. europa. eu/info/publications/210308 – efrag – reports _ en.

② EFRAG. Proposals for a Relevant and Dynamic EU Sustainability Reporting Standard Setting ［EB/OL］. https：//ec. europa. eu/info/sites/default/files/business _ economy _ euro/banking _ and _ finance/documents/210308 – report – efrag – sustainability – reporting – standard – setting _ en. pdf.

③ TCFD. Implementing the Recommendations of the Task Force on Climate – related Financial Disclosures ［EB/OL］. https：//assets. bbhub. io/company/sites/60/2020/10/FINAL – TCFD – Annex – Amended – 121517. pdf.

通过组织 TCFD 准备者论坛（TCFD Preparer Forum），与各行业公司讨论如何使用 TCFD 披露框架，并探讨加强气候信息披露实践的方式。① 此外，自 2019 年开始，TCFD 开始与行业领先企业合作，针对化工、建筑行业，粮食、农业和林业等行业推出 TCFD 披露框架使用手册，并在使用手册中提供行业相关的可持续指标。2021 年 2 月，IOSCO 董事会发布了一份可持续信息报告，强调改善可持续信息披露标准的一致性、可比性和可靠性。其中一个方面便是"加强企业的行业特定信息以及量化指标披露"。② 同年 3 月，IOSCO 宣布在其可持续金融工作组成立技术专家小组（TEG）。TEG 将与 IF-RS 基金会工作组合作，负责审议和评估该工作组在企业价值创造方面的技术建议，评估内容包括行业特定指标。③

接下来，标准制定机构还会继续加强行业可持续指标的标准化建设。2021 年 6 月 TCFD 发布的《气候相关指标、目标和转型计划指南征求意见稿》的内容显示，TCFD 不仅计划增加如"用于应对气候风险和把握机遇的运营支出或资本投资金额"及"受气候因素影响的高级管理人员薪酬"等跨行业的气候相关指标，也提到了将在之后更新的 TCFD 披露框架中加入非金融企业可持续指标内容，提升行业特定指标的一致性及可靠性。④

第二节　可持续信息披露标准发展的推动力

随着气候变化对社会经济影响愈加严重，社会各界日益关注可持续发展议题，国际组织、各国和各地区政府、投资机构、跨国企业乃至上市公司

---

① https：//www.wbcsd.org/Programs/Redefining – Value/TCFD.

② IOSCO. IOSCO Sees an Urgent Need for Globally Consistent，Comparable，and Reliable Sustainability Disclosure Standards and Announces its Priorities and Vision for a Sustainability Standards Board under the IFRS Foundation［EB/OL］. https：//www.iosco.org/news/pdf/IOSCONEWS594.pdf.

③ IOSCO. IOSCO Technical Expert Group to Undertake an Assessment of the Technical Recommendations to be Developed as part of the IFRS Foundation's Sustainability Project［EB/OL］.（2021 – 03）. https：//www.iosco.org/news/pdf/IOSCONEWS599.pdf.

④ TCFD. Proposed Guidance on Climate – related Metrics，Targets，and Transition Plans［EB/OL］.（2021 – 06）. https：//assets.bbhub.io/company/sites/60/2021/05/2021 – TCFD – Metrics ＿ Targets ＿ Guidance.pdf.

本身都在推动可持续信息披露标准的进一步发展，以实现全球可持续信息的一致性、可靠性和可比性，共同建立一个和平、繁荣、公正和包容的社会。

一、国际组织传导可持续信息披露全球统一理念

（一）国际证监会组织（IOSCO）的强调

国际证监会组织（IOSCO）作为世界证券监管机构组成的国际合作组织，在鼓励成员和有关主管当局制定各自辖区的可持续发展信息披露要求，促进特定的司法辖区可持续发展报告的一致性方面发挥重要作用。

2020 年 4 月 14 日，IOSCO 发布了关于"可持续金融与证券监管机构和 IOSCO 的角色"的报告，寻求帮助市场参与者解决有关可持续性和气候变化的问题，该报告中反复强调了三个主题，涉及多种不同的可持续发展框架和标准（包括可持续性相关披露、缺乏可持续活动的统一定义等），"漂绿"和其他投资者保护的挑战。

报告指出，许多跨境经营的上市公司和资产管理公司可能受到不同监管制度的约束，或参与多个地区或国际的第三方倡议。种类繁多的监管制度和举措，往往具有不一致的目标和要求，可能会妨碍利益相关者充分了解可持续商业活动所带来的风险和机遇。为了使 IOSCO 能够在解决报告中所述问题的全球行动中发挥推动作用，IOSCO 董事会决定成立一个可持续金融工作组，首先改进发行人和资产管理人作出的可持续信息披露；其次与其他国际组织和监管机构合作，避免重复工作，加强相关监管和监督方法的协调；最后准备可持续金融领域透明度、投资者保护和其他相关问题的案例研究与分析，以阐述其工作的实际影响。①

2021 年 2 月 24 日，IOSCO 发文表示将与 IFRS 基金会、主要的可持续发展报告框架或标准制定者及其他利益相关者合作，推动可持续发展相关披露的国际一致性。IOSCO 将继续努力，以提高可持续信息披露的一致性、可比性和可靠性，并确定了三个优先事项：第一，鼓励各辖区涵盖广泛的

---

① IOSCO. Sustainable Finance and the Role of Securities Regulators and IOSCO［EB/OL］. （2020 - 04）. https：//www. iosco. org/library/pubdocs/pdf/IOSCOPD652. pdf.

可持续发展主题，并引用现有原则、框架和指引促进全球可持续信息披露的一致性；第二，促进与公司可持续信息披露相关的特定行业的定量指标以及描述性信息的标准化；第三，推动全球一致的可持续信息披露重点关注企业的价值创造，包括公司对利益相关者和外部环境的依赖，以及满足投资者对可持续性影响信息需求的支持机制。①

（二）央行和监管机构绿色金融网络的建议

全球央行与监管机构正在形成一个新的共识，即环境风险（包括气候相关风险）已经成为金融风险的重大来源之一，监管机构应该建立一套比较规范的环境气候风险分析方法和框架，让各个金融机构未来用可比的分析框架、方法和假设来进行研究。央行与监管机构绿色金融网络（NGFS）目前已经扩展成一个由 89 个成员参加的全球性央行和监管机构的协调机制。

NGFS 在 2019 年 4 月发表的"行动呼吁：气候变化成为金融风险的来源"报告中，对全球央行、监管机构和政策制定者提出了六条应对环境风险和气候变化的政策建议，包括：（1）将气候相关风险纳入金融稳定监测和微观监管范围；（2）将可持续发展因素融入央行自身资产组合管理；（3）填补数据缺口；（4）提高风险认知水平，开展能力建设，鼓励技术援助和知识共享；（5）按照一致的国际标准，开展有效的环境与气候信息披露；（6）支持开发分类标准，区分不同的（绿色/棕色）经济活动。②

2020 年 9 月 10 日，NGFS 监管工作组发布了环境风险分析的两份重要文件——《金融机构环境风险分析综述》③ 和《环境风险分析方法案例集》④，

① IOSCO. IOSCO Sees an Urgent Need for Globally Consistent, Comparable, and Reliable Sustainability Disclosure Standards and Announces Its Priorities and Vision for a Sustainability Standards Board under the IFRS Foundation［EB/OL］. https：//www. iosco. org/news/pdf/IOSCONEWS594. pdf.

② 中国金融信息网. 央行绿色金融网络巴黎会议发布六条建议，马骏代表中国参会［EB/OL］. （2019 – 04 – 19）. http：//greenfinance. xinhua08. com/a/20190419/1819819. shtml.

③ NGFS. Overview of Environmental Risk Analysis by Financial Institutions［EB/OL］. （2020 – 09）. https：//www. ngfs. net/sites/default/files/medias/documents/overview _ of _ environmental _ risk _ analysis _ by _ financial _ institutions. pdf.

④ NGFS. Case Studies of Environmental Risk Analysis Methodologies［EB/OL］. （2020 – 09）. https：//www. ngfs. net/sites/default/files/medias/documents/case _ studies _ of _ environmental _ risk _ analysis _ methodologies. pdf.

总结了全球金融机构中已经研发或使用的各类用于环境和气候风险分析的模型方法，便于金融机构估算由于气候和环境转型因素导致的贷款不良率上升和投资估值下降的风险。其中，《金融机构环境风险分析综述》提出目前环境风险分析在金融行业的推广应用仍面临以下阻碍：（1）金融行业尚未充分了解环境风险并意识到其与金融风险的相关性；（2）已经公开的可用于评估环境风险的数据和方法普遍缺失；（3）金融机构对环境风险分析的投入和能力不足；（4）在与污染相关的风险分析领域和新兴经济体中环境风险分析领域的应用十分有限；（5）现有的环境风险分析方法仍不完善，所使用的数据质量也存在问题。

为了推动金融机构开展环境风险分析，《金融机构环境风险分析综述》报告中提出以下六个建议：

（1）提高环境风险分析意识。央行和其他金融监管机构应带头开展宏观层面的环境风险分析；同时应该向金融机构释放清晰的政策信号，明确推广环境风险分析的决心，制定相关的标准，推动金融机构开展环境风险分析。

（2）能力建设。央行及其他监管机构、国际组织、非政府机构、行业协会和学术机构等组织可以通过组织研讨会、培训会等交流活动，将环境风险分析方法作为公共产品，向金融业进行推广。

（3）支持示范项目。NGFS、国际组织、央行和其他监管机构可以考虑对重点行业或重点地区的示范研究项目进行扶持，这些项目可针对银行业、资管业和保险业金融机构，并覆盖对环境和气候因素有重大风险敞口的地区和产业。

（4）披露风险敞口和环境风险分析结果。应该建立一个国际通用的、健全的环境披露框架。在条件成熟的国家，央行和其他监管机构可以鼓励各金融机构根据 TCFD 建议，披露其对环境和气候因素的风险敞口及环境风险分析结果。

（5）建立关键风险指标（Key Risk Indicators，KRI）和相关统计数据库。在鼓励市场主体和学术机构研究与环境和气候相关的关键风险指标的同时，NGFS 及相关国际组织自身也可开展相关研究。明确关键风险指标将有助于金融机构和监管部门识别、评估与管理环境和气候相关风险，并提升数据的可比性。

（6）建立绿色和棕色经济活动的分类体系。政策制定者们应组织利益相关者和专家，共同建立和推广经济活动的分类体系，将"绿色"和"棕色"的经济活动加以区分，使金融机构可以更清楚地了解和评估不同类型经济活动所带来的机遇和风险。

二、各国和地区认同气候变化问题的紧迫性

随着气候变化对人类社会造成的危害愈加明显，各国政府陆续设立碳中和目标。根据碳中和目标，政府相关部门开始制定碳中和路线图。通过立法和政策制定方式，政府监管部门要求企业披露环境相关数据信息，确保企业切实履行其社会环境义务。

（一）气候变化给地球生态和人类生存带来危机

碳排放驱动温室效应积累，全球变暖趋势越发严峻。大气中的温室气体，如二氧化碳，对地球的长波辐射具有较强的吸收性，并且对于太阳光有高度透光性，于是产生了温室效应，温室效应不断积累导致全球气候变暖。自 1970 年以来，全球平均地表温度整体呈上升态势，并在 2016 年达到最高点。2018 年，全球温室气体排放量达到 489.40 亿吨，较上年增长 1.98%；二氧化碳排放量为 364.42 亿吨，占温室气体总排放量的 74.46%，较上年增长 2.40%。2020 年，大气中的二氧化碳浓度超过了百万分之 400，全球地表平均温度比 19 世纪的基线升高了约 1.25 摄氏度，比 1981 年至 2010 年的参考期升高了 0.6 摄氏度，逼近 2016 年的最热纪录。

在全球变暖背景下，各国多次召开世界气候变化大会，开始重视并深入讨论降碳减排问题，碳中和已成为全球主要国家的发展共识。2015 年 12 月 12 日，《联合国气候变化框架公约》近 200 个缔约方在巴黎气候变化大会上达成《巴黎协定》，这是继《京都议定书》后第二份有法律约束力的气候协议，为 2020 年后全球应对气候变化行动作出了安排。《巴黎协定》指出，各方将加强对气候变化威胁的全球应对，把全球平均气温较工业化前水平升高控制在 2 摄氏度之内，并为把升温控制在 1.5 摄氏度之内而努力。

只有全球尽快实现温室气体排放达到峰值，21 世纪下半叶实现温室气体净零排放，才能降低气候变化给地球带来的生态风险以及给人类带来的生存危机。

气候变化对自然系统的冲击，以多种形式威胁着人类的生产和生活安全。全球变暖所引发的异常高温、海平面上升等问题，破坏了世界各地的生态平衡与气候模式，导致全球极端天气与自然灾害频发，如 2020 年澳大利亚的山火失控、非洲蝗灾和旱灾等。1970—2019 年，全球发生了 1.1 万余起灾害归因于天气、气候和雨水的危害，造成 200 万人死亡和 3.6 万亿美元的经济损失。虽然每场灾害的平均死亡人数下降了三分之一，但有记录的灾害数量却增加了 5 倍，经济损失增加了 7 倍。[1]

（二）多国和地区纷纷设立碳中和目标

气候变化带来的极端天气和气候事件的频率、强度和严重性都有所增加，国际社会对气候变化问题紧迫性纷纷表示认同。作为应对气候变化的主导力量，越来越多的国家和地区积极响应《巴黎协定》应对气候变化，主动将气候变化问题提升至国家和地区战略层面，纷纷设立了净零排放或碳中和的目标。

目前，已有 137 个国家和地区发布碳中和承诺，而且大部分承诺的碳中和时间都集中在 2050 年左右。就早期实现者而言，苏里南和不丹是仅有的两个已实现碳中和的国家。欧洲的芬兰、奥地利、冰岛、德国、瑞典都分别将碳中和目标达成时间定在 2045 年或更早。中国、印度尼西亚、哈萨克斯坦、乌克兰四个发展中国家目前均将目标实现时间设定为 2060 年。

在设定目标的基础上，瑞典、丹麦、法国、匈牙利、新西兰和英国等少部分国家将碳中和载入法律，以推进实质性行动。欧盟、加拿大、韩国、西班牙、智利和斐济等部分国家和地区正在碳中和的立法过程中。大部分国家则主要处于政策宣示阶段，虽尚未立法，但也在努力加强制度建设以支撑具体实施。

---

[1]　World Meteorological Organization. State of the Global Climate 2020 ［EB/OL］. https：//library. wmo. int/doc _ num. php? explnum _ id = 10444.

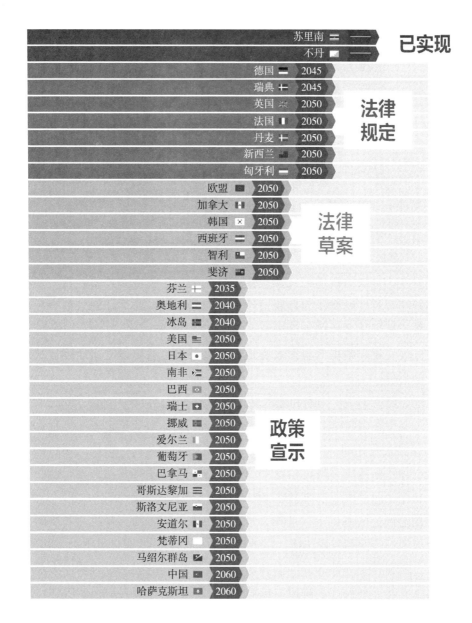

图1-2 已制定明确碳中和目标的部分国家和地区列表

［资料来源：能源和气候智库（ECIU）］

（三）各国和地区为保障碳达峰目标实现加强制度建设

2019 年 11 月法国颁布《能源与气候法》，确定法国国家气候政策的宗旨、框架和举措，将在 2050 年实现碳中和的目标固化为法律。[①] 而早在 2015 年 8 月出台的《绿色增长能源转型法案》中，法国就规定了在未来 10 年内核电占电力生产比例减少至 50%，到 2030 年可再生能源占一次能源的比例增长到 32%，占电力生产的比例达到 40%。[②] 由于能源转型需要大量投资，为了促进提升能源效率，减少碳足迹，该法案第 173 条还要求机构投资者（包括保险公司）披露气候变化风险管理的信息，第 174 条则表示要对公共及个人能源投资进行监测。如今碳中和目标已经被载入法国立法，战略高度进一步提升，可以预见法国未来势必会加强和完善气候相关信息披露方面的政策法规，通过监管、投资者乃至整个社会的力量，以切实促进实现其 2050 年碳中和目标。

2020 年 9 月 22 日，中国国家主席习近平在第 75 届联合国大会上提出："中国将提高国家自主贡献力度，采取更加有力的政策和措施，二氧化碳排放力争于 2030 年前达到峰值，努力争取 2060 年前实现碳中和。"在碳中和目标下，企业应履行好碳信息披露的社会责任，政府也应建立和完善碳排放信息发布平台，推动建立企业碳信息披露的制度。在中国宣布努力实现碳中和目标后，2020 年 10 月 21 日，生态环境部、国家发展和改革委员会、中国人民银行、银保监会、证监会五部门联合发布《关于促进应对气候变化投融资的指导意见》，提出完善气候信息披露标准，加快制定气候投融资项目、主体和资金的信息披露标准，推动建立企业公开承诺、信息依法公示、社会广泛监督的气候信息披露制度，以引导和撬动更多民间投资与外资进入气候投融资领域。[③]

---

① Ministère de la Transition écologique. Loi Energie et Climat ［EB/OL］. https：//www. ecologie. gouv. fr/adoption – du – projet – loi – energie – climat – vers – neutralite – carbone – en – 2050.

② Ministère de l'Environnement, de l'énergie et de la mer. Loi relative a la Transition Energétique pour la Croissance Verte ［EB/OL］. https：//www. ecologie. gouv. fr/loi – transition – energetique – croissance – verte.

③ 生态环境部，国家发展和改革委员会，中国人民银行等. 关于促进应对气候变化投融资的指导意见 ［Z］. 2020 – 10 – 21.

2020 年 11 月 25 日，香港特别行政区行政长官林郑月娥在发表 2020 年施政报告时提出香港力争在 2050 年之前实现碳中和，并预告香港将制定更进取的减碳排放策略和措施，推动全社会实行低碳生活和经济转型。2020 年 12 月，香港金融管理局（Hong Kong Monetary Authority，HKMA）、香港证券及期货事务监察委员会（SFC）及其他相关金融监管机构和政府部门联合设立的绿色及可持续金融跨机构督导小组，发布《绿色和可持续财政战略》，其中决定不迟于 2025 年，要求香港银行、资产管理公司、保险公司、养老金受托人等金融机构强制执行与 TCFD 建议一致的气候相关信息披露。[①]港交所最新的《ESG 报告指引》中，也新增了"气候变化"指标，要求上市公司披露有关识别及应对可能会对发行人产生影响的重大气候相关事宜的政策，并描述已经及可能产生影响的重大气候事宜及应对行动。除此之外，港交所还要求上市公司披露有关直接（范围 1）及能源间接（范围 2）的温室气体排放量及密度的数量。

三、投资机构的可持续投资驱动信息披露

随着可持续发展理念在全球层面不断深入、落实，各国投资机构认识到可持续发展给投资带来的风险和机遇，因此纷纷开展可持续投资实践。可持续信息作为可持续性投资的基础，可以帮助投资机构筛选优质的可持续相关企业和项目，实现经济效益、社会效益、环境效益的统一。为达到这一目的，投资机构应协同合作，共同促进被投资企业提升可持续信息披露水平。

（一）可持续投资发展迅猛

虽然可持续发展报告实质上是为所有利益相关者编写的，但资本市场投资者在投资决策过程中对可持续信息的使用仍是最普遍、需求最大的信息使用。

---

① The Green and Sustainable Finance Cross – Agency Steering Group. Strategic Plan to Strengthen Hong Kong's Financial Ecosystem to Support a Greener and More Sustainable Future［EB/OL］．（2020 – 12 – 17）．https：//www. sfc. hk/ – /media/EN/files/ER/Strategic – Plan – 20201215 – Eng. pdf.

自 2005 年左右到现在，在联合国和全球经济金融界共同合作努力下，国际上形成了一个普遍的概念，称作责任投资或 ESG 投资，又称可持续投资。这些概念大同小异，有一个共同的方向就是投资如何为可持续发展作出贡献。① 可持续投资是指在投资决策和组合管理过程中充分纳入对环境、社会和治理（ESG）等可持续发展因素的考虑，是一种提倡负责任投资和可持续发展的新兴投资理念。可持续投资理念旨在从可持续发展的视角评估企业的发展和绩效，协调企业发展与环境保护、经济发展与社会和谐及所有利益相关方之间的关系。

根据全球可持续发展投资联盟（Global Sustainable Investment Alliance, GSIA）在《2020 年全球可持续投资评论》中的数据，2018—2020 年，欧洲、美国、加拿大、日本、澳大利亚和新西兰的可持续投资规模增长了15%，达到了 35. 301 万亿美元（见表 1 - 1）。可持续投资现在在各个地区受到专业管理的资产中都占有相当的比例，从日本的 18. 3% 到澳大利亚和新西兰的 63. 2%（见表 1 - 2）。可持续投资已经构成了全球金融市场的主要力量。②

表 1 - 1　　　　2016 年、2018 年、2020 年全球可持续投资资产概览

单位：万亿美元

国家或地区	2016 年	2018 年	2020 年
欧洲	12. 040	14. 075	12. 017
美国	8. 723	11. 995	17. 081
日本	0. 474	2. 180	2. 874
加拿大	1. 086	1. 699	2. 423
澳大利亚和新西兰	0. 516	0. 734	0. 906
合计	22. 839	30. 683	35. 301

注：所有 2016 年资产均按 2015 年末的汇率换算为美元，2018 年资产均按报告时的汇率换算为美元，2020 年资产均按 2019 年末的汇率换算为美元。

----

① 孙继荣.“十四五”时期可持续发展与 ESG 投资［EB/OL］.（2021 - 01 - 27）. https：// www. sohu. com/a/447095156 _559393.

② GSIA. Global Sustainable Investment Review 2020［EB/OL］. http：//www. gsi - alliance. org/ wp - content/uploads/2021/07/GSIR - 2020. pdf.

表 1 - 2　　2014—2020 年可持续投资资产占资产管理总额的比例　　单位:%

国家或地区	2014 年	2016 年	2018 年	2020 年
欧洲	58.8	52.6	48.8	41.6
美国	17.9	21.6	25.7	33.2
加拿大	31.3	37.8	50.6	61.8
澳大利亚和新西兰	16.6	50.6	63.2	37.9
日本	—	3.4	18.3	24.3

注:2014 年日本无该数据;欧盟和澳大利亚对可持续投资的定义发生了重大变化,所以这两个地区的该数据可能难以与过往数据进行直接比较。

由联合国前秘书长科菲·安南牵头,于 2006 年在纽约证券交易所发起的联合国负责任投资原则组织(United Nations - supported Principles for Responsible Investment, UN PRI),是一个由全球各地资产所有者、资产管理者以及服务提供者组成的国际投资者网络,致力于发展更可持续的全球金融体系。PRI 鼓励投资者采纳六项负责任投资原则,签署方通过签署该原则,承诺在投资分析和决策过程中考虑 ESG 问题,并推动所投资的公司遵守和践行 ESG 相关要求。

作为责任投资理念的主要倡导者,PRI 推动了责任投资发展在全球范围的进一步深入与强化。截至 2021 年 5 月,已有超过 3900 家机构成为 PRI 签署方,覆盖了 80 多个国家和地区,签署方旗下管理的资产总额突破 100 万亿美元。国内机构成为 PRI 签署方的增长趋势也非常迅猛,在 2018 年以前,国内还仅仅只有 8 家机构是 PRI 的签署方,进入 2020 年以后,仅上半年就新增了 10 家。截至 2021 年 8 月 13 日,国内共有 69 家机构成为 PRI 的签署方。

(二)投资机构强烈要求企业提高可持续信息披露质量

更高质量的报告实践可以更好地支持企业对可持续相关风险和机会的决策,进而又可以影响投资者的资本分配,进一步促进更可持续的商业活动。可持续投资的迅猛发展,对可持续信息披露提出了更高的要求。在当前市场上企业可持续信息披露良莠不齐的情况下,为了满足投资决策的需要,同时促进实现可持续发展目标,投资者往往会通过与被投企业互动获取企业的可持续信息，并要求企业提升可持续信息披露水平。为了提升对被投资企业的影响力，有时还会联合其他投资者共同行动，促进被投资企业改善治理和信息披露。

启动于 2017 年的"气候行动 100 ＋"倡议，是迄今为止规模最大的气候变化投资者参与行动。目前，全球已有 615 家投资机构签署"气候行动100 ＋"，资产管理总额超过 55 万亿美元。"气候行动 100 ＋"的核心目标是，推动投资者关注 167 家排放大量温室气体的全球公司并要求公司实施健全的治理框架监督和管理气候变化风险和机遇，采取实际行动减少全价值链温室气体排放量，以解决气候变化问题，并强化信息披露，提升披露质量[①]。据此，投资者会对照不同的气候分析情景，来评估企业运营计划的稳健程度，进而调整投资决策。

四、供应链可持续管理助推可持续信息披露

全球市场和消费者对企业及其产品和服务的可持续性影响越来越关注，企业也渐渐意识到，除了自身的可持续性管理之外，供应链的可持续发展是提升企业竞争力的着力点。如今越来越多的企业意识到供应链的重要性，开始通过开展供应商可持续发展绩效评估降低供应链风险，开展供应商培训和辅导，加强供应商可持续发展管理和能力，促进供应链的健康稳定发展，从而助力实现企业的可持续发展。尤其是跨国企业，因为向世界各地供应商采购原材料、商品和服务，为了实现其自身的可持续发展目标，会利用自身在全球供应链中的特殊地位，提高对于供应商的可持续性要求。

成立于 2000 年的全球环境信息研究中心（CDP），通过利用投资者的杠杆作用，让企业自愿地以标准化和可比较的方式报告其碳排放管理情况。2002 年，在代表 4.5 万亿美元资产的 35 家机构投资者的授权下，CDP 首次邀请 100 家企业进行气候变化信息披露。此后，随着 ESG 投资的主流化，CDP 也不断完善信息覆盖领域，逐渐由最初的"碳披露项目"扩展至水资

---

① 气候行动 100 ＋. 2020 年进展报告［EB/OL］. https：//www. climateaction100. org/wp - content/uploads/2021/03/CN - Climate - Action - 100 - 2020 - Progress - Report ＿ Final. pdf.

源管理、森林资源管理等披露。随着各方对气候变化等议题的关注度提升，投资者、企业开始更加关注供应链范围的可持续发展绩效。由此，CDP 供应链项目应运而生，以鼓励跨国企业进行供应链碳足迹的测量及信息管理，不断推动绿色供应链的发展。最早参与 CDP 问卷回应的中国企业，大多数是通过供应链项目，应客户要求而披露的。2020 年，154 家跨国企业通过 CDP 的披露平台，要求供应商提供环境管理相关数据，以应对供应链的环境影响和风险，这些企业每年的采购支出合计超过 4.3 万亿美元。①

作为领导品牌的苹果（Apple Inc.）在公司运营层面实现了碳中和，并承诺 2030 年要实现整个供应链以及产品生命周期的碳中和。其明确表示在减少碳足迹上重点关注能效和低碳设计，推动全球的所有工厂转用 100% 可再生电力，并携手供应商，为这一共同目标而努力。目前苹果已有超过 110 家供应商承诺 100% 使用清洁能源生产所有 Apple 产品，苹果也致力于转向使用回收或可再生材料生产关键部件，从而减少产品的碳足迹。为了帮助供应商节能，苹果还会给供应商提供培训，期望到 2030 年，让整个制造供应链转型为 100% 使用可再生电力。

同时苹果也重视对供应商的责任管理，会对供应商表现进行评估，促进劳动权益与人权、健康与安全、环境、道德及管理体系领域的改善。其各项计划和要求，不仅面向所有领域的供应商，也包括供应链的上游。如果评估中发现供应商存在问题，苹果会先与供应商携手合作，改进供应商的管理系统；如果供应商不愿或无法改善运营来达到苹果的要求，就会面临被移除出供应链的风险。自 2009 年以来，苹果已经将 24 家制造业供应商场所设施以及 153 家冶炼厂和精炼厂从其供应链中移除。②

惠普也拥有 IT 行业最大的供应链之一，由数百家生产供应商和数千家非生产供应商组成。惠普绿色供应链管理的总体目标是，到 2030 年将惠普

---

① CDP. CDP Global Supply Chain Report 2020［EB/OL］．（2021 - 02）．https：//6fefcbb86e61af1b2fc4 - c70d8ead6ced550b4d987d7c03fcdd1d. ssl. cf3. rackcdn. com/cms/reports/documents/000/005/554/original/CDP _ SC _ Report _ 2020. pdf？1614160765.

② Apple. 供应链中的人与环境——2021 年进展报告［EB/OL］．https：//www. apple. com. cn/supplier - responsibility/pdf/Apple _ SR _ 2021 _ Progress _ Report. pdf.

价值链温室气体排放量减少50%，到2040年在整个惠普价值链中实现净零温室气体排放。为实现其目标，惠普推动和支持供应商使用可再生电力以及采用地面运输和替代燃料以及电动汽车进行产品运输实现碳减排。惠普也制定了全面的供应商环境和社会责任计划，以帮助供应商更好地解决环境和社会责任问题。供应商有义务遵守惠普的可持续性要求或政策，应惠普的要求，供应商还应填写自我评估问卷。

惠普以广泛的方式与供应商接触，以促进负责任的供应链。惠普对占其生产采购支出95%的供应商进行了社会和环境评估，占其生产采购支出约40%的供应商在2020年均完成了社会和环境审计。惠普也通过要求主要供应商填写CDP问卷调查报告相关数据，了解供应商并与供应商合作，在提升供应链最佳实践和应对共同挑战的合作中发挥主导作用。[①]

五、企业切实需要统一的可持续信息披露标准

随着可持续发展理念的普及，各类利益相关方对企业可持续信息的需求也不断增长，且越来越紧迫。尤其是投资者越来越重视将可持续发展因素纳入投资和投票决策过程中，下游客户在供应商选择过程中也开始更多地考虑企业的可持续绩效表现，使企业在进行可持续信息披露方面获得了非常大的驱动力，但同时也面临非常大的国际压力。

各国和地区正积极制定可持续金融及可持续信息披露相关的政策和制度，有的政府制定了总体战略，有的金融监管机构出台了具体要求，还有的监管层倾向于将具体要求留给市场力量。无论哪种做法，在经济全球化的背景下，这些不尽相同的要求都会通过投资链和产业链传导至最终作为信息披露主体的企业。

同时，第三方ESG数据提供商、评级机构如雨后春笋般迅速发展，MSCI、道琼斯等纷纷利用其在资本市场中的广泛影响力，设定自己的问卷发送给企业来填写，以填补公司公开披露的空白。过多的ESG数据提供商，冗

---

① HP. Sustainable Impact Report 2020 ［EB/OL］. https：//www8. hp. com/h20195/v2/GetPDF. aspx/c07539064. pdf#page＝34.

长的问卷调查，各自都有不同的标准，这给发行人带来了沉重的负担。大型公司还能较好地投入资源来响应 ESG 数据提供商和评级机构的问卷，以争取获得一个较好的评级结果，但小型企业则经常面临缺少资源回应这些问题，而要承受被授予较低评级的风险，而这个评级结果又可能进一步影响企业的股票价格、融资能力和融资成本。而且 ESG 数据提供商和评级机构通常对于实质性问题的判断及评级结果都只是自己内部决定，对于所基于的信息是什么以及这些决定是如何作出的，并不会提供完全的透明度。

企业已经努力采取多种方法来提供与可持续相关的信息。有的参照国际上已有的标准或框架发布独立的可持续发展报告，或在年度报告中披露可持续相关信息，有的则根据第三方要求进行信息反馈，还有的会将这些方法相结合。但在面临大量标准和要求时，企业容易无所适从，不知该如何披露可持续信息。如果要较为全面地满足各披露标准的要求，企业需要花费大量的时间精力、人力、物力、财力。而且最终由于不同企业所参考的框架和标准不同，以及参考的程度、采用的方法不同，市场上仍然缺乏一致的、可比的实质性信息，难以支撑广泛利益相关者的判断和决策。

因此，从企业自身的角度来说，也是迫切需要一个统一的可持续信息披露标准，一来指引其究竟该披露哪些信息、应如何披露；二来使其在只花费一份报告的时间和精力的情况下，即可直接向市场提供重要的可持续信息，使广大的利益相关者均能获取准确的、可比的、实质性的信息，以进行分析、判断和决策。

第二章　国际可持续信息披露标准介绍

第一节　全球报告倡议组织（GRI）标准

一、GRI 标准介绍

GRI 是一个国际非营利组织，旨在通过提供可持续发展报告指南，帮助企业认识和披露其商业活动在重要可持续发展议题上的影响，从而促进全球经济的可持续发展。GRI 开创与编制了目前全球最为广泛使用的可持续发展报告框架，该框架从经济、环境、社会和治理四个维度衡量和披露企业的可持续发展绩效。GRI 的报告指南几乎代表可持续发展报告领域的最佳实践。

GRI 由美国非政府组织环境责任经济联盟（Coalition for Environmentally Responsible Economics，CERES）以及联合国环境规划署（UNEP）于 1997 年联合倡议并成立。这一组织最初的目的是促进企业建立问责机制，规范环境责任行为，其后拓展到社会、经济以及治理范畴。GRI 陆续在制定、推广和传播全球通用的可持续发展报告框架方面开展了大量工作，并且得到了政府、商界、社会公众等多方广泛支持。

自 GRI 在 2000 年发布首份可持续发展报告指南（G1），为企业提供可持续发展报告的第一个全球框架以来，GRI 已经发布了五代报告指南。最新的版本便是 2016 年 10 月发布的可持续报告标准（GRI Standards）。GRI Standards 在第四代报告指南（G4）的基础上进行了重大更新，并延续了 G4 的关键概念和披露项，但采用了全新的结构和形式，并且报告内容与联合国可持续发展目标（SDGs）接轨。自 2018 年 7 月 1 日起，GRI Standards 全面取代 G4 正式生效。到目前为止，相关系列标准仍在不断更新中。

GRI 的治理结构由七个部分组成，分别是董事会、全球可持续发展标准委员会（Global Sustainability Standards Board，GSSB）、利益相关方委员会、正当程序监督委员会、独立任命委员会、政府咨询小组和 GRI 秘书处。这一治理结构确保 GRI 所制定的标准可以正确反映广大利益相关者的利益。

GSSB 是 GRI 创立的独立标准设置理事会，负责制定和批准 GRI 的可持续发展报告标准。GSSB 的活动由 GRI 秘书处提供资金支持。在标准制定的过程中，由代表全球各地利益相关者多元化利益的主题专家组成工作组，利用其各自的专长背景，负责每一个 GRI 标准的制定。正当程序监督委员会负责确保标准制定过程按照正当程序执行，从而使标准能够正确反映广大利益相关者的利益。GSSB 的标准制定过程是公开进行的，所有相关会议讨论资料均公开可得，标准草案在最终通过前都要征求公众意见。一旦统一意见以后，GSSB 将发布最终标准，并翻译成 11 国语言。

在可持续发展信息领域有许多不同角色的参与者，如标准制定者、数据提供商、评级提供商等。作为全球接受度最高的可持续发展报告标准之一，GRI 有清晰的自我定位，将其与其他披露标准相区别。GRI 将"可持续发展报告"定义为企业披露其经营活动产生的最具实质性的经济、环境和社会影响的实践，从而对这些影响负责并管理这些影响。制定 GRI 标准的目的，是为各企业提供一种全球通用语言，一种回应企业所有利益相关者需求的语言，以全面、一致的方式传达企业对人类社会乃至整个地球的影响，从而任何企业都能够透明地了解其如何为可持续发展作出贡献。因此 GRI 标准覆盖广泛的受众，包括投资者、企业员工、社会公众和政府等在内的所有利益相关者。

GRI 标准非常强调"实质性"的概念。GRI 将"实质性议题"定义为"体现报告组织重大经济、环境和社会影响的议题；或对利益相关方的评估和决策有实质影响的议题"。GRI 的报告框架为企业如何与利益相关者沟通并在报告中反映实质性议题提供了重要指导。

目前 GRI 标准没有根据企业所属行业进行区分，其标准均普遍适用于所有企业，但是要求企业在采用 GRI 标准时，充分结合"实质性"的情况具体选择特定议题进行详细披露。同时，GRI 正在开展行业披露标准制定工作。2019 年 2 月，GSSB 通过了 GRI 行业标准制定计划，旨在为其定义的 40 个行业制定行业可持续发展披露标准，明确特定行业中的企业最可能受到的重大影响，从而提高可持续发展报告的清晰度以及可比性。按照计划，GRI 根据行业对可持续发展潜在影响的严重程度定义了一套行业分类标准，GRI 将在这一行业分类标准基础上分批制定行业披露标准。

二、GRI 标准解读

截至 2021 年 5 月，最新版的 GRI Standards 包括三份适用于所有企业的通用标准，以及 34 份从经济、环境、社会三个维度制定的特定可持续发展议题专项标准，全部 37 份标准为企业落实报告实践提供了规范指引。其中，通用标准包括对企业可持续发展管理基本情况的披露，包括治理结构、管理体系、披露实践、利益相关者参与等基本内容；专项标准一共有 34 份，每一份都详细说明了在相应议题下的核心披露和建议披露的指标。

（一）通用标准 100 系列

通用标准 100 系列包括三项适用于所有企业的通用标准。

1. GRI 101：基础

作为第一份标准，GRI 101 相当于 GRI 标准的使用说明书，阐述了对于编制一份符合 GRI 标准的可持续发展报告的基本原则和要求。尽管经历了数次改版，GRI 对于报告披露的核心要求几乎没有发生过改变。按照 GRI 101 中的指引，企业应根据"利益相关方包容性""可持续发展背景""实质性""完整性"四大原则界定报告应包含的内容；应根据"准确性""平衡性""清晰性""可比性""可靠性""时效性"六大原则界定报告应有的质量。

2. GRI 102：一般披露

GRI 102 涉及企业的组织概况、战略、道德和诚信、治理、利益相关方沟通以及报告流程六大板块的信息，这些信息反映企业如何设定和管理可持续发展理念，为利益相关者理解企业的整体可持续发展情况提供了总体背景，是所有采用 GRI 标准披露的企业都必须回应的内容。

3. GRI 103：管理方法

GRI 103 主要引导企业说明其实质性议题的选择、影响范围、选择的原因以及管理方法。其中管理方法涉及政策、承诺、目标、资源等一系列企业针对特定议题采取的管理措施。对于不在 GRI 的 34 份专项标准覆盖范围内的议题，企业也可以按照这一项指引对于具体议题的管理方法进行披露，从而帮助利益相关方了解企业的可持续发展基本实践。

（二）议题专项标准

议题专项标准分为 200 系列（经济议题）、300 系列（环境议题）和 400 系列（社会议题）。GRI 根据市场需要和利益相关者反馈，持续在三个系列下研究新的议题专项标准。截至 2021 年 5 月，一共有如表 2 - 1 所示的 34 份议题专项标准。

表 2 - 1　　　　　　　　　　议题专项标准概览

200 系列（经济议题）			
GRI 201： 经济绩效	GRI 202： 市场表现	GRI 203： 间接经济影响	GRI 204： 采购实践
GRI 205： 反腐败	GRI 206： 不当竞争行为	GRI 207： 税务	
300 系列（环境议题）			
GRI 301： 物料	GRI 302： 能源	GRI 303： 水资源与污水	GRI 304： 生物多样性
GRI 305： 排放	GRI 306： 污水和废弃物	GRI 307： 环境合规	GRI 308： 供应商环境评估
400 系列（社会议题）			
GRI 401： 雇用	GRI 402： 劳资关系	GRI 403： 职业健康与安全	GRI 404： 培训与教育
GRI 405： 多元化与平等机会	GRI 406： 反歧视	GRI 407： 结社自由与集体谈判	GRI 408： 童工
GRI 409： 强迫或强制劳动	GRI 410： 安保实践	GRI 411： 原住民权利	GRI 412： 人权评估
GRI 413： 当地社区	GRI 414： 供应商社会评估	GRI 415： 公共政策	GRI 416： 客户健康与安全
GRI 417： 营销与标识	GRI 418： 客户隐私	GRI 419： 社会经济合规	

所有可持续发展议题报告标准的内容结构都是相同的。标准主体涵盖报告要求、报告建议和披露指南三个部分内容。其中"报告要求"是强制披露的定量指标或者定性信息，这些信息可以直观反映企业在特定议题上的实践情况；"报告建议"是 GRI 鼓励企业采取的做法，一般涉及具体指标的披露口径和披露方式；"披露指南"对于"报告要求"的强制披露信息进行了背景和案例的说明，帮助企业更了解相关议题和指标的重要性。

议题专项标准的制定说明不同的可持续发展议题应具有不同的管理和考察方式。基于 GRI 对"实质性"的强调，不同行业的企业在选择专项议题进行披露时应当存在差异。在实际运用 GRI 标准进行披露时，企业应充分考虑其经营模式以及所属行业的实际情况，结合 GRI 在专项标准中提供的背景信息，评估与企业和利益相关方最相关的、具有实质性影响的议题，再参照 GRI 的报告要求与报告建议进行充分披露。

三、GRI 标准的使用

（一）GRI 标准的使用情况

国际上有许多基于不同可持续发展主题和受众的披露框架，有的是原则性的报告框架，如国际标准化组织（International Organisation for Standardization，ISO）26000 和 UNGC，有的是详细的指标披露方法，如 SASB 标准和 CDP 问卷。GRI 的不同之处在于集原则性框架与指标细则为一体，对于可持续发展报告应覆盖的角度，报告质量与内容的总体原则进行了阐述，同时通过详细的指南定义并解释了在经济、环境和社会方面应披露的定量和定性关键绩效指标，对于部分定量指标 GRI 还提供了计算公式，为企业披露相关内容提供了非常具体的指引。此外，由于 GRI 标准要求披露与广泛利益相关者关联的实质性议题，这意味着按照 GRI 标准进行编制的报告可以覆盖更广泛的受众，从而帮助披露企业获得更高的知名度。

正是因为 GRI 标准在涵盖的可持续发展议题和利益相关者类别方面具有全面性，因此 GRI 标准相较于其他标准适用性更高，更易于实施。得益于此，GRI 标准在监管机构制定政策和企业编制可持续发展报告过程中均得到了广泛的使用。

有多项研究显示，GRI 为企业发布可持续信息的首要披露框架。GRI 的统计显示，截至 2020 年初，全球 62 个国家出台的 142 份政策引用了 GRI 编制的可持续发展报告标准。① 毕马威在 2020 年底发布的《时机已到——毕马威 2020 年可持续发展报告调查》中表明，在世界上所有披露可持续发展报告的企业所采用的披露标准中 GRI 占据主导地位。② 根据毕马威的调研，在由来自全球 52 个国家和地区的合计 5200 家企业组成的样本（N100）中，有 67% 的企业在编制可持续发展报告的过程中采用了 GRI 标准；在 2019 年《财富》世界 500 强排行榜上的前 250 家企业（G250）中，有 73% 的企业在编制报告时采用了 GRI 标准。这个数字远远高于采用其他国际组织标准或者证券交易所指引进行可持续信息披露的比率。

（二）GRI 标准的使用方法

按照 GRI 101 的介绍，使用 GRI 的方法分为"部分使用"和"整套使用"两种方法。

"部分使用"是指企业在编制可持续发展报告时，并非完整采纳 GRI 标准，只是针对特定的经济、环境、社会议题参考相应的 GRI 标准进行披露。如果企业只是"部分使用"了 GRI 标准，不能直接对外声明其报告按照 GRI 标准进行编制，而应说明报告内容引用的是 GRI 系列标准中哪些具体标准，说明标准名称以及发布年份。如果没有完整地使用任何一份标准，则应说明参考了标准中的哪些特定内容。

"整套使用"是 GRI 鼓励采用的方法，因为通过完全采纳 GRI 标准，企业可以全面、均衡地展现其实质性可持续发展议题及其相关影响，表明企业对管理、评估和披露可持续发展议题做好了充分的准备。"整套使用"需要披露 GRI 标准要求的所有披露内容，如果有特定的指标因为不适用、信息不可得、涉及商业机密或者存在法律禁令等原因而导致无法披露，企业需要说明无法披露的原因。

---

① GRI. Measuring impact with the GRI Standards［EB/OL］．（2020 – 02 – 21）．https：// 4post2020bd. net/wp – content/uploads/2020/02/GRI – presentation. pdf.

② KPMG. The Time has Come – The KPMG Survey of Sustainability Reporting 2020［EB/OL］． （2020 – 12）．https：//assets. kpmg/content/dam/kpmg/xx/pdf/2020/11/the – time – has – come. pdf.

以"整套使用"的方法编制符合 GRI 标准的可持续发展报告有两种实施方案：

（1）核心方案：仅包含企业基本信息、实质性议题的识别和管理等能够帮助利益相关者了解企业最基本的可持续发展情况的内容。

（2）全面方案：在核心方案的基础上，还应额外披露关于战略与治理的更多细节，以及按照 GRI 议题专项标准披露实质性议题的具体信息。

如果企业要声明其可持续发展报告是按照 GRI 标准编制的，企业必须采纳"整套使用"的方法，并且声明企业的报告符合"核心方案"还是"全面方案"。

两种实施方案的主要异同如表 2－2 所示。

表 2－2　　GRI 标准整套使用之"核心方案"与"全面方案"异同

项目		核心方案	全面方案
共同点		（1）遵循 GRI 101 对于报告质量和报告原则的所有要求； （2）遵循 GRI 102、GRI 103 所有要求进行相应披露。	
差异点	GRI 102	无特别限制。	除了以下披露项以外，其余披露项不应存在"不适用"的情况，均需按照要求进行详细披露： （1）披露项 102－17； （2）披露项 102－19 至 102－39。
	议题专项标准	至少遵循一个 GRI 议题专项标准中的所有披露要求。	遵循全部 GRI 议题专项标准中的所有披露要求。

在实际使用 GRI 标准的时候，应以通用标准 GRI 101 为起点和指导，确定采用哪一种方式参考 GRI 标准，之后按照对应方式的要求完成信息披露。在报告信息收集和编写的过程中，必须牢记和运用 GRI 101 中列出的各项报告原则，确定企业的实质性可持续发展议题，再根据通用标准以及议题专项标准的要求将各项绩效信息呈现出来。

四、GRI 标准在中国的适用性分析

作为一个致力于能够在全球范围内普遍适用的可持续发展报告标准，

GRI 同样希望中国企业能够参与其中。同样地，中国企业在走向世界的过程中，也需要通过一个能被全球多数利益相关者看懂的语言体系来介绍自己在可持续发展方面的进展。GRI 标准可以充当一个很好的模板，帮助中国企业向世界传达其可持续发展实践。

为了方便中国市场使用，GRI 对于标准的翻译也投入了大量工作。2017年 11 月底，GRI 大中华区办公室在上海和北京举办了 "GRI 标准简体中文版" 发布会，随后 GRI 标准的简体中文版正式上线。这体现了 GRI 对于中国市场的高度重视，并且进一步方便更多中国企业了解 GRI 标准并参照该框架披露企业可持续发展的绩效。

实际上目前中国披露了可持续发展报告的上市公司有不少参考了 GRI 标准进行报告编制，其中以大型上市公司、跨国企业和 A + H 股上市公司居多。除了交易所出台的社会责任报告披露规定以外，GRI 是上市公司在编制相关报告时，参考次数最多的标准。

对于首次编制可持续发展报告的中国企业，在参考交易所指引的基础上，可以考虑采用 GRI 标准进行编制，着重参考 GRI 提供的各项报告原则，确定要披露的实质性议题和可持续发展实践，遵循这一流程可以使不熟悉可持续发展报告的编制者逐渐形成一套能够与利益相关者有效沟通的报告编制方法。

对于已经定期编制可持续发展报告，但没有遵循 GRI 标准的中国企业，可以考虑将企业现有的报告流程与方法和 GRI 标准进行对比，以发现现有的披露实践与海外最佳实践标准相比存在的不足之处，并进行必要的改善。

小型企业可能由于财务与时间资源不足的原因，在编制可持续发展报告时难以综合使用完整的 GRI 标准。不过，运用 GRI 的实质性原则，可能在一定程度上帮助企业在满足利益相关者的可持续发展信息需求以及衡量报告成本之间找到平衡。除了编制报告时参考 GRI 框架外，企业还可以借鉴 GRI 标准管理和加强可持续发展实践流程，提高数据收集质量和效率，以向利益相关者提供更多相关且可量化的可持续发展信息。

第二节　可持续发展会计准则委员会（SASB）标准

一、SASB 标准介绍

SASB 是一家位于美国的非营利组织，成立于 2011 年，旨在为公司提供一种扩展的会计语言，通过制定标准以指导公司向投资者披露对财务具有实质性影响的可持续信息。SASB 有两层治理结构，分别为董事会（基金会委员会）和标准制定委员会（标准委员会）。标准委员会是一个独立的委员会，负责制定、发布和维护 SASB 标准；基金会委员会负责监督整个组织的战略、财务和运营，并任命标准委员会的成员。基金会委员会不参与制定标准，但负责监督标准委员会对组织正当程序要求的遵守情况。根据 SASB 程序规则中的规定，SASB 的标准制定活动是透明的，并遵循审慎的正当程序，包括与公司、投资者和相关专家进行广泛磋商。通过严格审慎的正当程序，SASB 标准为促进企业以具有成本效益的方式披露对决策有用的信息提供了有力支持，获得了市场的高度认可。

SASB 致力于建立一系列针对特定行业的 ESG 主题披露标准，以促进公司和投资者之间就对财务表现具有实质性影响且对决策有用的信息进行沟通。SASB 的愿景是在全球资本市场中，对可持续发展绩效有着共同的理解，使公司和投资者能够作出明智的决定，从而推动长期价值创造，并为企业及其股东、全球经济乃至整个社会带来更好的可持续发展成果。

大多数行业分类系统都用主要收入来源作为将某公司划分至特定行业的考量标准，但是 SASB 认为公司的可持续发展风险和机遇对公司的分类比财务方面的传统因素更为重要。如今公司的市场价值不仅取决于财务绩效，在许多行业，多达 80% 的市值由无形资产组成，如智力资本、客户关系、品牌价值，以及环境、社会和人力等其他形式的资本。因此，在传统行业分类系统的基础上，SASB 推出了一种新的行业分类方式——可持续行业分类系统（Sustainable Industry Classification System，SICS®），根据企业的业务类型、资源强度、可持续影响和可持续创新潜力等，将企业划分为 77 个行业，并针对每个行业提出了一系列可能对该行业企业产生重大财务影响的可持续发展因素。经过多年的研究和市场调查，在全球众多投资机构和企业的共同参与下，SASB 于 2018 年 11 月发布了一整套全球可适用的 77 个行业的特定标准（以下简称 SASB 标准）。①

在此之前，尽管许多企业公开披露了可持续信息，但通常很难识别和评估哪些信息对财务决策最有用。SASB 标准则对行业的某些类型的环境、社会和治理风险给予了充分曝光和披露，帮助投资者识别可能会影响企业财务状况或运营绩效的实质性问题。由于每个行业所涉及的实质性问题不同，因此 SASB 根据对每个行业财务绩效具有实质性影响的可持续发展问题，在各个行业的标准中均设置一系列定性和定量的会计指标，而这些指标成为全球许多企业披露其可持续发展相关信息的重要部分，提高了企业可持续信息的可比性。

二、SASB 标准解读

（一）SASB 框架

SASB 标准中的可持续发展会计信息反映了公司对因生产商品和服务而产生的环境和社会影响的治理和管理，以及对创造长期价值所必需的环境和社会资本的治理和管理，还包括可持续性挑战对创新、业务模式和公司治理的影响。SASB 标准中覆盖的可持续性主题主要分为五个可持续性维度：

（1）环境。这个维度包括对环境的影响，如使用不可再生的自然资源作为生产要素的投入，或释放有害物质到环境中，可能对公司的财务状况或经营业绩产生影响。

（2）社会资本。这个维度与企业获得社会许可进行经营时，市场对企业的社会贡献的期望有关。它解决了公司与关键外部主体，例如客户、当地社区、公众和政府的关系管理。其范畴主要包括以下问题：人权、弱势群体的保护、当地经济发展、产品和服务的可得性和质量、价格合理性、

---

① Standards Overview［EB/OL］. https：//www. sasb. org/standards/.

负责任的市场营销惯例以及客户隐私。

（3）人力资本。此维度强调公司人力资源（包括员工和个体承包商）的管理是实现长期价值的关键所在。它包括影响员工生产力、劳动关系管理、员工健康与安全管理以及建立安全文化能力的问题。

（4）商业模式与创新。这个维度解决了公司价值创造过程中环境、人力和社会问题的整合，包括资源回收和生产过程中的其他创新，以及与产品设计阶段、使用阶段和报废管理阶段中的效率和责任相关的产品创新。

（5）领导与治理。此维度涉及对业务模式或行业惯例中固有问题的管理，这些问题可能与更广泛的利益相关者群体的利益产生冲突，因此会造成公司潜在的责任或被限制经营甚至被取消经营许可证。这包括合规、风险管理、安全管理、供应链和材料采购、利益冲突、反竞争行为以及反腐败和反贿赂等。

SASB 在制定其标准时，从这五个可持续性维度下的 26 个普遍相关的可持续性主题（见表 2 - 3）中确定与各行业最相关的可持续性主题。

表 2 - 3　　SASB 的五个可持续性维度下的 26 个可持续性主题

维度	主题
环境	温室气体排放
	空气质量
	能源管理
	水资源及废水管理
	废弃物及危险材料管理
	生态影响
社会资本	人权及社区关系
	客户隐私
	数据安全
	可得性及价格合理性
	产品质量与安全
	客户福利
	销售实践及产品标签

续表

维度	主题
人力资本	劳工实践
	员工健康与安全
	员工积极性、多样性和包容性
商业模式与创新	产品设计和生命周期管理
	商业模式弹性
	供应链管理
	材料采购及效率
	气候变化的物理影响
领导与治理	商业道德
	竞争行为
	法律和监管环境管理
	关键事故风险管理
	系统性风险管理

尽管可持续发展问题的普遍性是 SASB 标准制定的起点，但通过一系列旨在识别那些可能对不同行业内公司产生重大影响的问题的标准研究和程序制定，SASB 的信息披露标准得到了完善。这些标准有助于识别可能对不同行业内公司产生重大影响的问题。而每一个这样的问题都会根据其所发生的环境差异而产生不同的影响或结果，因此驱动长期价值创造的公司可持续性活动在不同行业之间也会有所不同，这意味着每个行业都有自己独特的可持续发展特征。因此，SASB 的行业特定标准中包含的披露主题是针对行业的特定环境量身定制的一系列可持续发展主题。①

（二）SASB 各行业标准的结构

SASB 各行业标准的内容总体由标准介绍、可持续信息披露主题及会计指标两个部分组成。

1. 标准介绍

标准介绍部分的内容包括：标准目的、标准概览、标准使用介绍，以

---

① Materiality Map ［EB/OL］. https：//www. sasb. org/standards/materiality – map/.

及根据该标准所聚焦的可持续行业所编制的特定的行业描述。

在标准目的中，SASB 表示其用"可持续性"一词指代维持或增强公司长期价值创造能力的公司活动，也将可持续性称为 ESG，尽管传统的公司治理问题，如董事会组成等不包括在 SASB 制定标准活动的范围内。SASB 标准旨在确定最可能影响行业典型公司的经营业绩或财务状况的最基础的可持续性问题，帮助公司利用现有的信息披露和报告机制，以成本效益和决策有用的方式就公司在主要可持续发展主题上的绩效表现与投资者进行沟通。同时，SASB 标准通过鼓励公司提供可比的、一致的和财务实质性的报告来帮助投资者，从而使投资者能够作出更好的投资和投票决策。

在标准概览中，SASB 简要介绍了其根据可持续行业分类体系制定了 77 个行业的可持续发展会计标准。每个标准中都对其所面向的行业进行了描述，包括对给行业所涉及的主要业务模式和行业部门的任何假设，并介绍了其标准主体主要包括披露主题、会计指标、技术协议、活动指标。

在标准使用中，SASB 明确其标准旨在用于与投资者沟通可能会影响企业长期价值创造能力的可持续发展问题。公司是否使用 SASB 标准进行披露是自愿的。公司自行确定哪些 SASB 标准与公司相关，哪些披露主题对其业务具有财务实质性，并综合考虑相关法律要求确定报告哪些指标。一般来说，一家公司通常会使用在可持续行业分类体系中确定的其所属的主要行业的 SASB 标准。如果公司同时经营多个行业的业务，也可以考虑综合其他行业标准的内容进行报告。但 SASB 标准不保证能够反映公司业务模式所特有的所有具有财务实质性影响的可持续性风险或机会。

随后，SASB 针对每个标准所对应的主体行业进行描述，包括该行业主要的商业模式或特征、可能涉及的产品或服务类型，可以帮助企业更好地识别哪个 SASB 标准与自己相关。

专栏 2-1　行业描述示例——硬件行业

硬件行业由设计和销售技术硬件产品，包括计算机、消费类电子产品、通信设备、存储设备、零部件和外围设备的公司组成。该行业的许多公司严重依赖电子制造服务和原始设计制造（EMS&ODM）行业提供制造服务。随着技术使用的迅速增长，尤其是来自新兴市场的消费者的使用，该行业将继续增长。

注：从事软件与IT服务行业、互联网媒体与服务行业、和/或电子制造服务和原始设计制造行业活动的公司，应考虑这些行业的单独的SASB标准。

2. 可持续信息披露主题及会计指标

可持续信息披露主题及会计指标的内容包括可持续信息披露主题及会计指标、活动指标、主题总结以及会计指标的技术协议。

（1）披露主题及会计指标。每个标准都包含一组可能构成实质性影响的行业特定的披露主题，不同标准的披露主题因行业而异。每个标准都为公司提供了一组定量和/或定性的会计指标，旨在衡量公司在每个披露主题上的绩效。

表2-4　　　　　　披露主题及会计指标示例——硬件行业

主题	会计指标	类型	单位	编码
产品安全	识别和解决产品中数据安全风险的方法	讨论和分析	N/A	TC-HW-230a.1
员工多元化与包容性	(1) 管理层；(2) 技术人员；(3) 其他所有员工的性别百分比、种族/族裔群体代表百分比	定量	百分比	TC-HW-330a.1
产品生命周期管理	包含 IEC 62474 可申报物质的产品的收入占比	定量	百分比	TC-HW-410a.1
	符合 EPEAT 注册要求或同等条件的合格产品的收入占比	定量	百分比	TC-HW-410a.2
	符合 ENERGY STAR® 标准的合格产品的收入占比	定量	百分比	TC-HW-410a.3
	回收报废产品和电子垃圾的重量，回收所占百分比	定量	公吨，百分比	TC-HW-410a.4

续表

主题	会计指标	类型	单位	编码
供应链管理	一级供应商的（a）所有设施和（b）高风险设施通过 RBA 验证的审核流程（VAP）或同等水平验证的百分比	定量	百分比	TC – HW – 430a. 1
	一级供应商的（1）经 RBA 验证审核流程（VAP）或同等水平验证的不合格率，以及（2）针对（a）优先不符合项和（b）其他不符合项的相关问题采取措施进行纠正的比率	定量	比率	TC – HW – 430a. 2
材料采购	与使用关键材料有关的风险管理	讨论和分析	N/A	TC – HW – 440a. 1

（2）活动指标。每个标准还包含一套用于量化公司业务规模的指标，旨在与会计指标一起使用，以促进数据的标准化和规范化，从而促进比较分析。

表 2 – 5　　　　　　　　活动指标示例——硬件行业

活动指标	类型	单位	编码
按产品类型生产的单位数量	定量	数值	TC – HW – 000. A
生产设施的面积	定量	平方英尺	TC – HW – 000. B
来自自有设施的产量百分比	定量	百分比	TC – HW – 000. C

（3）主题总结。对每个行业特定的披露主题进行了介绍，并描述了每个主题的管理将如何影响公司创造长期价值的能力。

专栏 2 – 2　主题总结示例——硬件行业节选

产品安全

硬件行业公司提供的硬件产品和相关软件可能存在使消费者面临数据安全威胁的漏洞。因此，硬件制造商在保证用户数据安全方面扮演着重要的角色。此类漏洞可能发生在产品生命周期的任何阶段，包括产品设计、制造、分销和产品使用阶段。行业中无法建立可靠的方法来识别漏洞的公司可能会面临将消费者数据暴露于安全威胁下的风险，并可能会损害客户群体的信任。网络安全威胁的日益普遍为硬件行业带来了风险和机遇，因为有效的产品安全可以成为竞争优势的来源，从而帮助公司增加销售额和扩大市场份额。此外，对数据安全和相关政府行为的关注也可以通过获得政府采购的机会和提供安全产品为该行业带来创收机会。

（4）会计指标的技术协议。每个可持续发展会计指标都附带有一个技术协议，就有关指标的定义、范围、实施、编制和呈现提供指导，并且还可以作为独立第三方认证业务的适当标准。技术协议有助于确保度量指标以一致的方式呈现，并能够在公司之间进行比较。

专栏2-3　技术协议示例——硬件行业节选

TC-HW-230a.1　描述识别和解决产品中数据安全风险的方法

1　公司应描述其识别产品信息系统中数据安全风险和漏洞的方法。

1.1　漏洞是指信息系统、系统安全程序、内部控制和/或实施中的弱点；

1.2　数据安全风险是指通过未经授权的访问、销毁、披露、修改信息和/或拒绝服务，可能对组织运营（包括任务、职能、形象或声誉）、组织资产、产品、个人、其他组织或国家产生不利影响的任何情况或事件。

2　公司应描述其解决在公司产品中识别的数据安全风险和漏洞的方法。

2.1　讨论的内容可能包括但不限于：

2.1.1　确定公司应对已识别数据安全风险和漏洞的方法的政策和程序；

2.1.2　公司针对所识别的漏洞采取的纠正措施；

2.1.3　已识别的数据安全风险和漏洞造成的财务影响，包括补救成本和声誉风险。

三、SASB 标准的使用

企业现今面临诸多时代特有的挑战，如气候变化、资源限制、城市化、科技创新等关乎长期可持续发展的问题。投资者也日益希望企业能够明确可持续发展问题如何影响企业价值创造。SASB 准则将使企业受益于更高透明度、更佳风险管理、更好长期表现以及更强品牌价值。与此同时，企业也可为投资者提供更精确的可持续发展表现相关图景。

（一）上市公司对 SASB 标准的使用

SASB 标准出台时间不长，但使用 SASB 标准的公司数量持续增加，根据 SASB 官网上披露的数据，2020 年 SASB 报告者数量为 558 家，同比增长 373%；SASB 参考者为 1138 家，同比增长 153%。[①] SASB 报告者是指在上市公司信息披露中披露 SASB 指标的公司，SASB 参考者是指在上市公司信息披露中提及 SASB，以用于报告指标数据或其他目的的公司。

过去使用 SASB 标准的主要是美国企业，但现在 SASB 在美国境外的普及度也越来越高，截至 2021 年 5 月 25 日，2021 年披露报告的 SASB 报告者中有 59% 的公司注册地在美国境外，SASB 参考者中有 54% 的公司注册地在美国境外。[②] SASB 报告者和参考者的主要披露形式是可持续发展报告和年度报告，其中以可持续发展报告进行披露的公司占比为 79.9%，在年度报告中进行披露的公司占比为 10.8%，其余还有部分是在委托书、监管材料或其他报告工具中进行披露的。

SASB 标准可帮助企业识别、衡量和管理直接影响价值创造的可持续发展主题，是实施包括 IIRC 的综合报告框架和 TCFD 信息披露建议等基于原则的报告框架的实用工具。很多公司也会同时使用 SASB 标准和 GRI 标准，以更高效地与投资者沟通可持续发展相关数据，并满足不同利益相关者的需求。

[①] Global Use of SASB Standards［EB/OL］. https：//www. sasb. org/about/global – use/#investor – market – support.

[②] Global Use of SASB Standards［EB/OL］. https：//www. sasb. org/about/global – use/#investor – market – support.

（二）投资者对 SASB 标准的使用

投资者支持 SASB 的形式有多种，包括加入投资者咨询小组、SASB 会员联盟以及获得牌照。当前已有来自近 30 个国家和地区、资产管理规模达 72 万亿美元的 228 家机构投资者支持 SASB 标准或使用 SASB 标准为它们的投资决策提供帮助。

领先的全球投资者希望了解评估公司是如何管理会影响其财务绩效的可持续发展因素的，但他们一直都缺乏获得决策所需的、可比的标准化数据途径。而 SASB 的使命正是促进公司和投资者之间就具有财务实质性影响且对决策有用的信息进行沟通，SASB 标准可谓是为投资者量身定制的标准。由于 SASB 标准是针对特定行业的、以度量为驱动且专注于财务实质性的，可以为投资者提供量化的、可比的、一致的和关乎财务表现的可持续发展相关数据，因此，SASB 标准可以帮助投资者将可持续发展因素整合到投资管理中。

具体而言，SASB 标准可以帮助投资者访问可比的、一致的和对企业长期价值创造具有实质性影响的可持续信息，确定与被投资企业互动的优先事项，为投票决策提供重要参考，通过整合更广泛信息提高对市场中基本权益和信用分析的质量，扩展风险报告以涵盖可持续性风险，更好地了解特定行业的风险以指导风险分配和风险管理，履行投资者作为 PRI 签署方的承诺等。[1]

四、SASB 标准在中国的适用性分析

如今，可持续发展问题是影响企业财务状况、运营绩效和企业价值的全球性问题。如数据安全这个社会问题，对软件行业的公司而言非常重要。水资源管理是一个环境问题，对饮料生产商至关重要。利益冲突管理这个治理问题对于投资银行至关重要。长期有效地管理这些问题可能会降低运营成本、提高声誉、增强风险抵御能力、提高潜在的竞争优势以及驱动长期企业价值创造，从而改善业务绩效。[2]

---

[1]　Why Investors Use SASB Standards［EB/OL］. https：//www. sasb. org/investor - use/.

[2]　SASB Standards Connect Business and Investors on the Financial Impacts of Sustainability［EB/OL］. https：//www. sasb. org/about/.

SASB 经过多年的研究和市场调查，在全球知名的投资机构和众多领域的企业共同参与下，针对每个行业开发出最可能对该行业内企业造成财务实质性影响的可持续发展主题，并对每个主题下的披露指标提供了详细的指引，可广泛适用于全球的上市公司及非上市公司，也适用于各类资产管理机构。全球的公司都可以用它来更好地发现、管理以及沟通与财务绩效有关的可持续发展风险与机遇。

SASB 标准旨在确定最可能影响行业内典型公司的经营业绩或财务状况的最基础的可持续性问题，这些问题不管是环境还是社会方面的，都具有全球适用性。而且 SASB 是独立的标准制定机构，并不对企业的可持续发展表现进行评级与评估，也不为企业提供任何形式的合规评估或认证。因此，从其组织的独立性及标准主题的普适性上来说，SASB 标准天然具有全球适用性。

也正因为 SASB 标准主要聚焦于具有行业特性的、对行业内企业具有财务实质性影响的可持续信息，所以从完整性上来说，其在可持续性主题和具体指标上会存在一定的遗漏。尽管如此，SASB 标准仍然是协助进行实质性因素识别和重要性评估的一个很好的工具。中国企业可以结合自身的商业模式，在 SASB 可持续行业分类体系中找到企业所属的行业，参考 SASB 在该行业标准中确定的可持续发展主题及相关的标准化披露指引准备报告内容。若企业的业务类别较多，跨越多个不同的行业，也可以参考不同业务所对应的行业标准，结合自身业务特点和实际情况，综合考虑各标准中的有关主题对自己是否适用，进而确定拟向投资者及其他利益相关者披露的可持续发展主题。

第三节　其他信息披露参考框架和标准

一、国际综合报告委员会（IIRC）框架

为改善信息披露质量，推动可持续报告的发展，强化对各个资本的理解以及促进综合思维，2010 年 8 月，由英国威尔士亲王可持续性会计项目、

国际会计师联合会（International Federation of Accountants，IFAC）和 GRI 共同组织，在监管者、投资方、商业机构等各专业机构的支持下，国际综合报告理事会（International Integrated Reporting Committee）正式成立，秘书处设在英国伦敦，① 并随后在 2011 年 11 月正式改名为国际综合报告委员会（International Integrated Reporting Council，IIRC）。② IIRC 对自身的定位是"由监管者、投资者、公司、会计准则制定者、会计专业人士和非政府组织组成的全球联盟，致力于推动在主体报告中作出有关价值创造的披露"。

2013 年 12 月，IIRC 发布第一版《综合报告框架》（*International Integrated Reporting Framework*），奠定综合报告的信息披露框架基础，包括指导原则和对于"资本"的定义等，并于 2020 年 2 月开始为修订综合报告框架询问市场参与者意见。其修改的重点领域包括：商业模型考量、综合报告的责任、未来的发展道路。③ 最终，2021 年 1 月，IIRC 发布了修改后的《综合报告框架》。④

（一）《综合报告框架》介绍

根据 IIRC 发布的《综合报告框架》，综合报告是"机构在外部环境下，对其战略、治理、绩效和前景如何创造短期、中期和长期价值进行沟通的简练文件"。其主要目标是为资金提供方解释机构如何创造、保留或者减少价值总量。与此同时，综合报告也需要满足如员工和监管者等利益相关者的信息需求。结合这种目标，《综合报告框架》旨在：

（1）提高资金方可获取信息的质量，实现更具效率和效果的资本配置；

---

① IIRC. Formation of the International Integrated Reporting Committee［EB/OL］. （2010 - 08 - 02）. https：//integratedreporting. org/news/formation - of - the - international - integrated - reporting - committee - iirc/.

② IIRC. IIRC Enters Ambitious New Phase of Activity［EB/OL］. （2011 - 11 - 14）. https：//integratedreporting. org/news/iirc - enters - ambitious - new - phase - of - activity/.

③ IIRC. IIRC Opens Call for Feedback as it Revises the International Framework［EB/OL］. （2020 - 02 - 20）. https：//integratedreporting. org/news/iirc - opens - call - for - feedback - as - it - revises - the - international - framework/.

④ IIRC. IIRC Publishes Revisions to International ＜IR＞ Framework to Enable Enhanced Reporting［EB/OL］. （2021 - 01 - 19）. https：//integratedreporting. org/news/iirc - publishes - revisions - to - international - framework - to - enable - enhanced - reporting/.

（2）在借鉴各种不同的公司报告流派的基础上，形成一种更连贯、更有效的报告方法，以反映所有对机构持续价值创造能力产生重大影响的因素；

（3）加强对广义资本（包括财务、制造、智力、人力、社会与关系资本以及自然资本）的责任和受托管理责任，提高对资本间相互依赖关系的理解；

（4）支持以在短期、中期和长期的价值创造为重点的综合思维、决策和行动。

为加强披露方对资本的理解，促进综合思维的运用促进等主旨，《综合报告框架》对价值创造、指导原则和内容元素进行了介绍。值得注意的是，与以规则为基础（Rules - based）的披露框架不同（如美国的一般公认会计原则），《综合报告框架》是根据原则性基础（Principle - based）所制定的披露框架。另外，《综合报告框架》并未规定报告披露方必须披露哪些关键指标。① 因此，报告披露方在选择披露内容上具有较高的灵活性。

1. 价值创造

在价值创造相关的内容中，披露方应当在综合报告中解释价值是如何被外部环境影响的、如何与利益相关者互动，以及企业对各类资源的使用情况等。

根据 IIRC 的解释，所有机构的成功都依赖各种形式的资本的增长。随着时间的推移，资本总量的增加、减少或转变，其实是不同资本之间的一个流动，如使用水资源灌溉农作物，这是消耗了自然资本，但在完成农产品的销售后获得收入则使得财务资本得到了增长。同时资本间的转换过程较为复杂且耗时，资本间相差的净结果也会因不同的视角而异。例如对员工而言，额外的培训会增加人力资本；对企业而言，额外的培训则增加了短期的财务费用，减少了财务资本，而且减少的财务资本很难通过人力资本在企业财务数据上体现。表2-6是《综合报告框架》对各资本的定义。

---

① IIRC. International ＜ IR ＞ Framework ［EB/OL］. （2021 - 01）. https：//integratedreport-ing. org/wp - content/uploads/2021/01/InternationalIntegratedReportingFramework. pdf.

表 2-6 广义资本的定义

项目	定义	例子
财务资本	在机构生产产品或提供服务时可用的经济资本； 通过债务、股权或补助等融资方式获得，或通过经营或投资形成的回报。	现金流； 净利润。
制造资本	可供机构在生产商品或提供服务时使用的、经人加工后的有形物体（不同于自然的有形物体）。	建筑物； 设备； 基础设施（如道路、港口、桥梁、废料和废水处理厂等）。
智力资本	基于机构和知识的无形资本。	机构资本，如隐性知识、系统、程序和协议； 知识产权，如专利、版权、软件、权限和许可等。
人力资本	员工的才能、能力和经验以及创新动机。	员工认同并支持机构的治理框架、风险管理方法及道德价值观； 员工能够理解、制定并执行机构的战略； 员工的忠诚度和改善流程、产品和服务的动机（包括领导、管理和协作的能力）。
社会与关系资本	机构与社区和其他利益相关方的关系，以及增强个人和集体福祉的信息分享能力。	共同的规范，以及共同的价值观和行为； 品牌和声誉相关的无形资本； 机构经营的社会许可。
自然资本	所有支持机构在未来、现在及未来繁荣的可再生和不可再生环境资源。	空气、水、土地、矿产和森林； 生物多样性和生态系统健康。

　　价值创造的过程则在图 2-1 展示。其中，IIRC 对外部环境定义为经济情况、社会问题、技术变化及环境挑战等；对治理层的职务定义为建立一套有效的监管机制。而机构最核心的因素就是商业模式，其定义为在实现战略目标的过程中，商业模式是如何帮助企业在短期、中期和长期创造价值，通过经营活动将投入转化为产出和成果的体系；经营活动包括规划、设计和制造产品或是配置专门技能和知识提供服务。倡导创新的文化通常

是一项重要经营活动，具体体现在：预知客户的需求并开发新产品和新服务，提升生产服务效率和更好地利用技术，最大限度地减少投入和产出产生的社会或环境影响。

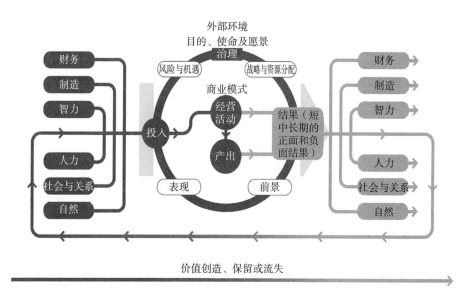

图 2 - 1　价值创造过程

2. 指导原则

指导原则奠定了综合报告编制的基础，指导披露方该如何准备和编写综合报告，并指出报告内容该以何种方式进行披露。这七个指导原则分别如下。

（1）专注战略和面向未来。综合报告应深入阐明机构的战略，解释战略如何与机构在短期、中期和长期的价值创造能力相关。例如治理层应当解释由于市场地位和商业模式所造成的重大风险和机遇；如何平衡短期、中期和长期利益；以及治理层如何吸收过往的经验，确定机构未来的战略方向等。

（2）信息连通性。综合报告应汇报对机构持续价值创造能力产生重大影响的各个要素之间的组合、相互关联性和依赖关系的全貌。

（3）利益相关者关系。综合报告中应深入说明机构与关键利益相关者之间的关系性质和质量，并说明机构如何及在多大程度上理解、考虑并回应利益相关者的合法需求和利益。在沟通过程中，利益相关者会提供他们所关心的经济、环境和社会议题的观点和建议。

（4）重要性。综合报告中应披露对机构短期、中期和长期的价值创造能力具有实质影响的事件信息。

（5）简练。综合报告应简明扼要。尽可能使用通俗易懂的语言，避免过多地使用行业术语或技术性字词以及样板化的表述。

（6）可靠性和完整性。综合报告应包括所有正面和负面的重大事项，报告内容应当客观且无误。

（7）一致性和可比性。综合报告披露信息应保证前后一致，不仅要包括价值创造的过程，也需要汇报能与其他机构对比的信息。

3. 内容元素

IIRC要求机构在其综合报告中包含以下八种内容元素。

（1）机构概述和外部环境。机构需要在综合报告中披露其主营业务和所处的市场环境。

（2）治理。机构需要在综合报告中描述其治理结构如何支持机构在短期、中期、长期创造价值。

（3）商业模式。机构需要在综合报告中描述其商业模式的运作。IIRC鼓励机构制定一份突出商业模式关键元素的图表，并识别影响商业模式运作的关键利益相关者和资源。在解释商业模式的过程中，披露方也需将商业模式与战略、风险和机遇等信息结合描述。

（4）风险和机遇。综合报告需要包含会影响机构的短期、中期、长期创造价值能力的风险和机遇，以及应对措施。具体而言，"风险和机遇"章节应该包含内外部风险和机遇的识别、风险和机遇发生概率的评估，以及管理风险和捕捉机遇所采取的具体步骤等。

（5）战略和资源配置。综合报告需要提供机构的目标及目标的实施计划等信息。这包括机构的短期、中期、长期的战略目标及具体目标、战略实施和资源分配计划。

（6）业绩表现。机构需描述战略目标的实现程度，以及在资本增量上所取得的成果。报告中应涵盖机构目标、机遇和风险的定量指标及编制时所用的方法论、机构如何回应利益相关方的利益诉求，以及当前业绩绩效表现与机构未来的发展联系。

（7）前景展望。披露方需要描述在战略实施期间所遇到的挑战和不确定因素，以及分析这种因素对机构的商业模式和业绩表现有什么影响。机构不仅需要描述其短期、中期、长期的可能遇到的外部环境变化，也需要概述机构准备的应对计划。

（8）编制和列报基础。披露方需要报告重大议题的选择过程、报告范围及用于量化或评估重大事项的重要框架和方法等内容。

在 2021 年发布的最新一版《综合报告框架》中，IIRC 对治理层需要提供的说明内容进行了精简。治理层只需要提供治理层对综合报告的完整性负责的说明，以及治理层对综合报告的编制是否符合披露框架的意见即可。披露方不需要确认"综合报告的编制过程中运用了集体智慧"要求。假如受限于当地的法律和监管要求，披露方不能提供相关的责任说明，则治理层可以在内容中概述其报告编制所采用的系统和步骤，以及治理层所承担的职务和责任。

（二）《综合报告框架》的优点与局限

尽管综合报告作为国际主流的非财务信息披露框架，其推崇的"综合思维"以及"价值创造"受到了不少商业机构和投资人的认同，但是其自身的披露原则和信息收集难度限制了其进一步的发展。

1. 优点

第一，综合报告可以有效从非财务维度为报告使用者提供诸如战略、环境及治理层行动等非财务信息，弥补了传统财务报表所不能提供的前瞻性信息。

第二，治理层通过编写综合报告，可以加强对外部环境和使命愿景是如何影响战略规划、商业模式、经营活动、业绩表现的理解，更系统地梳理企业战略决策以及营运流程。

第三，企业在获取利益诉求方的观点过程中，不断巩固"企业的可持续发展离不开各项资本的增加及利益相关方的支持"的概念，治理层不但能更全面地了解机构发展所需的资源投入，也促使治理层投入更多资源至社会责任活动。

第四，综合报告包含利益相关者关心的议题以及机构作出的回应。通过这种积极主动的态度与利益相关者沟通，可以不断改善机构与各利益相关方的关系，为机构的可持续发展奠定扎实基础。

2. 局限

第一，尽管运用原则性作为披露框架基础可以减少额外披露造成的成本增长，也更满足不同披露方进行可持续发展报告的需求，但是过度的灵活性不仅会影响披露信息的一致性及可靠性，也给予披露方一个隐藏不利绩效的理由。

第二，非财务信息的收集难度及成本较高，特别是 IIRC 并未充分地对价值概念进行进一步的分类和举例，披露方很难对特定行动和资源进行收集和整理。

第三，综合报告内容更偏向于财务报告而非可持续报告。根据《综合报告框架》，综合报告的主要目标是"为资金提供方解释机构如何创造、保留或者减少价值总量"，同时披露框架旨在"提高资金方可获取信息的质量，实现更具效率和效果的资本配置"。这两点都表明了其优先满足投资者的需要。若机构按照披露框架进行编制，其披露内容会偏向于投资者，而非广大利益相关方。

二、国际标准化组织（ISO）26000

ISO 26000：2010（以下简称 ISO 26000）是 ISO 制定的社会责任指南。ISO 26000 的主要起草部门为技术管理局（Technical Management Board，TMB）。2003 年，为创建 ISO 26000，TMB 建立社会企业战略咨询部门。在花费 5 年时间、举办 8 次国际会议，并收集来自 99 个国家、450 名专家提交的 25000 余份书面建议以后，ISO 最终在 2010 年 11 月发布 ISO 26000。据最新统计，已经有 88 个国家采用了 ISO 26000，其中包括中国、美国、英国、新加坡、日本等。①

---

① ISO 26000. 88 Countries! ［EB/OL］. （2021 – 03 – 17）. https：//iso26000. info/iso/iso – standards/iso – 26000/87 – countries/.

总体而言，ISO 26000 的建立目的在于：

（1）在尊重文化、社会、环境、法律和经济发展差异条件的前提下，协助组织履行社会责任；

（2）提供具有可行性的社会责任行动相关指导；

（3）协助机构识别和加强与利益相关者互动，强化社会责任报告的可信度；

（4）强调绩效结果和改进；

（5）增强客户和其他利益相关者对组织的信心和满意度；

（6）与现有文件，包括国际条约、公约以及现有 ISO 标准保持一致；

（7）推广社会责任领域的通用术语；

（8）提高社会责任意识。①

ISO 26000 其中一个特点就是使用更为广泛的社会责任概念，拓展了社会责任的适用范围。另外，此项指南还对社会责任进行较为全面的定义，丰富社会责任意义。② 需要注意的是，ISO 26000 旨在为组织提供有关社会责任的指导，而非国际准则或建议，所以 ISO 26000 并不能作为国际或国内法律行动、控诉、抗辩或其他索赔的基础。另外，它与环境管理系统（ISO 14001）、质量管理系统（ISO 9001）及能源管理（ISO 50001）等管理体系不同，由于 ISO 26000 不是一个管理体系且并未对使用者提出具体要求，因此尚未有针对采用 ISO 26000 进行信息披露的认证程序或证明。③

（一）ISO 26000 框架

ISO 26000 包含七个章节，分别是范围、条例和定义、理解社会责任、社会责任的原则、社会责任识别和利益相关方互动、社会责任核心议题指导，以及履行社会责任指导。本文着重讲述的章节为社会责任的原则和社

---

① ASQ. What is ISO 26000 – Guidance on Social Responsibility? ［EB/OL］. https：//asq. org/quality – resources/iso – 26000.

② 根据 ISO 26000，社会责任的定义为组织通过透明和合乎道德的行为，为其造成社会和环境影响的决策及活动承担责任，具体包括：（1）促进可持续发展，关注社会健康和福利；（2）考虑利益相关方的期望；（3）遵守法律法规并与国际行为规范保持一致；（4）在组织内全面推行社会责任。

③ ISO. ISO 26000：2010 Guidance on Social Responsibility ［EB/OL］. https：//www. iso. org/standard/42546. html.

会责任核心议题指导。

1. 一般指导原则

ISO 26000 要求机构在履行社会责任的过程中遵守表 2 - 7 中的七项一般指导原则。

表 2 - 7　　　　　　　　一般指导原则概览

项目	责任	透明度	道德行为	尊重利益相关者	尊重法治	尊重人权	尊重国际行为规范
定义	机构需要为其造成的社会、经济和环境影响负起责任	机构需要为其影响社会及环境的决策和活动保持透明	机构行为应当建立在诚实、公平以及正直的价值观上	机构需要尊重、考虑以及回应利益相关方的诉求	机构需接受和遵守法律	机构需认同人权的重要性和普适性	机构需接受和遵守国际行为规范

ISO 26000 强调在社会责任实践过程中，机构的首要目标是最大化其对可持续发展的贡献。而一般指导原则只是辅助机构完成这一目标，并非要求机构完全遵守这些原则。为保证社会责任的有效实践，在运用 ISO 26000 的过程中，使用方也需要在符合国际行为规范的前提下，全面考虑当地的经济、社会、文化、政治等多种因素。

2. 核心议题

为对社会责任范围进行定义，识别相关问题和建立优先事务，机构需要充分讨论图 2 - 2 中的核心议题。

ISO 26000 强调机构治理层在推动社会责任行动的重要性。此外，鼓励机构全面看待这些核心议题，了解各个核心议题的联系。在处理一个核心议题的过程中应当考虑其处理结果是否会对另一个议题、利益相关者以及价值链产生不良影响，而这与强调治理层行动和推广综合思维的《综合报告披露框架》思路较为相似。

（二）ISO 26000 的优点与局限

得力于众多来自不同国家、机构和个人的贡献，ISO 26000 获得了较高的认可度，为促进全球各界推动社会责任交流和实践作出了重大贡献。为进一步促进 ISO 26000 使用，加强内容相关性，ISO 还需提供更具实操性的

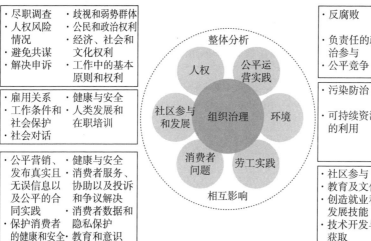

图 2-2 七大核心议题

指导，并根据可持续发展目标以及《巴黎协定》等国际倡议和行动进行更新。

1. 优点

首先，ISO 26000 的制定具有全球影响力。从超过来自 99 个国家共 450 名专家参加此次指南制定可以看出，此次指南的内容涵盖了绝大多数国家对社会责任的理解和实践。而 ISO 26000 提供统一的社会责任定义助推了全球各界对社会责任的讨论及实践。其次，ISO 26000 能有效促进企业履行社会责任。ISO 26000 具有较高的适用性，几乎所有行业的企业都可以参照 ISO 26000 推荐的做法管理社会责任，例如与利益相关方沟通和互动、用户隐私数据保护以及消费者教育等。管理层也可以通过参考重要议题，将社会责任元素融入企业的战略规划以及管理运营中。① 最后，ISO 26000 的出台提升了社会责任的重要性。据不完全统计，ISO 已经与多个国际组织合

---

① Camilleri, M. A. A Cost – Benefit Analysis of ISO's Standard on Social Responsibility：A Review and Appraisal ［Z］. In ISO 26000 – A Standardized View on Corporate Social Responsibility, 2019：159 – 175.

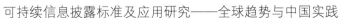

作，在各项倡议或准则中提升社会责任的重要程度，并阐述 ISO 26000 与相关倡议的重合程度。ISO 26000 与其他国际组织和倡议的关联详见表 2 – 8。

表 2 – 8   ISO 26000 与其他国际组织和倡议的关联概要

项目	全球报告倡议组织（GRI）	联合国大会（UNGA）	国际综合报告委员会（IIRC）	联合国全球契约组织（UNGC）	经济合作与发展组织（OECD）
合作倡议/准则	可持续发展报告指南G4	可持续发展目标	综合报告	全球契约十项原则	跨国企业指南
目的	通过使用 GRI 与 ISO 26000 共同发布的指南，披露方可以更有效地衡量和报告社会责任表现和影响。	讲述机构如何在履行社会责任的同时完成可持续发展目标。	发扬综合思维，加强机构对向社会和投资人创造价值的理解。	概述 ISO 26000 与全球契约十项原则的关联。	概述 ISO 26000 与跨国企业指南的关联。

2. 局限

与其他准则和倡议一样，ISO 26000 的运用会不可避免地增加机构成本费用。特别对于中小企业来说，它们并没有大企业拥有的资源。如果中小企业完全落实 ISO 26000 内容，这会增加其成本负担，影响利润率。而如果中小企业并未付出相应的资源在履行社会责任的行动上，它们则会受到投资者和消费者的谴责。在某种程度上，ISO 26000 的推出提高了中小企业的市场准入门槛。另外，尽管认证程序的缺失可以减少由于采用 ISO 26000 所带来的额外费用，但这也给一些不正直的机构有了"洗白"的机会。利益相关方更难分辨哪些是具备强烈社会责任心的企业，而哪些机构只是用社会责任来粉饰自身的行为。

三、世界经济论坛（WEF）标准

世界经济论坛国际工商理事会（International Business Council，IBC）认为企业的成长和繁荣是需要在满足人类需求和保护环境生态的前提下，通过长期可持续的价值创造才能得到的结果。2019 年 8 月，在 IBC 的邀请下，世界经济论坛（World Economic Forum，WEF）联合四大会计师事务所（德勤、安永、毕马威和普华永道）根据现有的准则框架，共同开发一组具有跨行业、跨地域且能在年报中持续披露的通用的指标和披露框架。这组指标名为"利益相关者资本主义指标"（Stakeholder Capitalism Metrics）。2020年9月，在与200多家企业、投资者和利益相关方进行了为期6个月的咨询后，该项目的最终成果发布，即《衡量利益相关者资本主义：制定通用指标和一致性报告，促进可持续价值创造》（*Measuring Stakeholder Capitalism：Towards Common Metrics and Consistent Reporting of Sustainable Value Creation*，以下简称《衡量利益相关者资本主义》）[①]。

《衡量利益相关者资本主义》的制定目的之一在于为IBC成员提供一套具有一致性和可比性的可持续价值相关指标。考虑到IBC成员在商业领域具有深厚影响，若IBC成员带头披露和宣传指标体系，这会鼓励其他公司和投资者参加长期价值的创造，共同推动可持续发展议程。另外，《衡量利益相关者资本主义》的制定也可以加强与其他可持续信息披露指标的可比性和一致性，进一步促进可持续投资。

（一）利益相关者资本主义指标披露框架

1. 四个支柱

《衡量利益相关者资本主义》的披露指标是根据联合国发布的可持续发展目标进行分类，主要设立了治理原则、环境、人类和经济四个支柱，其定义见图2-3。

与其他可持续信息披露框架相似，《衡量利益相关者资本主义》同样宣传"综合思维"以及环境、社会和公司治理的重要性。文件中提出使用者需要全面看待四个支柱以及其类别下指标的相互影响，不能把支柱和指标单独处理，并着重强调在构建繁荣、可持续的社会过程中，企业的治理层肩负着建立企业目的和监督活动责任，在缺乏有效治理层运作的情况下，企业很难推动其余三个支柱的发展。

---

① WEF. Measuring Stakeholder Capitalism：Towards Common Metrics and Consistent Reporting of Sustainable Value Creation ［EB/OL］．（2020 - 12 - 22）．http：//www3. weforum. org/docs/WEF _ IBC _ Measuring _ Stakeholder _ Capitalism _ Report _ 2020. pdf.

治理原则	环境	人类	经济
随着越来越多的组织被期望在其业务运营中融入机构目的，因此治理的定义也随之进行改变。但是，代理人、责任和管理的原则对于真正的"良治"仍然至关重要。	通过可持续消费和生产、自然资源的可持续管理，从而保护地球免受退化。并对气候变化采取紧急行动，使其能够满足今世后代的需要。	消除一切形式和方面的贫穷和饥饿，确保所有人都能在尊严、平等和健康的环境中发挥其潜力。	确保全人类都能过上富足充实的生活，并且在实现经济、社会和技术进步的背景下与自然和谐共处。

图 2 – 3 四大支柱概要

《衡量利益相关者资本主义》的一个突出特点是融入了对经济繁荣的考量。制定者认为商业可以有效推动经济发展、创新和社会财富的公平分配。因此，商业的健康发展也会改善环境和社会的可持续发展。

2. 指标披露

考虑信息收集难度和可比性等综合因素，《衡量利益相关者资本主义》将利益相关者资本主义指标（见表 2 – 9）分为核心指标（Core Metrics）和扩展指标（Expanded Metrics）。前者为企业提供了一套收集难度较低的指标，披露范围聚焦于企业内部活动；而后者则为想要提升可持续发展表现的企业提供了一个更具有深度、广度和复杂性的指标，披露范围扩展至企业价值链中的可持续发展表现。《衡量利益相关者资本主义》鼓励公司根据"披露或解释"方法，对尽可能多的核心指标和扩展指标进行披露。

表 2 – 9　　　　　　　利益相关者资本主义指标

项目	治理原则	环境	人类	经济
核心指标（21 个）	企业目的建立	温室气体排放	多样性和包容性	绝对就业人数与就业率
	治理层构成	TCFD 实施情况	薪酬平等	经济贡献

续表

项目	治理原则	环境	人类	经济
核心指标（21个）	影响利益相关方的重要议题	土地使用和生态敏感性	薪酬水平	金融投资贡献
	反贪腐	耗水量和从缺水地区抽水情况	童工使用或强制劳动的风险	研发费用总额
	道德保护建议及报告机制		卫生安全	税费支付总额
	整合风险和机遇至商业运作		培训提供	
扩展指标（34个）	企业目的融入至企业的战略及政策	符合《巴黎协定》的温室气体排放目标	薪酬差距	基础建设投资和服务提供
	战略实施进度	温室气体的影响	歧视与骚扰案件数量以及经济损失	重大间接经济影响
	治理层的薪酬结构	土地使用和生态敏感性	结社自由和集体协商	社会价值产生
	道德行为与战略的一致性和游说政策	土地使用的影响和转换	人权审查、申诉影响和现代奴隶	活力指数
	不道德行为造成的经济损失	淡水抽取和消耗影响	维持生活的薪酬水平	社会投资总额
	经济、环境和社会议题的资金分配框架	空气污染	量化工作相关的事故造成的影响	额外税收减免
		空气污染的影响	员工身心健康	在各主要市场的税费支付总额
		水中营养素的情况	技术职位空缺数量	
		水污染的影响	量化培训的影响	
		一次性塑料		
		固体废物处理的影响		
		资源循环		

（二）利益相关者资本主义指标的优点与局限

由于利益相关者资本主义指标在编制中较多地向企业和投资人进行询问，且参考多项权威可持续信息披露框架，所以这套披露指标更容易被企业认可，并能与其他可持续信息披露框架保持一致。但是部分披露要求的简化可能不利于相关利益方获取全面完整的信息。

1. 优点

首先，IBC 成员的可持续发展行动会带动其他企业的积极性，鼓励企业披露可持续信息，共同推动构建全球统一的可持续信息披露框架的进程。截至 2021 年 1 月，有超过 60 家企业和机构宣布会采用利益相关者资本主义指标上，其中包括雀巢、索尼、波士顿咨询和瑞银等全球各行业机构。① 其次，利益相关者资本主义指标具有披露灵活性高和成本低的特点。披露方可以选择披露核心指标或者扩展指标，而前者的收集成本和难度相对较低。例如在企业汇报其温室气体排放中选择核心指标，那么企业只需要发布公司自身产生的温室气体排放即可。如果企业要披露扩展指标，则企业还需要报告它们的净零路线图以及温室气体排放是否与《巴黎协定》规定的目标保持一致，并需要估算碳排放造成的社会成本等。最后，利益相关者资本主义指标的制定大量参考了现有国际权威的可持续信息披露框架，确保根据不同报告框架编写的内容具有一致性和可比性。据统计，在 21 个核心指标中，有 18 个是参考 GRI 进行制定；在 34 个拓展指标中，有 13 个是参考 GRI 进行制定。

2. 局限

利益相关者资本主义指标的建立意味着 WEF 在现有的非财务信息披露框架体系中创建额外的一套框架。在国际非财务信息披露标准的整合趋势下，新增一套覆盖指标并不全面的披露框架，可能给企业和投资人选择适用标准带来新的困扰，添加不必要的麻烦。另外，WEF 在指标设计时考虑

① WEF. Global Business Leaders Support ESG Convergence by Committing to Stakeholder Capitalism Metrics［EB/OL］. https：//www. weforum. org/press/2021/01/global – business – leaders – support – esg – convergence – by – committing – to – stakeholder – capitalism – metrics – 73b5e9f13d/.

到企业应用，因此简化了部分披露要求。例如 WEF 参考 GRI - 201 标准制定了"税费支付总额"，要求企业在核心指标中需披露企业所得税税率、财产税和增值税等税务相关信息，在拓展指标中披露各主要市场的税费支付总额等。但 WEF 并未参考 GRI 专门为税务制定的 GRI - 207 标准，此标准要求企业报告税务战略、负责税务的高管职位，税务风险识别及管理等细节，从而提高企业税务处理的透明度，增强相关部门的执法能力，减少企业逃税漏税的可能性。而这种披露要求的简化可能会使社会错过对企业进行税收透明度治理的信息。①

四、国际金融公司（IFC）环境和社会可持续性绩效标准

作为世界银行集团（World Bank Group）成员的国际金融公司（International Finance Corporation，IFC）是专注于发展中国家私营部门发展的全球最大发展机构。IFC 不仅为企业和项目提供投融资服务，也为政府和商业机构提供投资和咨询服务。作为一家推动可持续发展的机构，IFC 早在 2006 年便开始发布《可持续性框架》（Sustainability Framework），并在 2012 年发布最新一期《可持续性框架》。IFC 在《可持续性框架》中阐释其可持续发展的战略承诺并表示可持续发展是企业风险管理中不可缺失的一环。

《可持续性框架》包含《环境和社会可持续性政策》（Policy on Environmental and Social Sustainability）、《国际金融公司环境和社会可持续性绩效标准》（Performance Standards on Environmental and Social Sustainability，以下简称《绩效标准》）和《信息使用政策》（Access to Information Policy）。《环境和社会可持续性政策》陈述了 IFC 对环境和社会可持续发展的承诺，《绩效标准》概述了客户在项目过程中需要管理环境和社会风险的责任，《信息使用政策》反映了 IFC 致力于运营透明度和良治的承诺。目

---

① GRI. Sustainability Metrics Debate must Include Multi - stakeholder Input［EB/OL］.（2020 - 12）. https：//www. sustainability - reports. com/gri - sustainability - metrics - debate - must - include - multi - stakeholder - input/#：~：text = GRI% 3A% 20% E2% 80% 9CSustainability% 20metrics% 20debate% 20must% 20include% 20multi - stakeholder% 20input% E2% 80% 9D，highlighting% 20that% 20it% 20does% 20not% 20go% 20far% 20enough.

前，有超过90家银行和金融机构采用基于《绩效标准》制定的赤道原则（Equator Principles）。①

《绩效标准》为金融机构以及项目运营方提供一套风险识别指标，避免、缓解并管理项目存在的风险及其影响。在直接投资（包括通过金融中介机构提供的项目和公司融资）的情况下，IFC要求客户采用《绩效标准》来管理环境与社会风险和影响，从而增强发展机遇、规避不必要的风险。

（一）披露框架

《绩效标准》包含了八项可持续相关标准，其中包括"劳工和工作条件"以及"资源效率和污染防治"等社会环境标准。另外，与第一版相比，2012年《绩效标准》对客户和合作方提出了更高的要求，强调综合思维的重要性。

1. 绩效标准

根据2012年《绩效标准》，文件设立了如表2－10所示的八项客户或者合作伙伴在投资的整个项目周期内须达到的标准。

表2－10　　　　　　　　　《绩效标准》内容总结

绩效标准	解释	意义	考虑因素
环境和社会风险与影响的评估和管理	环境和社会管理系统是一个动态的、持续的过程，这个过程由管理层发起并提供支持，其中涉及客户、员工、直接受该项目影响的当地社区以及其他利益相关者的参与。	一个良好的环境和社会管理系统可以促进稳定、可持续的环境和社会绩效，并能够带来更好的经济、社会和环境效益。	（1）政策； （2）对风险及其影响的识别； （3）管理计划； （4）组织能力和资质； （5）应急预警和反应措施； （6）利益相关者的参与； （7）监督和审查。

① IFC. Equator Principles Financial Institutions ［EB/OL］. https：//www.ifc.org/wps/wcm/connect/topics_ext_content/ifc_external_corporate_site/sustainability－at－ifc/company－resources/sustainable－finance/equator＋principles＋financial＋institutions.

绩效标准	解释	意义	考虑因素
劳工和工作条件	通过创造就业和产生收入来促进经济增长的同时应保护员工的基本权益。	通过建立良好的劳资关系，通过公平对待员工，并给他们提供安全和健康的工作条件，客户就有可能创造客观的效益，比如增强运营效率和生产力。	(1) 工作条件和员工关系管理； (2) 劳动力保护； (3) 职业健康和安全； (4) 第三方雇用的员工； (5) 供应链。
资源效率和污染防治	目前温室气体的排放将会危及当代人以及后代的公共卫生和福利。	促进相关技术的推广，提高资源利用效率并减少污染。	(1) 资源效率； (2) 污染防治。
社区健康、安全和治安	项目活动、设备和基础设施建设可能增加对社区的风险和影响，而且已经受到气候变化影响的社区可能还会因项目活动出现影响加速和/或激化的情况。	要求客户在避免或尽量降低因项目活动对社区健康、安全和治安方面的风险和影响的责任，特别需要关注弱势群体。	(1) 社区健康与安全要求； (2) 安保人员。
土地征用和非自愿迁移	当非自愿迁移无法避免时，应在最大程度上减少迁移，并应缜密规划和实行适当措施，以缓解对迁移者和东道社区的不利影响。	如果没有使用正确的管理方法，非自愿迁移可能会给受影响的社区和个人带来长期贫困，并在安置移民的区域造成环境破坏和负面的社会经济影响。当非自愿迁移无法避免时，应在最大程度上减少迁移，并应缜密规划和实行适当措施，以缓解对迁移者和东道社区的不利影响。	(1) 一般要求； (2) 迁徙； (3) 政府管理安置工作中的私营部门责任。
生物多样性保护和生物自然资源的可持续管理	保护生物多样性、维持生态系统服务以及生物自然资源的可持续性管理是实现可持续发展的根本所在。	客户应保护生物多样性并促进自然资源的可持续发展，从而确保生态系统的完整和有效性。	(1) 一般要求； (2) 生物多样性的保护和保存； (3) 生态系统服务的管理； (4) 生物自然资源的可持续管理； (5) 供应链。

续表

绩效标准	解释	意义	考虑因素
土著居民	土著居民的经济、社会和法律地位限制了他们捍卫自己在土地、自然资源和文化资源中的权益，并可能限制了他们参与发展并从中受益的能力。	私营部门项目可以为土著居民创造机会，让他们参加与项目有关的活动并从中受益，这些活动可以帮助他们达成经济和社会发展目标。而且，土著居民可以通过作为发展合作伙伴来促进和管理开发活动和企业，从而在可持续性发展中发挥作用。	（1）一般要求； （2）要求获得自由、事先和知情的同意情况； （3）缓解措施和发展效益。
文化遗产	文化遗产对人类及后代有重大意义。	客户需在项目活动中保护文化遗产。	（1）在项目设计和实施中对文化遗产的保护； （2）在项目实施过程中对文化遗产的使用。

2. 交叉领域

与 2006 年第一版不同的地方在于，2012 年的《绩效标准》引入了交叉领域（Cross-cutting）的概念。IFC 强调（如气候变化、性别、人权以水资源等）议题不能被单独看待，因此在《绩效标准》中在各项标准中融入交叉领域因素，同时也促进项目方的综合思维。举例而言，IFC 要求客户在雇用机会中考虑性别因素，也应该在资源使用效率和与土著居民沟通等议题中融入对水资源的考量等。

（二）环境和社会可持续性绩效标准的优缺点

《绩效标准》具有高灵活性，允许使用方可以根据实际情况对项目内容进行调整。然而，由于 2012 年版本的《绩效标准》在推动综合思维的同时并未对相关内容进行进一步的梳理和定义，未对使用者在实施过程中使用综合思维提供有效助力。

1. 优点

第一，《绩效标准》在实行过程中具有高灵活性的特点。尽管名义上《绩效标准》是一套标准文件，但是在使用过程中《绩效标准》更多的是提供一套指引。使用者可以根据项目性质以及所在地的不同，利用《绩效标准》制定一套符合当地环境和项目性质的风险管理方式。第二，《绩效标准》促进使用者的综合思维，要求使用方在环境保护和就业机会等议题中考量人权、性别和水资源等多种元素，从而协助使用方有效完成项目的可持续发展目标。

2. 局限

第一，《绩效标准》实施难度较大。尽管文件中对交叉领域提供了一些解释性说明，但是由于内容指导性不足，在实施过程中使用方并不能有效地实施综合思维。另外，由于客观原因，使用方很难根据《绩效标准》收集（如项目对女性和人权影响等）数据，使用方无法全面了解项目实施的有效性。第二，《绩效标准》并未提供足够的量化指标，因此使用方需要额外参考其他披露框架，给使用方增加了额外的使用成本。

五、联合国可持续发展目标（SDGs）

SDGs 诞生于 2012 年在里约热内卢举行的联合国可持续发展大会上，并于 2015 年 9 月在纽约联合国总部举行的联合国可持续发展首脑会议上通过，成为 2016—2030 年的新可持续发展议程。[①] 其前身为千年发展目标（Millennium Development Goals）。可持续发展目标包含如图 2 -4 所示的环境、社会和经济等方面的十七个目标。目前，全世界有 193 个国家就可持续发展目标达成共识。

可持续发展目标建立在千年发展目标所取得的成就之上。千年发展目标旨在消除一切形式的贫穷，其主要目标是发展中国家。而可持续发展目标的独特之处在于呼吁所有国家，包括穷国、富国和中等收入国家，共同采取行动，促进繁荣并保护地球。而且可持续发展目标认识到在致力于消除贫穷的同时，需实施促进经济增长，满足教育、卫生、社会保护和就业机会等社会需求并应对气候变化和环境保护的战略。[②]

---

① 联合国. 变革我们的世界：2030 年可持续发展议程［EB/OL］. https：//www. un. org/zh/documents/treaty/files/A -RES -70 -1. shtml.

② 联合国. 联合国报告：各国在日益严峻的全球挑战中努力实现可持续发展目标［EB/OL］. https：//news. un. org/zh/story/2018/06/1011382.

图 2-4 联合国可持续发展目标

（一）与可持续发展目标相关的信息披露指引

尽管可持续发展目标的关注主体主要是国家，但是已有多个国际权威的可持续信息披露标准将自身与 SDGs 进行关联，通过提升信息透明度加强企业的意识，从而推动企业完成可持续发展议程。

1. GRI 出台的与可持续发展目标相关的资料

GRI 与多个机构共同合作编制 SDGs 相关报告，协助企业披露并融入可持续发展目标。例如，2017 年 3 月，GRI 与 UNGC 共同发起可持续发展目标报告行动（Action Platform for Reporting on the SDGs），旨在推动企业的可持续发展目标报告。截至 2021 年 6 月，GRI 共出台了四本相关报告，如表 2-11 所示。

表 2-11 GRI 出台的企业可持续发展目标相关资料

项目	目标和具体目标分析	将可持续发展目标纳入企业报告实用指南	连接 SDGs 和 GRI 标准	满足投资人对 SDGs 在商业报告中的需求
合作方	UNGC、PWC	UNGC、SHIFT、PWC	—	UNGC、PRI
报告目的	帮助机构更方便有效地完成可持续目标的披露	将可持续发展目标嵌入现有业务和报告流程的三步指南	帮助使用者连接 GRI 标准与可持续发展目标以及相关指标	帮助机构满足投资人对可持续发展目标披露的需求

其中，较为重要的是《目标和具体目标分析》（以下简称《分析》）和《将可持续发展目标纳入企业报告实用指南》（以下简称《实用指南》），前者为联合国 17 个目标、169 个具体目标制定了一套定性和定量的披露指引（见图 2-5），而后者提供一个整合框架（见图 2-6），帮助企业在运营和披露过程中融入 SDGs。GRI 强调披露方在进行企业定期报告中应共同使用《分析》和《实用指南》。同时也强调《分析》和《实用指南》均基于当前通用的报告流程，而不是创建全新的报告框架，避免增加披露方的负担。

2. SASB 出台的与可持续发展目标相关的资料

SASB 准则帮助管理者和投资人了解可持续发展目标是如何影响企业在相关行业的运营和财务表现的。2020 年 6 月由 SASB 发布的《可持续发展目标行业指南》（*Industry Guide to the Sustainable Development Goals*）解释了 SASB 准则与可持续发展目标的联系（见图 2-7），并表示当投资人和管理者了解其中的关联，他们会更愿意引导企业完成可持续发展目标，规避不必要的风险并确保企业的财务回报。

通过使用 SASB 特定行业可持续发展会计准则，企业可以汇报其可持续发展目标的完成情况。据 SASB 统计，98% 的 SASB 行业特定的披露主题覆盖至少一个可持续发展目标，66% 的可持续发展目标覆盖至少一个 SASB 行业特定的披露主题[1]。SASB 行业特定披露主题与可持续发展目标的对应情况见图 2-8。尽管 SASB 与 SDGs 有较高的关联性，但是 SASB 在《可持续发展目标行业指南》中承认 SASB 准则既不是用来报告 SDGs 完成情况的，也不是帮助企业与利益相关方沟通可持续发展的最佳工具。如果企业需要披露对 SDGs 的促进情况，最好还是结合 GRI 等其他主流信息披露框架。

3. 多个会计师委员会联合发布《联合国可持续发展目标信息披露建议》

2020 年 1 月，为加强与各方合作，促进可持续发展目标实现，特许公认会计师公会（Association of Chartered Certified Accountants，ACCA）、澳大利亚和新西兰特许会计师公会（Chartered Accountants Australia & New Zeal-

---

① SASB. Industry Guide to the Sustainable Development Goals［EB/OL］.（2020 – 06）. https：//www. sasb. org/knowledge – hub/industry – guide – to – the – sustainable – development – goals/.

具体目标3.3

到2030年，消除艾滋病、结核病、疟疾和被忽视的热带疾病等流行病，抗击肝炎、水传播疾病和其他传染病

可能有助于实现该具体目标的相关企业行动：

- 让人人享有足够支持个人和家庭健康和福利生活标准的权利，包括医疗和必要的社会服务，以及在失业、疾病、残疾、失去伴侣、年老或其他不可控的生计不足情况下的安全保障权。
- 支持员工及其家属获得医疗保健，并推动供应链雇用人员享有卫生保健。改善员工及其家属卫生保健，包括增加疾病预防和管理方面的知识共享。为整个供应链人员，尤其是自身雇员，提供负担得起的药品。
- 采取措施确保雇员安全，防止雇员因从事易受或有可能感染上述疾病的职业或角色而患病。将实用举措整合至标准操作流程，为员工提供上述疾病及其预防和治疗的相关教育。
- 披露工伤事故与职业病事件。
- 改善享有医疗和保健服务的机会。
- 通过药品研发为被忽视的人群提供创新解决方案。
- 提供艾滋病病毒/艾滋病在内等性传播疾病相关信息。鼓励工作者通过自愿咨询和检测了解自身艾滋病病毒状况，采取措施减少艾滋病病毒的传播，减轻其在工作场所的影响。

来源
(更多信息，请参见附录III和VI)

相关联合国公约及其他主要国际协议示例	《世界人权宣言》《经济、社会和文化权利国际公约》《儿童权利公约》《消除对妇女的暴力行为宣言》《阿拉木图宣言》《健康促进渥太华宪章》，国际劳工组织第183号公约，国际劳工组织第156号公约，国际劳工组织第102号公约
企业与可持续发展目标相关出版物及其他材料	5, 14, 52, 103, 104, 117

披露3.3

商业主题	现有商业披露	单位	来源
职业健康与安全	价值链中有机会接受自由和自愿艾滋病病毒检测（通过其雇主或公共/社区卫生系统）的工作者（按性别划分）的大致比例。	按性别划分工作者的比例（%）	联合国全球契约·乐施会贫困足迹PF-13.6
	适用情况下，如果无免费公共服务可用，公司系统和价值链上所有主要雇主是否能为员工提供自由和自愿的艾滋病病毒检测？	供应链上的公司比例（%）	联合国全球契约·乐施会贫困足迹PF-13.14
	受访的当地卫生工作者/当局中，认为价值链上的员工（按性别划分）接触性传播疾病（包括艾滋病病毒/艾滋病）的概率正在增加（与全国平均水平相比）的人所占的比例。	按性别划分的工作者比例（%）	联合国全球契约·乐施会贫困足迹PF-13.5
	针对所有员工的工伤类别、工伤率（IR）、职业病发生率（ODR）、工作日损失率（LDR）、缺勤率（AR）、因工死亡，按以下类别细分： i. 区域； ii. 性别。	每百万小时损失工时数（IR/ODR），报告期内每规划员工工作总小时数损失天数，占同期规划员工工作总天数百分比（%），因公死亡数	GRI标准403-2
	针对所有工作或工作场所由组织控制的工作者（不包括员工）的工伤类别、工伤率（IR）、因工死亡，按以下类别细分： i. 区域； ii. 性别。	每百万小时损失工时数（IR/ODR），报告期内每规划员工工作总小时数损失天数，占同期规划员工工作总天数百分比（%），因公死亡数	GRI标准403-2

图2-5　《目标和具体目标分析》中定性定量指标示例

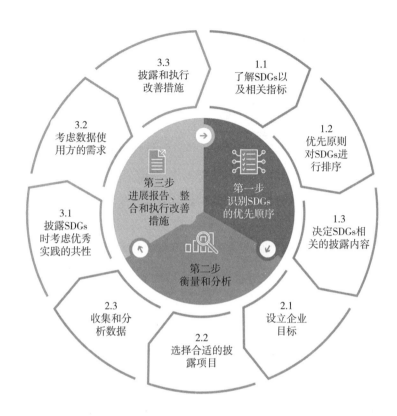

图 2-6 《将可持续发展目标纳入企业报告实用指南》的整合框架

图 2-7 SASB 准则与可持续发展目标的联系

	SDGs具体目标数量	与SASB对应数量	%
1 无贫穷	7	5	71%
2 零饥饿	8	5	63%
3 良好健康与福祉	13	13	100%
4 优质教育	10	5	50%
5 性别平等	9	3	33%
6 清洁饮水和卫生设施	8	5	63%

	SDGs具体目标数量	与SASB对应数量	%
7 经济适用的清洁能源	5	5	100%
8 体面工作和经济增长	12	7	58%
9 产业、创新和基础设施	8	6	75%
10 减少不平等	10	7	70%
11 可持续城市和社区	10	9	90%
12 负责任消费和生产	11	10	91%

	SDGs具体目标数量	与SASB对应数量	%
13 气候行动	5	3	60%
14 水下生物	10	8	80%
15 陆地生物	12	10	83%
16 和平、正义与强大机构	12	7	58%
17 促进目标实现的伙伴关系	19	3	16%

图 2 - 8　SASB 行业特定披露主题与可持续发展目标的对应情况

and，CAANZ）、苏格兰特许会计师公会（Institute of Chartered Accountants of Scotland，ICAS）、国际会计师联合会（International Federation of Accountants，IFAC）、IIRC 和世界基准联盟（World Benchmarking Alliance，WBA）联合发布《联合国可持续发展目标信息披露建议》（以下简称《披露建议》）。《披露建议》内容包括可持续信息披露办法以及 SDGs 因素的整合指引，其目标受众为企业、投资者以及其他利益相关方。[①] 如 IIRC 价值创造过程与 SDGs 的关联指引见图 2 - 9。

《披露建议》具有较高的通用性。因为《披露建议》的编制是建立在《气候相关财务信息披露工作组建议报告》《GRI 标准》《综合报告披露框架》上，所以框架内容和专业术语与主流可持续信息披露框架保持一致。

对于将 SDGs 整合至企业和社会的长期价值创造过程中，《披露建议》与 GRI 推荐的步骤保持一致，同样采取"了解—识别—汇报"的方法（具体步骤见图 2 - 10），但是缺少了如"披露 SDGs 时考虑优秀实践的共性""执行改善措施"等细节，不利于激发企业反思战略和优化运营流程的动力。

---

① Carol A Adams，Paul B Druckman，Russell C Picot. Sustainable Development Goals Disclosure（SDGD）Recommendations［EB/OL］.（2020 - 01）. https：//integratedreporting. org/wp - content/uploads/2020/01/Adams _ Druckman _ Picot _ 2020 _ Final _ SDGD _ Recommendations. pdf.

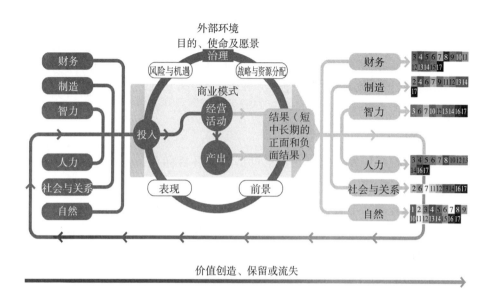

图 2 – 9　可持续发展目标与价值创造过程

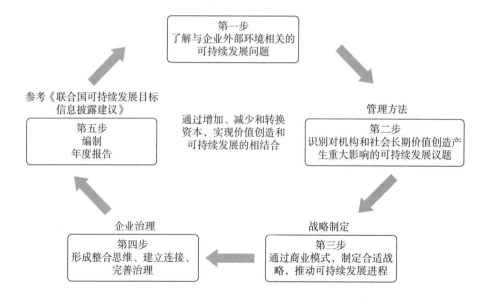

图 2 – 10　将企业和社会的长期价值创造与可持续发展目标相结合的五个步骤

（二）联合国可持续发展目标的优点与局限

可持续发展目标具有覆盖广的特点，因此无论是发展中国家、发达国家、政府、企业或非政府组织都可以为实现目标做贡献。但同时因为覆盖面广的特点导致发展优先级不明显、目标间有冲突等问题，反而增加了可持续发展目标的完成难度。

1. 优点

第一，与千年发展目标相比，可持续发展目标覆盖范围更加全面。千年发展目标旨在 2015 年前实现减少一半极端贫穷人口、遏制艾滋病的蔓延、普及小学教育等八项目标。而可持续发展目标包含环境、社会和经济等十七项目标。第二，企业在战略制定和运营管理中积极融入可持续发展目标考量。根据毕马威在 2020 年发布的《时机已到——毕马威 2020 年可持续发展报告调查》（以下简称《调查》），《调查》回顾了 52 个不同国家和司法管辖区的 5200 家规模最大的公司（N100）的报告以及入选 2019 年《财富》全球 500 强的 250 家公司（G250），发现有 69% 的 N100 与 72% 的 G250 企业已经将公司运营与 SDGs 进行连接，这个比例与 2017 年相比分别上涨 30% 和 29%。① 此外，《调查》还显示大约一半的 N100 和 G250 企业都已设置了 SDGs 相关的表现指标，反映了企业对推动可持续发展议程的决心。无论是发达国家的加入或者企业的响应，都会对完成全球可持续发展目标产生积极影响。

2. 局限

第一，由于可持续发展目标覆盖范围较广，所以容易造成目标之间存在冲突的问题。根据相关研究，国家较难同时进行社会经济发展与环境生态保护②。特别是对发展中国家来说，经济发展的重要性要优先于环境生态保护。因此，除非发达国家提供发展资源或者发展中国家改善其自身治理结构，不然部分国家可能无法按时完成目标。第二，部分企业的可持续信

---

① KPMG. The Time has Come – The KPMG Survey of Sustainability Reporting 2020 ［EB/OL］. (2020 – 12）. https：//assets. kpmg/content/dam/kpmg/xx/pdf/2020/11/the – time – has – come. pdf.

② Spaiser et al. The Sustainable Development Oxymoron：Quantifying and Modelling the Incompatibility of Sustainable Development Goals ［Z］. 2017.

息披露不健全，原因之一是企业更重视经济指标。《调查》中显示企业更看重“体面工作和经济增长”（SDG 8）、“气候行动”（SDG 13）以及“负责任消费和生产”（SDG 12），而对“水下生物”（SDG 14）和“陆地生物”（SDG 15）投入的资源较少。为了减少披露过多对品牌带来的负面效应，企业不愿意在报告中披露表现一般的信息，这不利于实现可持续报告的可靠性和一致性。

六、联合国全球契约（UNGC）

UNGC 是由时任联合国秘书长科菲·安南于 1999 年 1 月的世界经济论坛提出的，并在 2000 年 7 月正式创建的全球最大的企业可持续发展倡议组织。目前，已经有 160 多个国家、超过 13000 家企业和 3000 家非企业会员参与倡议。UNGC 也是联合国负责任投资原则组织（UN PRI）、联合国可持续证券交易所倡议（UN Sustainable Stock Exchanges Initiative，UN SSE）等组织和倡议的创建成员。

UNGC 旨在动员世界各地的公司围绕人权、劳工、环境和反腐败等十项原则（见图 2－11）调整其业务和战略，积极推动企业负责任商业行为和构

人权

· 企业应该尊重和维护国际公认的各项人权；
· 保证不与践踏人权者同流合污。

劳工

· 企业应该维护结社自由，承认劳资集体谈判权利；
· 消除一切形式的强迫和强制劳动；
· 切实支持消灭童工制；
· 杜绝任何在用工与职业方面的歧视行为。

环境

· 企业应对环境挑战未雨绸缪；
· 主动增加对环保所承担的责任；
· 鼓励开发与推广环境友好型技术。

反腐败

· 企业应反对各种形式的贪污，包括敲诈、勒索和行贿受贿。

图 2－11　联合国全球契约十项原则

建促进积极变化的生态系统，为实现可持续发展目标作出贡献。① UNGC 是企业和组织自愿参与的倡议，因此对参与方没有法律约束力。

（一）披露框架

为协助利益相关方充分了解企业和其他机构推动十项原则的进展，UNGC 要求签署方定期发布报告。企业需按照 UNGC 的要求或者参照如 GRI、TCFD 等可持续信息披露框架发布《进展通报》，而非企业机构则需要编制《情况通报》。

1. 进展通报

企业需每年编制并发布《进展通报》（Communication of Progress），将全球契约十项原则的执行情况通过报告的形式在全球契约网站发布，从而与利益相关方进行沟通。尽管编制《进展通报》的总体格式有一定弹性，但是企业需满足图 2 - 12 中的最低披露要求，主要包括首席执行官声明、实际行动说明和成果衡量。

首席执行官声明	详细说明该企业成员对全球契约的支持，以及对全球契约和十项原则的最新承诺。
实际行动说明	介绍企业在四个议题领域（人权、劳工、环境、反腐败）已经采取或计划采取的实际行动，披露内容包括政策、程序以及相关活动。
成果衡量	即目标/表现指标实现的程度，或者其他对结果的定性或定量衡量。

图 2 - 12 《进展通报》最低披露要求概览

UNGC 还对披露程序不同以及进行自我评估的企业进行分类。UNGC 为自愿进行自我评估的企业设计了一套评估系统。评估系统由 45 道问题组成，每道问题包含 3~9 个指标。这套系统不仅可以帮助企业分析其战略和决策流程是否充分考虑十项原则，也可以协助企业更高质量地完成《进展通报》的编

① UNGC. 联合国全球契约组织战略 2021—2023 年［EB/OL］.（2021 - 01 - 19）. https：//unglobalcompact. org/library/5869.

制，提高其成为"全球契约高级成员"概率。① 全球契约成员分类见表2－12。

表2－12　　　　　　　　　　　全球契约成员分类

项目	全球契约初学者	全球契约活跃成员	全球契约活跃高级成员
解释	企业的进展情况并未满足一个或以上的最低披露要求。	企业的进展情况通报满足了最低需求。	企业不仅满足所有最低要求，并在自我评估中满足以下条件： （1）十项原则纳入战略和经营； （2）采取行动支持更广泛的联合国目标和议题； （3）企业可持续性监管和领导能力。

2. 情况通报

《情况通报》（*Communication of Engagement*）的披露要求大致与《进展通报》保持一致。要求非企业成员（如学术、企业协会和非政府组织等）根据最低要求披露其对十项原则的进展情况，同时报告也会在全球契约网站上发布。但与企业成员不同的是，UNGC允许非企业成员每两年提交一次《情况通报》，而且没有针对非企业成员制定的成员分类表。

（二）联合国全球契约优点与局限

UNGC作为企业与利益相关方之间的沟通平台，帮助UNGC成员向市场释放积极、友好的信号，改善与利益相关方关系，提升企业财务表现。然而，强制要求的缺失和高灵活性的特点使部分企业仅享受UNGC成员名义给其带来的好处，并未增加对可持续发展的投入。

1. 优点

第一，采用UNGC十项原则的企业在社会责任方面表现得更好。根据评级机构EcoVadis对150多个国家约30000家企业的调查，加入UNGC的企业比未加入UNGC的企业在社会责任表现上高12分。这从侧面反映了参加UNGC对促进企业社会表现的作用。② 第二，参与UNGC的企业能有效改善

---

① UNGC. Global Compact Self－Assessment Tool［EB/OL］. https：//globalcompactselfassessment. org/aboutthistool.

② EcoVadis. Commitment vs Practice：A Comparison of CSR Performance of the UN Global Compact Signatories and Non－Signatories［Z］. 2019.

其财务表现，特别是来自发展中国家的企业。这是由于企业通过遵守十项原则，其行动在一定程度上满足了企业责任要求（如避免童工使用和进行环保行动）。因此这些企业生产的产品能够进入重视企业社会责任履行情况的发达国家市场，从而有助于提高其销售量和利润率。[①]

2. 局限

第一，加入 UNGC 门槛较低，导致加入的企业质量参差不齐。根据 EcoVadis 调查，约有 13% 参与 UNGC 企业的可持续发展得分要低于全球平均数。[②] 缺乏强制约束力，加上 UNGC 对于未完全满足最低披露要求的企业同样设置了分类，部分企业只要及时提供信息便可以单边享受 UNGC 成员名义带来的好处，而不用作出进一步有实质性的行动。第二，UNGC 在报告编制上给予披露方过多灵活度，加上自愿披露性质、强制约束力以及第三方验证的缺失，报告使用方无法确认企业是否提供客观有效的信息，不利于企业与利益相关方之间的沟通。

七、《二十国集团/经合组织公司治理原则》

《二十国集团/经合组织公司治理原则》（以下简称《OECD 公司治理原则》）帮助政策制定者评估和完善公司治理的法律、监管以及制度框架，从而助力于经济效益、可持续增长和金融稳定。该原则自 1999 年首次发布以来，在推动各国建立本国的公司治理规范、制定相关法律法规和加强资本市场监管方面都产生了积极作用，现已成为全球范围内政策制定者、投资者、公司以及其他利益相关者参考的国际基准。

目前最新版本的《OECD 公司治理原则》是经合组织理事会于 2015 年 7 月 8 日通过的第二次修订版[③]，其在 2004 年版的《OECD 公司治理原则》

① Guido Orzes，Antonella Maria Moretto et al. The Impact of the United Nations Global Compact on Firm Performance：A Longitudinal Analysis ［Z］. 2020.

② Guido Orzes，Antonella Maria Moretto et al. The Impact of the United Nations Global Compact on Firm Performance：A Longitudinal Analysis ［Z］. 2020.

③ OECD. 二十国集团/经合组织公司治理原则 . OECD Publishing, Paris ［EB/OL］.（2016）. http：//dx. doi. org/10. 1787/9789264250574 - zh.

的基础上进行修订，是在更广泛国家参与和综合各方意见的基础上达成的结果。主要包含了在以下方面达成的共识，即高度透明、问责明确、董事会监督、尊重股东权利、关键股东角色是运营良好的公司治理体系的基础部分。这些核心价值被保留和加强以反映自 2004 年以来的经验，同时确保原则一如既往的高质量、相关度和时效性。

（一）制定基础

公司治理政策对于投资者信心、资本形成和配置等广泛经济目标的实现，发挥着重要作用。公司治理的质量影响公司获取其发展所需资金的成本，以及资金提供方对于能否公平、合理参与公司治理并共享价值创造的信心。因此，公司治理规则和实践体系共同构成一个框架，有助于缩小居民储蓄存款与实体经济投资之间的差距。因此，良好的公司治理将使股东和其他利益相关者确信其权利得到有效保护，而且使公司能够降低资本成本。

《OECD 公司治理原则》就是在此认识的基础上制定的。在当今全球化的资本市场上，这一点具有重要意义。国际资本流动使公司能够从更大规模的投资者群体获得资金，如果各公司想要充分利用全球资本市场的机遇，其公司治理框架需根据国际公认的原则制定，且获得国际投资者的认可。即使公司并未主要依靠海外融资渠道，可靠的公司治理框架在有效监管和执行机制的支持下，也会有助于提升国内投资者的信心，降低资本成本，支撑金融市场的良好运行，并最终催生更稳定的融资渠道。

（二）治理原则

公司治理涉及公司股东、董事会、管理层和其他利益相关者之间的一系列关系。此外，公司基于公司治理结构来设定发展目标，并确定实现这些目标的措施和绩效监控方式。尽管目前尚不存在良好公司治理的统一模式，但是一些常见要素，如独立董事、专业委员会、信息披露等则构成了良好公司治理的基础。

《OECD 公司治理原则》由六章原则建议组成，每章原则建议下都提供了一些支持性的具体原则，并对这些具体原则包括主导趋势或新出现的趋势进行了注释说明，帮助读者理解其背后的原理，并提供可能帮助提高《OECD 公司治理原则》可操作性的替代实施方式和实例。

1. 确保有效公司治理框架的基础

有效公司治理框架应提高市场的透明度和公平性，促进资源的高效配置，符合法治原则，并为有效的监督和执行提供支持。这一条主要是为监管当局制定本国的法律法规和监管规定提供指引，要求建立公司治理框架时，应当考虑其对整体经济绩效和市场完整性的影响，应建立在法律法规及其有效监督和实施的基础上。不同管理机构之间应明确划分监督、实施和执行方面的责任，证券交易所的监管应为有效的公司治理提供支持，同时应加强国际合作，确保公司治理框架的国际适用性。

2. 股东权利和平等待遇及关键所有权功能

投资人是否相信他们所提供的资本不会被企业管理者、董事会成员或有控制权的股东滥用或挪用，是资本市场发展和正常运行的一个关键因素。《OECD 公司治理原则》支持公司治理框架应保护和促进股东行使权利，确保全体股东的平等待遇，包括少数股东和外资股东。在权利受到侵害时，应保障全体股东均有机会获得有效救济。

3. 机构投资者、证券交易所和其他中介机构

随着机构投资者管理的资产规模和持有公司的股份份额不断增长，其参与公司治理的能力和利益也发生了很大变化，机构投资者应当披露与投资有关的公司治理及投票政策。在长而复杂的投资链条中，很多中介机构能对投资者参与公司治理的情况产生影响，中介结构应按所有者的指示进行投票，并披露可能存在的利益冲突。证券交易所则应当发挥其监督职能，要求企业改善公司治理表现，帮助投资者获取有效信息，从而促进市场资金的有效分配。

4. 利益相关者在公司治理中的作用

一个公司的竞争力和最终成功是众多不同资源提供者联合贡献的结果，包括投资者、员工、债权人、客户和供应商，以及其他利益相关者。《OECD 公司治理原则》鼓励公司应承认并尊重利益相关者的各项权利。利益相关者应有权定期及时地获取履行其责任所需的信息，并有渠道与公司

管理层进行反馈或沟通。当利益相关者权利受到侵害时，应有机会获得有效救济。

5. 信息披露与透明度

健全的信息披露制度能够提升公司信息透明度、加强对公司治理的监管，也是股东得以在知情权基础上行使股东权利的核心。股东和潜在投资者要求获得定期、可靠、可比和足够详细的信息，以评估管理层是否尽职治理公司，并对估值、所有权和投票作出知情决策。因此，公司应确保及时准确地披露公司所有重要事务，包括财务状况、绩效、所有权和公司的治理。

6. 董事会责任

董事会不仅制定公司战略，也负责监控管理层绩效表现，为股东创造回报。同时，董事会还需防范利益冲突，平衡各利益相关方对公司的要求，从而为公司的长期发展奠定基础。董事会必须具备客观、独立的特点，以便有效履行其职责。董事会需公平对待股东，最大程度地维护股东权益。另外，董事会也应当重视并公平对待其他利益相关者的权益，包括员工、债权人、客户、供应商和社区等。《OECD 公司治理原则》认为有效的公司治理框架应确保董事会对公司的战略指导和对管理层的有效监督，确保董事会对公司和股东利益负责。

（三）《OECD 公司治理原则》的适用性分析

《OECD 公司治理原则》主要适用于上市公司，也可以成为非上市公司完善公司治理的有效工具。另外，《OECD 公司治理原则》也关注利益相关方、环境及社会议题的重要性，引导企业聚焦长期发展。其不仅承认雇员和其他利益相关者的权益，也强调诸如环境问题、反腐问题或道德问题对企业的长期发展有着重要作用。《OECD 公司治理原则》提及的许多其他文件，包括《经济合作与发展组织跨国企业指南》《关于打击国际商业交易中行贿外国公职人员行为的公约》《联合国工商企业与人权指引原则》《国际劳工组织关于工作中基本原则和权利宣言及其后续措施》等，对环境和社会议题进行了更为明确的探讨。

《OECD 公司治理原则》是非约束性的，其目标是为各国政策制定者和市场参与者提供一个参照体系，在良好的公司治理具有的共同要素之上，力图包容现有的不同治理模式。公司应在这些最佳实践指引下，遵循合法原则，结合市场情况和公司实际建立适合自己的有效治理框架。

八、ICGN 全球治理原则

国际公司治理网络（International Corporate Governance Network，ICGN）成立于 1995 年，其使命是促进公司治理和投资者管理的有效标准，以全球高效的市场和可持续的经济。在负责管理超过 59 万亿美元资产的投资者的带领下，ICGN 将世界各地的公司和利益相关者聚焦在一起，在全球范围内推进最高标准的公司治理和投资者管理，以追求长期价值创造，为可持续的经济发展、社会繁荣和健康环境作出贡献。

ICGN 全球治理原则是 ICGN 对管理良好的公司的主要标准，最新修订是 2021 年。①

（一）制定考量

此次修订考虑了影响公司和投资者的重大系统性变化，包括新冠肺炎疫情对公共卫生和经济活动的破坏性印象概念股，日益增长的社会不平等，技术和数字转型，以及气候变化对世界生态的影响。

ICGN 对全球治理原则进行定期审查，以确保与监管或市场主导的高标准公司治理的相关性。ICGN 全球治理原则专注于公司治理，以及董事会应如何促进成功的公司，ICGN 全球治理原则强调在有效治理框架内，基于公平、问责、责任和透明度的原则对公司进行领导和控制的系统。这有助于确保董事会在促进成功公司方面的有效性，从而为投资者和其他利益相关者创造可持续的价值创造。

可持续发展意味着公司在管理财务运营的同时，必须有效管理其活动的治理、社会和环境方面。因此，公司应渴望收回投资成本，并产生超额回报。同时，只有在关注经济回报和战略规划的过程中覆盖对公司与员工、

---

① ICGN. ICGN Global Governance Principles 2021 ［EB/OL］. https：//www. icgn. org/sites/default/files/ICGN％20Global％20Governance％20Principles2021＿0. pdf.

供应商、客户、当地社区和整个环境等利益相关者关系的有效管理时，才能实现可持续发展。投资者和公司都需要不仅专注于保护和建立公司的金融资本，还是关注公司的人力和自然资本。

随着越来越多的债券持有人也认识到良好的公司治理对保护其固定收益投资的重要性，ICGN 全球治理原则关注公司的核心财务利益相关者，包括长期债券持有人和股权投资者。在很多领域，债权人和股东的利益存在重叠，但也可能存在冲突，ICGN 全球治理原则主要关注股东和债权人在治理中保持一致的领域，在存在冲突的领域，ICGN 全球治理原则主要关注股东的观点。

（二）治理原则

最新修订的 ICGN 全球治理原则一共包括十个原则，每个原则由一系列治理主题的指引进行补充。这些指引定期发布，以阐述关键概念和实践。ICGN 全球治理原则及其指引经常被 ICGN 成员用作评估被投资公司治理实践的基准、纳入投票指南以及被学术界参考。ICGN 全球治理原则及其指引作为国际最佳实践的来源，也影响着全球的公司治理监管发展和标准设置。

1. 董事会的角色和责任

董事会应在知情的基础上，本着公司的最佳长期利益，为股东利益、同时考虑包括债权人等的利益相关者利益，勤勉谨慎行事。

2. 领导力和独立性

董事会的领导要求董事会和执行层角色的清晰划分和有效平衡，以及流程的完整性，以保护少数股东的利益，推动整个公司的稳定、可持续发展。

3. 组成和任命

董事会应由足够的具有相关知识、独立性、能力、行业经验和观点多样性的董事组合而成，以产生全面、有效的讨论，作出符合公司目标、长期战略和利益相关者利益的客观决策。

4. 企业文化

董事会应在董事会层面和整个员工服务中贯彻和展示高标准的商业道

德和诚信文化，确保其与公司目标和价值观相一致。

5. 薪酬

对薪酬应进行公平有效的设计，以使首席执行官、执行层和员工的利益与公司的战略和目标保持一致，帮助确保长期可持续的价值保存和创造。总薪酬应与向股东支付的股息和为未来投资留存的收益保持适当平衡，数额水平相对于与不平等有关的社会考虑来说应是合理的。

6. 风险监督

董事会应积极主动对公司关键风险进行评估、提升相关信息的透明度、识别对企业战略运营产生重大影响的因素，定期审查公司的风险管理和内部控制方法，并确保有关方法得到有效运作。

7. 公司报告

董事会应监督向股东和利益相关者及时可靠地披露与公司财务状况、可持续发展方法、绩效表现、商业模式、战略和长期前景相关的信息。

8. 内部和外部审计

董事会应建立严格的、独立的、有效的内外部审计程序，以确保公司报告的质量和完整性。

9. 股东权利

所有股东的权利都应保持平等并得到保护。保护股东权利的方式是确保股东的投票权与其经济利益直接相关，并且少数股东对影响其在公司利益的关键决策或交易拥有投票权。

10. 股东大会

董事会应确保有效地、民主地、安全地召开与股东的会议，以使股东就与公司的长期战略、绩效表现和可能使投票决策受到影响的可持续价值创造方法，和公司之间进行建设性的互动和问责。

（三）ICGN 全球治理原则的适用性分析

ICGN 全球治理原则的使用可以加强企业公司治理水平，提升企业的可持续发展表现。ICGN 全球治理原则主要适用于上市公司，并对最有可能影响投资决策的公司治理问题提出了预期。作为全球治理最佳实践建议，ICGN 全球治理原则的内容有可能与各地法律法规和文化规范存在差异，因为各地法律法规主要反映的是当地市场的发展情况和当地标准。不过 ICGN 成员也都支持全球治理原则的灵活应用，并承认个别公司及其经营市场的情况与全球治理原则间的不同。

第四节　国际可持续信息披露标准指标体系总结

　　前述可持续信息披露标准和框架构成了全球可持续信息披露的基石，不少国家和地区的监管机构和证券交易所分别参照这些标准和框架，结合各自辖区的实际情况和关注重点，制定了各自辖区上市公司的可持续信息披露要求和指引。由于 IIRC 主要提供的是一个综合性报告框架，SDGs 设定的是全球共同努力的可持续发展目标，UNGC 提出的是围绕人权、劳工、环境和反腐败等的十项原则，其可以为公司的可持续发展提供方向指引，但并未就具体指标提供参考。《OECD 公司治理原则》和 ICGN 全球治理原则在公司层面主要关注的是治理结构范畴，从董事会组成和职责及对股东权利的保护角度来提出良好的公司治理应遵循的一些原则。可持续信息披露的底层基础就是指标，通过进一步的梳理和整合，其他各国际可持续信息披露标准涉及或包含的指标总体概括如表 2 - 13 所示。

表 2 - 13　　　　　国际可持续信息披露标准指标体系总结

维度	指标	GRI	SASB	ISO	WEF	IFC
环境	排放	✓	✓	✓	✓	✓
	污水和废弃物	✓	✓	✓	✓	✓
	能源	✓	✓	✓		✓
	水资源	✓	✓	✓	✓	✓
	生物多样性	✓	✓	✓		✓
	物料	✓	✓		✓	✓
	供应链环境评估	✓	✓		✓	✓
	环境保护/合规	✓	✓	✓		✓

续表

维度	指标	GRI	SASB	ISO	WEF	IFC
社会	员工健康与安全	✓	✓	✓	✓	✓
	发展与培训	✓	✓	✓	✓	✓
	就业与劳资关系	✓	✓	✓	✓	✓
	多样化与包容性	✓	✓	✓	✓	✓
	反歧视	✓	✓	✓	✓	✓
	结社自由与集体谈判	✓	✓	✓	✓	✓
	童工	✓		✓	✓	✓
	强迫或强制劳动	✓	✓	✓	✓	✓
	安保实践	✓	✓			✓
	原住民权利保护	✓	✓			✓
	人权	✓	✓	✓	✓	✓
	产品管理与责任	✓	✓	✓		
	营销与标识	✓	✓			✓
	可得性及价格合理性		✓			
	客户隐私	✓	✓	✓		
	客户福利		✓			
	供应链社会评估	✓	✓	✓	✓	✓
	社区关系与投资	✓	✓	✓	✓	✓
	社会经济合规	✓	✓	✓	✓	
	政治捐赠	✓				
治理	商业模式与创新		✓		✓	
	法律和监管环境管理		✓			✓
	薪酬与福利				✓	
	公平竞争	✓	✓	✓	✓	
	商业道德	✓	✓		✓	
	税收透明	✓			✓	
	风险和机遇管理		✓		✓	✓

第三章　气候变化相关信息披露标准介绍

第一节　气候相关财务信息披露
工作组（TCFD）建议

一、TCFD 建议介绍

气候系统是由大气圈、水圈、岩石圈、冰雪圈、生物圈五个主要部分组成的高度复杂的系统，气候的变化也具有高度的复杂性和非线性特征。人类引起的气候变化，包括平均气温升高及极端降水频率升高等物理现象，对人类社会经济带来了冲击；同时，以《巴黎协定》为标志的全球为应对气候变化所作出的转型努力，也将对人类社会经济带来深刻的变化。物理和转型两种影响路径，将气候风险传递到企业的财务表现、金融机构的损益，乃至金融系统的稳定。

据 2015 年经济学人智库的一份研究报告估计，从该时点至 21 世纪末，在全球可管理资产总量中，因气候变化导致的风险价值（VaR）规模位于 4.2 万亿~43 万亿美元之间。[①] 这份研究报告认为，经济增速减缓以及较低的资产回报率会影响未来资产价值。因此，投资人需要获得充分信息来制定长期投资策略，保证稳定的财务回报率。同时，为确保金融系统稳定，金融政策制定者需要获取大量的有效信息，了解低碳转型过程中可能会发生的金融混乱

---

① The Economist Intelligence Unit. The Cost of Inaction：Recognising the Value at Risk from Climate Change ［EB/OL］. 2015. https：//eiuperspectives. economist. com/sites/default/files/The%20cost%20of% 20inaction _ 0. pdf.

和资产减值等情况，从而制定应对措施。可见，明确、一致、可比的气候相关信息披露对金融市场稳定、风险定价及合理配置资产有着重要的意义。

在这样的背景下，二十国集团（G20）财长和央行行长委托金融稳定理事会（FSB），召集成立 TCFD，制定一系列帮助市场参与者了解气候相关风险的披露建议。TCFD 工作组成员来自养老基金、银行、保险、基金管理公司、评级机构、咨询机构、会计师事务所等金融机构及服务提供商，以及能源、钢铁、化工、矿业等高排放行业；成员在所在组织的职务范围涵盖财务、风险管理、会计、可持续金融、可持续发展等领域。

工作组涵盖的行业和成员职能多样性，为其建议报告的适用性和专业程度提供了重要保障。2017 年 6 月《气候相关财务信息披露工作组建议报告》（以下简称 TCFD 建议）一经发布，便得到了业界广泛的支持。TCFD 同时发布的内容还有一份执行指南附件和针对情景分析的技术文件，帮助披露主体运用该建议进行披露。2018 年，TCFD 与气候披露标准委员会（CDSB）共同发布了 TCFD 知识中心，收集了大量关于 TCFD 建议的公开网络资源供相关方查询。

截至 2021 年 6 月，TCFD 陆续发布了《2019 进展报告》《2020 进展报告》《非金融业公司情景分析指南》《风险管理和整合披露指南》《前瞻性财务指标征求意见稿》《气候相关指标、目标及转型计划指南征求意见稿》《投资组合评估技术补充文件征求意见稿》等文件。逐步更新的各项指南文件，是 TCFD 建议在不同方向上的细化，成体系地为按照 TCFD 建议披露的企业提供了更具可操作性的指南。

二、TCFD 建议的内容

TCFD 建议围绕组织运营的核心要素，制定了四项可被广泛采纳的，适用于各地区、各行业组织机构的披露建议模块——治理、战略、风险管理、指标和目标，并建议每年在年度财务报告中披露。① 同时，TCFD 制定了如

---

① TCFD. Recommendations of the Task Force on Climate – related Financial Disclosures［EB/OL］. (2017 – 06). https：//assets. bbhub. io/company/sites/60/2020/10/FINAL – 2017 – TCFD – Report – 11052018. pdf.

图3-1所示的七项披露原则，以便帮助披露主体实现高质量、有助于决策的信息披露，帮助使用者了解气候变化对组织机构的影响。

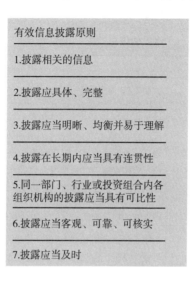

有效信息披露原则

1.披露相关的信息

2.披露应当具体、完整

3.披露应当明晰、均衡并易于理解

4.披露在长期内应当具有连贯性

5.同一部门、行业或投资组合内各组织机构的披露应当具有可比性

6.披露应当客观、可靠、可核实

7.披露应当及时

图3-1　有效披露原则

在四个模块中，TCFD还列举了十一条"建议的信息披露"，见图3-2。

治理	战略	风险管理	指标和目标
披露组织关于气候相关风险和机遇的治理。	披露气候相关风险和机遇对组织业务、战略和财务规划的实际和潜在重大影响。	披露组织如何识别、评估和管理气候相关风险。	披露用于评估和管理气候相关风险和机遇的重要指标和目标。
建议的信息披露	建议的信息披露	建议的信息披露	建议的信息披露
（a）描述董事会对气候相关风险和机遇的监督。	（a）描述组织在短期、中期和长期识别的气候相关风险和机遇。	（a）描述组织识别和评估气候相关风险的流程。	（a）披露组织根据其战略和风险管理流程用于评估气候相关风险和机遇的指标。
（b）描述管理层在评估和管理气候相关风险及机遇方面所起的作用。	（b）描述气候相关风险和机遇对组织业务、战略和财务规划的影响。	（b）描述组织管理气候相关风险的流程。	（b）披露直接排放（范围1）、间接排放（范围2）、其他间接排放（范围3）（如需）的温室气体（GHG）排放及相关风险。
	（c）描述不同气候情景（如2摄氏度情景）下战略的适应力。	（c）描述组织如何将识别、评估和管理气候相关风险的流程纳入全面风险管理中。	（c）说明组织使用的目标，以管理气候相关风险和机遇，以及针对目标的绩效。

图3-2　建议和相关建议的信息披露

基于"建议的信息披露", TCFD 提供了如表 3 - 1 所示的针对所有行业的指导意见以及针对特定行业的补充指导意见, 即在披露"建议的信息披露"时应当具体描述的信息点。

表 3 - 1　　　　　　　　　"建议的信息披露"的信息点

模块	建议的信息披露	信息点
治理： 组织机构与气候相关风险和机遇有关的治理情况。	董事会对气候相关风险和机遇的监督情况。	董事会和/或董事会下设委员会（如审计、风险及其他委员会）获知气候相关问题的流程及频率。
		董事会和/或董事会下设委员会在审查和指导战略、重要行动规划、风险管理政策、年度预算、商业计划以及制定机构业绩目标、监控实施和执行情况，以及监督重大资本支出、收购与资产剥离时，是否考虑了气候相关问题。
		董事会如何监督和监控，组织气候相关目标的实现情况。
	管理层在评估和管理气候相关风险和机遇中发挥的作用。	组织是否将评估和/或管理气候相关问题的责任指派予管理层人员或委员会，该管理层人员或委员会是否向董事会或董事会下设委员会汇报。
		描述相关组织结构。
		管理层获知气候相关问题的流程。
		管理层如何（通过具体职位人员和/或管理委员会）监督气候相关问题。
战略： 披露气候相关和机遇对机构业务、战略与财务规划的实际与潜在影响。	组织已识别的短期、中期和长期的气候相风险和机遇。	描述组织认为与气候相关问题有关的短期、中期和长期时限。要考虑组织资产或基础设施的使用寿命和气候相关问题通常会在中长期内出现的事实。
		从物理风险、转型风险分别分析，各种时限（短期、中期及长期）中，可能对组织产生重大财务影响的具体气候相关问题。
		用于判断气候相关风险和机遇可能对组织产生重大财务影响的流程。
		如适用，组织应按行业和/或地域描述气候相关风险和机遇。
	气候相关风险和机遇对机构业务、战略及财务规划的影响。	已识别的气候相关问题如何影响机构业务、战略和财务规划。
		气候相关问题对以下业务及战略的影响：产品和服务、供应链/价值链、适应及减缓活动、研发投资、运营（包括业务类型、设施所在地）。

模块	建议的信息披露	信息点
战略： 披露气候相关和机遇对机构业务、战略与财务规划的实际与潜在影响。	气候相关风险和机遇对机构业务、战略及财务规划的影响。	气候相关问题被纳入组织财务规划流程的依据、使用期限，以及如何排列气候相关风险、机遇的优先顺序。
		影响组织创造长期价值的气候相关因素之间互相依存的情况。
		气候相关问题对以下财务规划的影响：运营成本和收入、资本支出和资本配置、收购和资产剥离、资本获得。
		如在战略和财务规划中考虑了气候情景，则应对该情况予以描述。
	描述不同气候情景（如2摄氏度情景）下战略的适应力。	在各种气候情景下（如不同情景下的潜在影响），机构在向低碳经济转型时，机构战略对气候相关风险和机遇的适应力。
		气候相关风险、机遇从哪些方面对机构战略产生影响，为应对潜在的气候相关风险、机遇，应如何改变公司战略，纳入考虑气候情景和相关期限。
风险管理： 组织如何识别、评估和管理气候相关风险。	识别、评估气候相关风险的流程。	识别、评估气候相关风险的管理流程。其中，需重点说明机构如何确定气候相关风险较其他风险的重要性。
		是否考虑了现有、新出现的与气候变化有关的监管要求（如排放限制）以及考虑的其他相关因素。
		对已识别的气候相关风险的潜在规模及范畴的评估流程。
		所用的风险术语定义或对现有风险分类使用的参考信息。
	管理气候相关风险的流程。	管理气候相关风险的流程，包括如何对缓解、转移、接受或控制风险进行决策。
		描述对气候相关风险进行重要性排序的流程，包括如何在组织内部作出重要性认定。
		如适用，描述管理气候相关风险的流程时，组织应解决的相关风险。
	识别、评估和管理气候相关风险的流程如何纳入组织机构的整体风险管理中。	组织机构应当描述其识别、评估和管理气候相关风险的流程如何纳入整体风险管理中。

续表

模块	建议的信息披露	信息点
指标和目标：披露用于评估和管理气候相关风险和机遇的指标和目标。	按照公司战略和风险管理流程，评估气候相关风险与机遇时使用的指标。	用于衡量和管理气候相关风险和机遇的重要指标。如适用，应考虑包括有关水、能源、土地使用、废物管理等气候有关风险指标。
		如气候相关问题具有重大性，应考虑描述相关业绩指标是否已纳入薪酬政策，以及该指标如何在薪酬政策中发挥作用。
		如适用，提供内部碳价格以及气候相关机遇指标，如为低碳经济设计的产品和服务的收入。
		提供历史时期的指标以进行趋势分析。如情况不易辨别时，应提供用于计算或估算气候相关指标的方法。
	范围1、范围2和（如适用）范围3的温室气体排放和相关风险。	范围1、范围2和（如适用）范围3的温室气体排放和相关风险。
		温室气体排放应按照温室气体核算体系规定的方法计算，以便不同组织和司法管辖区间信息的汇总和比较。
		如适用，提供相关特定行业内公认的温室气体排放强度。对能耗高的行业，应提供与排放强度有关的指标，如经济产出单位（如产量、员工人数、附加值单位）排放量。
	用于管理气候相关风险和机遇的目标以及目标的实现情况。	符合预期监管要求或市场约束的主要气候目标，如与温室气体排放、用水量、用能量等有关的目标。其他目标可包括效率或财务目标、财务损失容忍度、产品全生命周期减少的温室气体排放量或针对为低碳经济设计的产品服务的净收入目标。
		在描述上述目标时，应考虑涵盖以下内容：目标是绝对目标还是基于强度的目标、目标适用的时限、衡量实现情况的基准年、评估目标进展情况的重要绩效指标。
		如计算目标和计算方法不显而易见，应予以描述。

在2021年6月发布的《气候相关指标、目标及转型计划指南征求意见稿》（以下简称《转型计划征求意见稿》）① 中，TCFD给出了指标体系的更

---

① TCFD. Proposed Guidance on Climate-related Metrics, Targets, and Transition Plans [EB/OL]. (2021-06). https://assets.bbhub.io/company/sites/60/2021/05/2021-TCFD-Metrics_Targets_Guidance.pdf.

新建议（见表3-2），以体现过去三年气候信息披露的进展，包括信息使用者对更加具体的财务影响指标的需求，披露实践者的最佳实践，以及对"转型计划"这一重要而模糊概念的具体化披露建议。

表3-2　　　　　　　　　转型计划征求意见稿的信息点更新

模块	建议的信息披露	转型计划征求意见稿提出的信息点更新
治理： 组织机构与气候相关风险和机遇有关的治理情况。	董事会对气候相关风险和机遇的监督情况。	无更新。
	管理层在评估和管理气候相关风险和机遇中发挥的作用。	
战略： 披露气候相关风险和机遇对机构业务、战略与财务规划的实际与潜在影响。	组织已识别的短期、中期和长期的气候相关风险和机遇。	无更新。
	气候相关风险和机遇对机构业务、战略及财务规划的影响。	新增： 结合气候相关指标和其他指标估算的气候相关的财务影响，应包含当前披露期和过往披露期，影响包括：实质性气候风险机遇对财务表现的影响，如成本、盈利能力、运营现金流、减值损失，以及实质性气候风险机遇对财务状况的影响，如资产和负债。
		新增： 结合气候相关指标和其他指标估算的气候相关的财务影响，应包含未来披露期，影响包括：实质性气候风险机遇对财务表现的影响，如成本、盈利能力、运营现金流、减值损失，以及实质性气候风险机遇对财务状况的影响，如资产和负债。
	描述不同气候情景（如2摄氏度情景）下战略的适应力。	新增： 在任何已经作出减排承诺的国家或地区等司法管辖区运营，或需要满足金融市场参与者的减排要求的组织，应当披露转型计划。其他在业务中涉及显著范围1、范围2、范围3排放，或对碳相关资产高度依赖的组织，也应考虑披露转型计划。 转型计划应作为企业气候战略的一部分，结合定量的指标和目标，经由董事会批准和监督，包含具体可行的转型行动，并具有具体可检验的中间过程产出和最终预期结果。

续表

模块	建议的信息披露	转型计划征求意见稿提出的信息点更新
战略：披露气候相关风险和机遇对机构业务、战略与财务规划的实际与潜在影响。	描述不同气候情景（如2摄氏度情景）下战略的适应力。	**调整：**气候相关风险、机遇从哪些方面对机构战略、转型计划产生影响，为应对潜在的气候相关风险、机遇，应如何改变公司战略、转型计划，纳入考虑气候情景和相关期限。
风险管理：组织如何识别、评估和管理气候相关风险。	识别、评估气候相关风险的流程。	**无更新。**
	管理气候相关风险的流程。	
	识别、评估和管理气候相关风险的流程如何纳入机构整体风险管理。	
指标和目标：披露用于评估和管理气候相关风险和机遇的指标和目标。	按照公司战略和风险管理流程，评估气候相关风险与机遇时使用的指标。	**调整：**用于衡量和管理气候相关风险和机遇的重要指标。至少包括温室气体排放（详见下方要求），碳价（外部市场碳价、影子碳价或内部碳定价），暴露于物理风险的资产、运营、投资、融资活动的比例，暴露于转型风险的资产、运营、投资、融资活动的比例，对应转型机遇的资产、运营、投资、融资活动的比例，与气候相关考量因素相关的高管报酬数量，为应对气候风险和机遇所部署的费用或资本投入。如适用，应考虑包括有关水、能源、土地使用、废物管理等气候有关风险指标。
		调整：估算并披露内部碳价格以及气候相关机遇指标，如为低碳经济设计的产品和服务的收入。
		调整：提供历史披露期、当期和未来期（如适用）的指标，以进行趋势分析。如情况不易辨别时，应提供用于计算或估算气候相关指标的方法。

模块	建议的信息披露	转型计划征求意见稿提出的信息点更新
指标和目标：披露用于评估和管理气候相关风险和机遇的指标和目标。	范围1、范围2和（如适用）范围3的温室气体排放和相关风险。	调整： 范围1、范围2和（如适用）范围3的温室气体绝对排放量和相关风险，并包含方法学和排放系数。
	用于管理气候相关风险和机遇的目标以及目标的实现情况。	调整： 组织应披露基于特定行业的气候相关目标，符合预期监管要求或市场约束的主要气候目标，如与温室气体排放、用水量、用能量等有关的目标。其他目标可包括效率或财务目标、财务损失容忍度、产品全生命周期减少的温室气体排放量或针对为低碳经济设计的产品服务的净收入目标。
		调整： 目标应是定量、可追踪，并通过定性或定量的情景分析和公司预测过程所获得。 在描述上述目标时，应涵盖以下内容：目标单位及其是绝对目标还是基于强度的目标；目标适用的时限，（如可行）应与气候相关组织或监管机构的目标时间一致；清晰定义用于衡量实现情况的基准年；中长期目标应包含中间目标（如每5~10年期）。
		新增： 每年披露目标，以及关于更新目标的明确计划，并适时更新（至少每5年）。

2017年版的TCFD建议和2021年6月的转型计划征求意见稿作出的调整，体现出其指标设置紧贴财务相关性、决策有效性、前瞻性的重要特点。结合气候变化高度不确定性的特点，TCFD建议随着应对气候变化行动进展、信息需求和业界实践变化进行更新迭代，逐步具体化披露建议，以对支持其披露建议决策有效性。

对财务相关性的关注，兼顾定性与定量的角度，贯穿四个模块的指标设置过程。例如，在"治理"模块中的指标"董事会和/或董事会下设委员会在审查和指导战略、重要行动规划、风险管理政策、年度预算、商业计划以及制定机构业绩目标、监控实施和执行情况，以及监督重大资本支出、收购与资产剥离时，是否考虑了气候相关问题"中，明确要求披露气候变化相关问题是否纳入具体的财务相关决策过程，是对董事会参与气候治理的简要声明的重要深化，也是对决策有效性的重要体现。呼应以上信息，在"战略"模块要求披露"气候相关问题对以下财务规划的影响：运营成本和收入、资本支出和资本配置、收购和资产剥离、资本获得"。

转型计划征求意见稿对战略、指标和目标等模块提出了更进一步的披露要求。在"战略"模块中，不仅应包含未来披露期，还要求披露结合气候相关指标和其他指标估算的气候相关财务影响，这些影响包括：实质性气候风险机遇对财务表现的影响，如成本、盈利能力、运营现金流、减值损失；以及实质性气候风险机遇对财务状况的影响，如资产和负债。在"指标和目标"模块要求披露暴露于物理风险的资产、运营、投资、融资活动的比例，暴露于转型风险的资产、运营、投资、融资活动的比例，对应转型机遇的资产、运营、投资、融资活动的比例，与气候相关考量因素相关的高管报酬数量，为应对气候风险和机遇所部署的费用或资本投入。这一层层递进的设定，是对具体有效信息的追索，"董事会参与气候变化议题的治理"这一声明，披露者与信息使用者可能存在不同的理解，而不断深化的、定性定量结合的指标设定，起到了减少模糊度，增加有效性的作用，使信息使用者可以更具体地理解披露信息的真实含义，以便作出有效决策。

三、TCFD 建议被采纳的情况

如前所述，TCFD 建议在开发过程中纳入了金融机构和诸多非金融行业公司的相关专家，使其内容具有较高的适用性，得以在建议发布之后，获得了大量相关方的采纳和支持，成为气候相关信息披露领域最为广泛参考的标准之一。

TCFD 发布的《2020 年进展报告》显示，全球最大的 100 家上市公司中，有近 60% 支持 TCFD 且/或遵循 TCFD 建议进行报告。此外，自 TCFD 发布《2019 年进展报告》以来，近 700 家组织成为 TCFD 支持者，增长了85%。自 2017 年以来，与气候相关的财务信息披露也有所增加，2017—

2019 年，与 TCFD 保持一致的信息披露平均增加了 6 个百分点，而且报告质量也值得赞赏。

截至 2021 年 6 月，支持 TCFD 的组织机构已经超过 2000 家，从投资者到行业协会，再到监管机构，覆盖 78 个国家和地区，其中包括来自全球的 110 多个金融监管机构和政府实体，以及管理了 178 万亿美元资产的 900 多家金融机构。支持实施 TCFD 建议的组织都在采取措施加速 TCFD 实施，也有一些政策制定者和监管机构将 TCFD 建议纳入政策和指导意见（见表 3 - 3）。[①]

表 3 - 3　　　　　　　　部分 TCFD 支持举措示例

类型	发起方	活动或进展	意义
实施倡议	世界可持续发展商业理事会（WBCSD）	通过 TCFD 准备者论坛支持特定行业的 TCFD 实施，通过这些论坛，WBCSD 将同行公司汇聚在一起实施 TCFD 建议，讨论披露实践及提升披露有效性所需的工作。	每个论坛都会准备一份报告，包括建筑建材行业、农业等，提出有效的气候相关财务披露的示例、信息使用者的看法以及与执行这些建议有关的挑战。
	联合国环境规划署金融倡议（UNEP FI）	UNEP FI 与金融机构合作实施 TCFD 建议，2019 年为投资者发布了两份关于分析、评估和测试方法的指引。	为投资者如何根据 TCFD 建议进行基于 1.5 摄氏度、2 摄氏度和 3 摄氏度的情景分析提供了指引，是 TCFD 建议在具体指标上的示例和延伸。
	国际金融研究所（IIF）	2019 年 8 月，IIF 发布了一份报告，旨在就金融公司在实施 TCFD 建议方面的领先实践提供见解。	这份报告将成为通过年度更新跟踪气候相关财务披露改善情况的基准。
	投资者领导网络（ILN）	2019 年，ILN 发布了一份报告，描述了一组资产所有者和资产管理人是如何实施 TCFD 建议的，以及为何按他们所采取的方式实施，包括他们的选择背后的过程、面临的挑战和吸取的教训。	促进了全球主要投资者在与可持续性和长期增长相关的关键问题上的合作。

---

①　TCFD. 2020 Status Report［EB/OL］.（2020 - 10 - 29）. https：//www. fsb. org/wp - content/uploads/P291020 - 1. pdf.

续表

类型	发起方	活动或进展	意义
实施倡议	南非银行协会（Banking Association of South Africa）	2019年11月，南非银行协会举办了一个讲习班，根据TCFD建议向南非银行提供有关气候风险管理和披露以及将其纳入现有决策流程的培训。	推动气候变化纳入银行决策流程。
	澳大利亚治理研究所（Governance Institute of Australia）	澳大利亚治理研究所发布了针对澳大利亚证券交易所（ASX）上市公司的实践指南。2019年2月，ASX公司治理委员会更新了其公司治理原则和建议，纳入了气候变化风险，建议组织使用TCFD建议来帮助确定它们是否暴露于气候变化的重大风险中。	该实践指南协助公司实施TCFD建议，以遵守公司治理原则和建议。
	日本TCFD联盟（TCFD Consortium in Japan）	2018年12月，日本TCFD联盟首次发布了指导指南，为五个工业行业如何实施TCFD建议提供详细的指引。2020年7月进行了修订。	更新后的指南结合了TCFD披露的最新知识，并促进更多行业的TCFD披露。
	中英金融机构环境信息披露试点工作组	在2017年12月15日举行的第九次中英经济财金对话上，中英两国政府同意加强在绿色金融领域的合作，鼓励两国金融机构共同开展气候与环境信息披露试点。随之，中国金融学会绿色金融专业委员会（以下简称绿委）和伦敦金融城联合发起气候与环境信息披露试点项目，中英双方十家金融机构作为首批试点机构，试点项目为期四年，包括一年基础工作，三年行动计划。目前中方试点金融机构已扩大到工商银行、兴业银行、江苏银行、湖州银行、华夏基金、易方达基金、人保财险、平安集团、中航信托。	该试点工作组推动中英金融机构采用TCFD建议框架进行披露，增加TCFD建议的采纳范围。同时，促进了适合中国特点的披露实践，尤其在棕色资产风险暴露等定量信息披露方面起到了引领作用。

类型	发起方	活动或进展	意义
投资者倡议	气候行动 100 +	该行动由 500 多名投资者组成，管理资产超过 47 万亿美元，正在与全球最大的温室气体排放企业互动，通过实施 TCFD 建议加强它们的气候相关信息披露。	该行动通过投资者推动高排放企业按照 TCFD 的统一框架披露气候信息，披露是推动低碳转型，追踪改进成果的重要方式。由于目标的高排放企业遍布世界，该行动使 TCFD 在全球范围内成为企业披露的重要参照。
	过渡路径倡议（TPI）	TPI 由资产所有者领导、资产管理者支持，利用公开披露来评估公司对其碳排放及与低碳转型相关的风险和机遇的管理质量。	该行动对高排放行业的转型风险管理质量进行评估，供投资者作出投资决策或与投资组合企业互动时参考。评估指标包括对 TCFD 披露指标的直接采纳与延伸，是对 TCFD 建议决策有效性的佐证。
	全球可持续发展联盟（GISD）	在 GISD 2020 年 7 月向决策者和其他利益相关者提供的报告中，强调了标准化披露的重要性，并建议政策制定者要求金融和非金融机构强制进行可持续发展报告，包括 TCFD 披露。	进一步推动 TCFD 框架的广泛应用。
	投资者领导网络（ILN）	2020 年 9 月，ILN 发布了一份名为"缓解气候变化与你的投资组合：为投资者提供的实用工具"的文件。	解决了一些与气候相关的情况分析有关的挑战，并为投资者提供了一种结构化的方法来评估公司符合 TCFD 建议的情景分析披露。
与报告框架的一致性	企业报告对话（Corporate Reporting Dialogue）	由 IIRC、CDP、CDSB、GRI 和 SASB 承担的"更好的协调项目"于 2019 年 9 月发布了第一份进度报告。	更好地协调项目使参与组织能够将其框架映射到 TCFD 建议，并在可能的情况下，统一所有报告框架中的气候相关指标。
	CDSB、SASB	在 2019 年 5 月的 TCFD 实施指引基础上，CDSB 和 SASB 于 2019 年 9 月又发布了一份 TCFD 良好实践手册，为公司提供 TCFD 披露实例。	其中包括模拟的 TCFD 披露及相关的陈述，以提高公司对符合 TCFD 建议的披露方法的理解。

续表

类型	发起方	活动或进展	意义
与报告框架的一致性	气候智慧（Climate Wise）	组成气候智慧的全球保险公司 2018 年 12 月更新了气候智慧原则，以完全符合 TCFD 建议。	为保险行业的会员提供了一个报告框架，并每年进行基准测试，总结了会员的报告情况，描述行业实施 TCFD 建议所面临的挑战和机遇。
政府和监管的努力	欧盟委员会（EC）	2019 年 6 月，EC 发布了气候相关信息报告指南。	该指南整合了 TCFD 建议，旨在支持公司根据非财务报告指令披露气候相关信息，是对采纳 TCFD 建议强有力的推动。
	英国审慎监管局（PRA）、英国金融行为管理局（FCA）	2020 年 6 月，在其联合召开的行业论坛上发布了气候相关金融风险管理指南，将 TCFD 建议作为其基础的一部分。	推动英国金融机构运用 TCFD 框架进行风险分析。
	香港金融管理局（HKMA）	2020 年 6 月，HKMA 发布了一份关于绿色和可持续银行的白皮书，建议授权机构以 TCFD 建议为核心参考，以披露与气候相关的金融信息，提高透明度。	推动香港金融机构运用 TCFD 框架进行风险分析及信息披露，金融机构作为信息披露者和使用者的双重身份，将推动产业界公司的披露。
	新加坡金融管理局	2020 年 6 月，新加坡金融管理局发布了环境风险管理指南（银行），指出银行应参考国际报告框架，包括 TCFD 建议，以指导其环境风险披露。	推动新加坡银行运用 TCFD 框架进行风险分析及信息披露，银行作为信息披露者和使用者的双重身份，将推动产业界公司的披露。
	南非财政部	2020 年 5 月，南非财政部发布了一份可持续经济融资的技术文件草案，建议监管机构和金融行业共同努力制定识别、监测和报告环境与社会风险的标准，包括纳入 TCFD 建议。	推动南非金融机构运用 TCFD 框架进行风险分析及信息披露，通过融资要求，推动产业界公司的披露。
	德国可持续金融委员会	2020 年 3 月，德国可持续金融委员会发布了一份中期报告，就可持续金融战略向德国政府提供建议，鼓励德国联邦政府引入立法，要求德国所有上市公司从 2022 年开始适用 TCFD 建议。	推动德国上市公司运用 TCFD 框架进行披露。

类型	发起方	活动或进展	意义
政府和监管的努力	墨西哥中央银行	2020年2月，墨西哥中央银行发布了一份关于减轻墨西哥金融行业环境和社会风险的战略和方法的报告，其中墨西哥银行建议根据TCFD建议，就监管和监督将如何促进企业和金融机构的物理和转型风险的披露提供一个明确的战略，并表示将考虑根据TCFD建议向金融机构发布披露指导意见，作为可持续金融综合战略的一部分。	推动墨西哥金融机构运用TCFD框架进行风险分析及披露，金融机构作为信息披露者和使用者的双重身份，将推动产业界公司的披露。
	马来西亚中央银行（BNM）	2019年，BNM发表了一份讨论文件，其中鼓励受监督的金融机构按照TCFD建议进行披露来提升透明度。	推动马来西亚金融机构运用TCFD框架进行风险分析及披露，金融机构作为信息披露者和使用者的双重身份，将推动产业界公司的披露。
	日本经济产业省	2019年10月，日本经济产业省与WBCSD和TCFD联盟联合举办了首届TCFD峰会，推进TCFD的实施，就公司实施TCFD建议相关的潜在问题进行探讨，并对解决这些问题提供想法。2020年10月，举办了第二届TCFD峰会。	推动日本企业运用TCFD框架披露并结合日本特点讨论解决办法，是对TCFD框架的本地化发展。
	新西兰环境部，商业、创新与就业部	2019年10月，新西兰环境部，商业、创新与就业部发布了一份讨论文件，其中包括一项提案，要求金融机构和上市公司根据TCFD建议报告其与气候相关的风险。2020年9月，新西兰环境部宣布政府计划强制对某些上市公司和大型保险公司、银行和投资管理公司进行与TCFD框架相符的气候相关财务披露。	通过强制要求，提升了适用TCFD建议的普及度及气候相关信息的一致性和可比性。

续表

类型	发起方	活动或进展	意义
政府和监管的努力	澳大利亚证券与投资委员会（ASIC）	2019 年 8 月，ASIC 更新了其招股说明书监管指南，要求将 TCFD 开发的气候变化风险类型纳入招股说明书中可能需要披露的常见风险示例中，并强烈鼓励有重大气候风险敞口的上市公司考虑在 TCFD 框架下自愿报告。	将 TCFD 中的风险类型建议纳入招股说明书，新上市企业将全面参考 TCFD 倡议进行披露。
	加拿大政府	2019 年 6 月，可持续金融专家小组发布一份报告，建议公共部门和私营部门定义和遵循一套加拿大的方法来实施 TCFD 建议。2020 年 5 月，加拿大政府设立 COVID – 19 救济融资机制，要求救济接受者必须披露符合 TCFD 建议的报告。	将 TCFD 作为获取救济融资的前置条件，推动企业遵循其进行披露。

四、TCFD 建议对中国实现碳中和目标的意义

随着中国发布碳达峰、碳中和目标，中国企业也开始将低碳转型计划、碳中和方案制定纳入议事日程。据不完全统计，已有国家电投、中国海油、宝武钢铁、大唐集团等高排放行业企业纷纷提出碳达峰、碳中和目标。腾讯、蚂蚁金服、远景科技等科技企业，以及海通国际、南方基金等金融机构也发布了碳中和规划。各行各业企业代表在制定以及披露自身的碳中和规划时，充分考虑了自身行业特色，较多地突出了机会和行动，但是对风险和成本的披露尚不充分，这反映了企业气候相关信息披露完整性还不够高。

碳中和目标的实现，有赖于全社会系统性的改变，电力、工业、交通和建筑四大主要用能部门将面临艰巨的转型挑战，农业及土地利用相关部门也是如此。2021 年 6 月 10 日，中国人民银行副行长刘桂平在陆家嘴论坛中表示，"碳达峰、碳中和"需要的资金投入规模介于 150 万亿～300 万亿

元之间，相当于年均投资 3. 75 万亿~7. 5 万亿元。① 金融机构在其中将扮演重要的支撑角色，通过高效资源配置，助力产业转型，促进碳中和目标达成。

　　然而，目前大部分公开的碳中和规划，以其公开披露的内容而言，并未以金融机构为主要受众，或未能提供足够有效的决策支持信息。在这方面，TCFD 建议便可以提供非常有效的支持作用，为企业提供参考，如何在描述机遇与行动的同时，从治理、战略、风险、指标和目标的角度，披露其应对气候变化的全景信息，例如支撑低碳转型计划所需要的资本支出计划，乃至新兴技术需求信息，都将有助于更加有效地获取金融机构的投融资支持，发挥金融市场的高效资源配置的功能。在转型计划征求意见稿中，更是将"转型计划"作为一项特别的披露要求进行了界定，对一份具有决策有效性的"转型计划"应有的信息给出了定义，包括：转型计划应作为企业气候战略的一部分，结合定量的指标和目标，经由董事会批准和监督，包含具体可行的转型行动，并具有具体可检验的中间过程产出和最终预期结果。对结果和中间过程追踪检验的重视，是一系列"绿色""转型"融资工具（如绿色债券）的特点，也是检验资源优化配置的重要标准。

　　同时，遵循 TCFD 建议进行有效的信息披露，也可提高风险的透明度，避免对转型风险的忽视。例如高碳行业搁浅资产的估值偏差以及债权违约，可能通过金融机构传递导致系统性风险，TCFD 建议中的情景分析，作为一种前瞻性的披露，要求企业提前分析未来可能出现的多种气候转型情景，并披露自身业务在不同情景下的适应性以及应对战略。企业基于对自身行业发展的理解，结合全社会低碳转型目标及路径，作出有效的情景分析披露，将为金融机构提供气候转型压力测试的重要依据，以评估并防范系统性风险。

　　总而言之，TCFD 建议提供了具有一致性和有效性的披露框架，为中国企业披露碳达峰、碳中和目标（以下简称双碳目标）规划提供了参考，以

---

　　① 关于金融支持碳达峰、碳中和的几点认识——刘桂平副行长在第十三届陆家嘴论坛上的演讲［EB/OL］. http：//www. pbc. gov. cn/goutongjiaoliu/113456/113469/4265944/index. html.

更具有财务相关性和前瞻性的方式披露其计划和行动，更有效地连通金融系统获取投融资支持，同时也为中国金融机构评估气候风险、发挥资源配置功能支持低碳转型提供了重要的信息来源。

第二节　全球环境信息研究中心（CDP）问卷

一、CDP 介绍

CDP 是一个 2000 年在英国伦敦创立的国际组织，在全球 12 个国家设有分部，是唯一一家提供全球自然资源信息的领先机构。CDP 代表投资人和采购方，收集企业和城市的环境信息，以了解企业对于世界自然资源的影响和依赖性，以及它们的相关管理战略。目前，CDP 与全球超过 515 家、总资产达 106 万亿美元的机构投资者以及超过 200 家采购企业合作通过投资者和买家的力量以激励企业披露和管理其环境影响。

CDP 创立了一套全球领先的环境信息指标系统，致力于驱动企业和城市减少温室气体排放，保护水资源和阻止破坏森林的行动。2020 年，超过 9600 家、占全球市值 50% 以上的企业，以及 930 多个城市、州和地区通过 CDP 平台报告了其环境数据，使得 CDP 成为拥有全球最丰富的企业及政府环境信息数据的平台。CDP 与其他机构合作共同发起了致力于促进企业实现 100% 可再生能源使用的 RE100 组织，致力于促进企业设定基于科学的与《巴黎协定》具有一致气候目标的科学碳目标组织（SBTi），促进企业开展实质行动。

CDP 于 2012 年正式进入中国开展工作，致力于为中国企业提供一个统一的报告平台，推动中国绿色金融和低碳供应链管理的发展，识别在环境方面表现优秀的企业，并与全球应对气候变化的领袖企业在整体绩效方面进行科学的基准测试，因此也受到中国企业的认可与欢迎。从 2018—2020 年，受到投资者邀请进行信息披露的中国企业从 29 家增长至 65 家；受到采购方邀请进行信息披露的中国企业从 600 余家增长至近 1300 家。

CDP 同时提供公开的评分方法学，通过在披露、认知、管理、领导力四个级别设置具备梯度的评价标准，引导企业采取实质性的应对气候变化行动，并选拔出优秀的气候领导力"A 名单"企业，并基于"A 名单"与指数公司 STOXX 共同开发了"STOXX 全球气候领导力指数"，为资本市场提供新的产品选择的同时激励企业进一步应对气候变化。

二、CDP 气候变化问卷

CDP 气候变化问卷以问题形式形成披露指标，是目前市场上最全面深入的气候变化信息披露指标体系，内容上不仅包含 TCFD 内容，而且在某些内容议题的广度、深度上超越 TCFD 建议。有上市公司在可持续发展报告的 TCFD 披露章节中直接引用 CDP 气候变化问卷相应答复作为 TCFD 披露形式。

CDP 气候变化问卷经历了多年的迭代更新，形成了目前的分行业指标体系，涉及农产品，资本品，水泥，化学品，煤炭，建筑，电力，金融服务，食品、饮料、烟草，金属及采掘、油气、纸制品与森林制品、房地产、钢铁、交通设备制造、交通服务、其他通用行业。

CDP 通过经济活动层面的环境影响分析，自下而上形成了自有的行业分类体系 CDP ACS（CDP Activity Classification System），并循序渐进开发出了诸多行业特定指标体系。一份问卷涉及的指标包括两类：第一类是所有行业通用的指标，如气候战略；第二类是特定行业指标，如电力企业在火电、可再生能源电力未来的资本支出规划。除此之外，还有附加的"供应链模块"，适用于受到采购客户要求填写问卷的供应商企业，指标包括分配到客户的排放量及相关方法学等。

最新的 CDP 2021 年版气候变化问卷，主要包括如表 3 - 4 所示的模块。

表 3 - 4　　　　　CDP 2021 年版气候变化问卷模块介绍

模块	主要内容
C0 介绍	组织介绍，披露期，运营的地理区域，货币；特殊行业如油气行业企业，需要额外描述所在的产业链位置。
C1 治理	董事会对气候议题的监督和治理，描述具体职责，描述监督治理的相应流程和频率；管理层对气候议题的管理，职责与气候议题的联系，如何监督管理气候议题；组织对管理层就实现气候变化相关目标的激励机制。

续表

模块	主要内容
C2 风险与机遇	组织识别、评估及应对气候风险机遇的流程，组织对短期、中期、长期的定义，组织对重大财务或战略影响的定义，纳入风险评估的风险种类，识别出重大财务或战略影响的风险并通过"风险在价值链发生的位置，风险类型，主要气候驱动因素，主要财务影响（定性），公司特定描述，发生时间，发生可能性，影响程度，定量财务影响及测算方法，风险管理成本及测算方法，管理方法描述"多维度描述风险，识别出重大财务或战略影响的机遇及其多维度描述。
C3 商业战略	气候风险和机遇是否影响组织战略和财务规划，是否将低碳转型方案作为年度股东大会审议事项，是否计划公开低碳转型方案，是否在战略制定中考虑气候情景分析，披露使用情景分析的细节，描述气候风险和机遇在何处如何影响战略及财务规划。
C4 目标与绩效	绝对排放量减排目标，排放量强度减排目标，其他减排目标，目标的基准年和基准排放，目标年，涵盖范围，当年目标完成比例，是否与科学碳目标一致等；减排行动及其实施阶段、减排效果、成本、投资回收期等，是否有产品和服务可以帮助其他企业减排并描述其减排机制。
C5 排放方法学	基准年排放量，选择及描述计算排放选用的标准和方法学。
C6 排放数据	范围1和范围2排放量，范围2排放量的披露口径（例如，基于地理位置决定的电网排放因子或基于购电协议等决定的特定排放因子），本应在披露边界内但尚未包含的排放源，范围3排放量、方法学及解释未包含的原因，生物碳相关排放情况，单位收入排放强度及其他排放强度。对于特殊行业，范围3部分有更加针对性的问题。
C7 排放数据细分	按温室气体种类的排放量细分，按国家或地区的排放细分，按业务单元的排放细分，按业务设施的排放细分，按业务活动的排放细分，以及特殊行业更加具体及针对性的细分指标；范围1和范围2排放量较往年的变化以及变化的原因等。
C8 能源数据	能源成本占运营成本的比例，能源消费量，按燃料类型的能源消费量，用于发电、制热、制蒸汽、制冷的能源消耗量；如有视为零排放的电力、热能、蒸汽、制冷量，解释原因及其零排放机制。对于特殊行业，对能源消耗细分有更加具体的指标。
C9 额外指标	自愿披露业务相关指标，对于特殊行业，有更加具体的指标。
C10 审验	排放量第三方审验实施情况及审验报告，包括审验的标准、范围等。其他已审验的指标及审验报告。

模块	主要内容
C11 碳定价	组织被纳入碳排放权交易、碳税等碳价系统的情况，描述相关碳价系统，描述合规及应对策略，描述组织购买的基于项目的碳信用（如有），描述组织使用的内部碳定价机制。
C12 沟通参与	组织在价值链进行气候变化相关沟通参与的情况，供应商沟通战略，客户沟通战略，其他价值链伙伴沟通战略，与政策制定者、行业协会、研究机构沟通直接或间接影响气候政策的情况，确保该影响与组织气候战略一致的保障机制，在 CDP 问卷以外对气候相关指标公开披露的情况。
C13 土地利用	仅适用于农业，食品、饮料，烟草，造纸与林产品业。内容包括：自身运营或供应商土地利用在应对和适应气候变化以外的影响。
C14 投资组合影响	仅适用于金融业。内容包括：投资组合对气候变化的影响，如投资组合绝对排放量、排放强度、高碳排放资产暴露等。
C15 签署	批准并签署提交 CDP 问卷的负责人职位与职能。

三、CDP 问卷评分体系

在问卷以外，CDP 同时制定了公开的评分体系，旨在评价组织在应对气候变化行动、气候风险管理方面的透明、完善和先进程度。该评分体系对问卷中的每一道题目，设置了最多四个评分级别，即披露级别，主要考量披露的完整度；认知级别，主要考量对气候议题的认知程度；管理级别，主要考量对气候议题的管理有效性和结果；领导力级别，主要考量领先行为及结果。几乎每道题目都涉及披露级别评分，而其他级别则视具体内容而定，通常各级别评分要求逐步提高。

以风险披露为例，对于"风险在价值链发生的位置，风险类型，主要气候驱动因素，主要财务影响（定性），公司特定描述，发生时间，发生可能性，影响程度，定量财务影响及测算方法，风险管理成本及测算方法，管理方法描述"，只要在各个维度完成了披露，即使披露为"不清楚"，也可在披露级别得分；但"不清楚"则无法在认知级别得分，至少在"发生时间，发生可能性和影响程度"作出了明确披露，才可得分；在管理级别得分则需要有公司特定的风险描述、风险财务影响描述及应对方法描述，其中特定描述可以理解为该描述只适用于此家组织，该标准是真实的风险分析和管理过程及结果的替代指标，以衡量该组织完成了真实的管理过程；领导力级别则需要管理级别全部得分作为基础，并与前序问题的风险类型等选项一致，即通过交叉验证保证一致性。在目标制定方面，披露任何目标皆可在披露级别得分，但只有和《巴黎协定》一致的科学碳目标才能在领导力级别得分。

每道问题的回复获得的评分，在四个评分级别求和，得到每个级别的评分，该评分达到门槛值后，升级进入下一级别，最终评分结果为升入的最高评分级别，包括：D/D－代表披露级别，C/C－代表认知级别，B/B－代表管理级别，A/A－代表领导力级别，未披露的企业统一评为F。因此，组织在披露级别通过足够完整的披露达到门槛值，才可能进入更高级别的评分，该机制的特点是，确保透明度是最重要的基础，一家组织即使在目标设定等领域作出了非常领先的行动，如果对于例如气候战略、排放量、第三方审验、价值链沟通或其他内容存在大量未披露的情况，也只能停留在披露级别。

第三节　气候变化信息披露
标准委员会（CDSB）披露框架

一、CDSB 介绍

CDSB 是一个由商业和环境相关非政府组织组成的国际联盟，致力于通过促进全球主流企业报告模式的相互协同，将气候变化和自然资本的重要性提升到与金融资本等同的位置。CDSB 为企业提供了一个与财务信息报告同等严格的环境与气候变化信息披露框架[①]，企业可以使用 CDSB 框架将气

①　CDSB. CDSB Framework for Reporting Environmental & Climate Change Information ［EB/OL］.（2019－12）. https：//www. cdsb. net/sites/default/files/cdsb _ framework _ 2019 _ v2. 2. pdf.

候变化和自然资本相关信息纳入主流财务报告中，例如年度报告、10－K 报告、综合报告；帮助它们了解环境和气候问题将如何影响其业绩，以及如何采取必要行动应对相关风险和机遇。

二、CDSB 披露框架的目标

CDSB 披露框架的目标是，协助企业将其可持续发展相关信息转换为长期价值信息，将环境表现与组织战略、财务表现等内容进行关联，以清晰、简练和一致的方式在主流报告中披露并提供给投资者等信息使用者，为组织的主流报告增加披露价值。CDSB 披露框架与 TCFD 建议及欧盟 NFRD 的信息披露要求协调一致，能最小化企业的披露成本。

三、CDSB 披露框架内容的构成

CDSB 披露框架的主要内容包括指导原则和披露要求，并包括简介、术语、参考文献以及标准间的对比等辅助信息。

其中，指导原则包括：（1）披露的环境信息应遵循相关性和重要性原则；（2）如实披露；（3）与其他信息直接关联；（4）一致性和可比性；（5）清晰且易于理解；（6）可供核实；（7）前瞻性。

披露要求如表 3－5 所示。

表 3－5　　　　　　　CDSB 披露框架的披露要求

模块	要求
治理	描述环境政策、战略和信息的治理结构。
环境政策、战略和目标	描述指标、计划、时间表等评估表现的内容。
风险和机遇	目前和未来影响组织的重要环境风险和机遇，以及组织如何管理相关风险和实现机遇。
环境影响源	环境影响的定性、定量结果，方法学以及影响源。
绩效和对比分析	披露的环境影响和过往期间的绩效对比，和目标的对比分析。
展望	管理层应总结环境影响、风险、机遇和政策的结果对企业未来绩效与地位的影响。

续表

模块	要求
组织边界	环境影响边界应与主流报告的组织边界一致，并披露决定确定边界的标准。如涉及，组织边界外的实体或活动的环境相关信息应分开披露。
披露政策	披露适用的准则、框架、指南等信息，并确认不同披露期是否一致。
披露期	明确披露期，至少年度披露。
重塑调整	披露任何过往年份的重塑调整。
一致声明	声明披露与 CDSB 框架或相当框架一致。
审验	如有对披露与框架的一致性审验，应当明确披露。

在框架文件外，CDSB 同时提供了应用指南①，以检查提问的形式，针对每一个披露模块提供披露清单。如针对治理模块，CDSB 解释应披露环境政策、战略和信息的治理，并提供了如下披露清单。

披露是否：（1）确定了对气候政策、战略和信息负责的人员或委员会；（2）说明气候政策、战略和信息如何指派给管理层；（3）描述任何问责机制和激励机制；（4）说明气候政策、战略和披露的治理机制是否与其他重大问题不同，如果不同，说明原因。

四、气候会计指南

为协助组织将气候变化信息纳入财务报表中披露，CDSB 基于国际会计准则理事会（IASB）"气候信息应在财务报表中体现"的立场，以国际财务报告准则（IFRS）为基础，开发了《气候会计指南》（Accounting for Climate）②。

该标准首先对 IFRS 中四条适用于大多数行业、地理位置和公司的科目准则中纳入气候变化信息的方法进行了探讨，见表 3-6。

---

① CDSB Framework. Application Guidance for Climate – related Disclosures［EB/OL］. （2020 – 07）. https：//www. cdsb. net/sites/default/files/climateguidancedoublepage. pdf.

② CDSB. Accounting for Climate［EB/OL］. （2020 – 12）. https：//www. cdsb. net/sites/default/files/cdsb _ climateaccountingguidance _ s _ 110121. pdf.

表 3 - 6　　　　　　　　　　**IFRS 准则纳入气候变化信息的方法**

科目	内容	建议
IAS 1 财务报表列报	估计不确定的来源	当气候相关假设存在对资产或负债估值产生重大调整的风险时，应当披露该假设。
	未在其他科目披露的重要信息	未在其他科目中规定披露，但可能影响投资者决策的气候相关信息。
	报表项细分	如果细分信息可能影响投资决策，应披露。例如，披露绿色资产收入与高碳资产收入细分。
	持续经营假设	对于长期处于风险中的行业，如煤炭行业，应披露气候相关风险对持续经营的影响。
IAS 37 准备金、或有负债和或有资产	准备金	当气候相关风险可能影响现有和新增的准备金现值时（例如新增监管要求，未来现金流或折现率变化等），应当披露其影响。
	或有负债	当气候变化风险可能引起新增的或有负债，或使已知的或有负债成为现实，应披露其影响。
IAS 36 资产减值	减值评估和计算	当气候相关的物理风险如极端天气事件，或转型风险如消费者偏好改变和监管要求改变，可能导致资产减值时，应当披露其影响。
	超出预测和预算的现金流	当气候相关风险影响未来现金流从而影响资产价值时，应当披露其影响。
	减值披露	当气候相关风险影响商誉和无形资产时，应当披露其影响和相关评估假设。
IAS 16 地产、工厂和设备	地产、工厂和设备	当气候风险可能影响资产寿命时，应当披露其影响。

该份指南文件在每一个科目的解读中，基于 IFRS 的各项原则性描述，与气候变化风险相结合，从而指引出可能需要披露的内容，并在附表中提供了示例性披露。该方法是从财务报表反推气候风险要素，从而更加直观地解释了气候变化是重要的财务风险这一事实，也提供了实质性气候风险分析的另一种路径。值得注意的是，仍有其他科目需要考虑气候变化实质影响，尚未涵盖在该指南中，CDSB 将在未来酌情开发。

第四节 TCFD 建议、CDP 气候变化问卷与 CDSB 披露框架的启示

TCFD 建议、CDP 气候变化问卷与 CDSB 披露框架是当前气候信息披露最主流的三个体系。以时间发展顺序而言，CDP 问卷最早出现，并逐步迭代，CDSB 由 CDP 衍生而来，TCFD 建议的开发参考了 CDP 和 CDSB 等多项披露体系、指南。

CDP 问卷体系始终以"气候变化"为主视角。从模块的设定到问题的细节程度，例如排放细分、能耗数据、细分能源的排放系数及来源、目标的要求、第三方验证的要求等，无不体现了 CDP 问卷对"企业对气候变化影响"的高度重视。但 CDP 问卷也不乏对"气候变化对企业的影响"的关注，在其问卷演进过程中，这一部分内容同样逐渐细化、具体化，乃至出现诸多细分行业特定指标，以期有效提供投资决策有效信息。该问卷体系是三者中细节程度最完备的问卷，同时具有配套评分体系，并具有以评分促进激励企业开展实质性行动的努力。

不同于 CDP 独立问卷的设定，CDSB 披露框架的定位更加注重气候信息与企业主流报告的融合，其最新的《气候会计指南》更是直接定位于在财务报表中纳入气候相关影响。其鲜明的定位也可以体现在其模块设定和术语体系中，即更加贴近主流报告的术语体系。如果将 CDP 气候变化问卷比作站在气候变化的角度看企业风险与应对，CDSB 披露框架则是站在企业主流报告的角度，看气候变化可能带来的影响，《气候会计指南》则是进一步站在财务报表的角度看气候变化对企业的影响。两者处在不同的视角，同样可以为信息提供者和使用者提供分析气候变化影响的思路。

TCFD 基于其组织优势，更擅长融会多相关方意见，相对更加精练地提取了众多披露体系中财务相关性最强的指标，形成了一份建议性的披露框架，并逐渐开发不同细则的指引，紧扣财务相关性，提供决策有用信息。同时，TCFD 建议也吸取了 CDP 气候变化问卷在前瞻性方面的经验，例如对情景分析的要求。

　　TCFD 建议要求企业进行情景分析，其内涵逻辑是交由企业作为各行业专家，基于气候变化可能引发的多种基础情景，叠加或推导出对所处行业的影响指标，进一步评估分析各种情景对行业企业的影响，即借助众人之智慧，共同分析和应对气候变化的不确定性，供各方决策者使用。有效的情景分析需要对宏观经济发展指标，能源气候相关指标，特定行业产品需求、供给和价格要素等进行分析，是一项多学科系统性分析实践。无论对于金融稳定，还是碳中和目标的实现，都是重要的基础性工作。当前基础情景主要由国际能源署，国家发展和改革委员会能源研究所等气候能源相关机构开发的相对偏重气候科学和产业影响的"气候情景"，和以英格兰银行为代表的金融界机构开发的偏重宏观经济为主的"转型情景"，以及以石油等受气候变化影响严重的行业代表自行开发的偏重该行业产品需求的"行业情景"为主。在当前发展阶段，众多情景的出现，有助于各相关方拓展自己的分析思路，是其益处。另外，情景分析天然具有较多的假设条件，使不同机构的情景难以进行比较。因此，对我国而言，由金融主管单位与气候能源主管单位共同开发系列基础情景，作为产业界企业和金融机构分析的基础，不失为一条可行路径，以期适度减少企业的分析成本，适当增加可比性，方便识别系统金融风险，并有效追踪评估转型是否处在预期的路径上，这可以说是 TCFD 建议及气候相关披露发展历程在财务相关性这一广为人知的特点外，给予我们的最重要的启示。

　　TCFD 建议从框架性要求到分行业具体指标的提出，是对该时刻已有气候信息披露框架和指标体系的良好传承，在为业界披露实践提供具体建议的同时，充分保留了发展空间。TCFD 按计划不断完善建议细项的方法学，并同时参考应对气候变化行动的发展、信息需求、业界最佳实践与其他组织在其基础上发展的指南等，对框架进行更新迭代。已经走过了四年的探索，获得了业界大规模采纳，其开发模式与内容经验，可以为我国构建气候相关披露指标体系提供重要借鉴。

第四章 全球主要国家和地区
可持续信息披露监管要求及趋势

第一节 欧 盟

一、欧盟在 ESG 方面的发展与趋势

要了解欧盟在可持续信息披露方面的未来趋势，首先需要了解其在 ESG 发展方面的历程和所做的努力。就在联合国通过可持续发展目标（SDGs）不久后，各国领导人于 2015 年签署《巴黎协定》，作为对气候问题的全球回应。该协定的核心目标是限制全球气温上升，这意味着全球资本需要重新分配，向低碳倾斜。在这一趋势下，欧盟委员会（European Commission，EC）作出了循序渐进而又不失积极的 ESG 规划，以下概括其主要里程碑：

2014 年，《非财务报告指令》（NFRD）修订①，规定达到一定规模的公司（大型公共利益实体）自 2017 财政年度起每年必须以标准化、可比较的方法报告有关可持续性的、多元化的非财务信息。

2018 年，EC 发布《可持续发展融资行动计划》（*Action Plan on Finan-*

---

① EU. Non – financial Reporting Directive（Directive 2014/95/EU of the European Parliament and of the Council of 22 October 2014 Amending Directive 2013/34/EU as Regards Disclosure of Non – financial and Diversity Information by Certain Large Undertakings and Groups）. ［EB/OL］. （2014 – 10 – 22）. https：//eur – lex. europa. eu/legal – content/EN/TXT/? uri = CELEX%3A32014L0095.

cing *Sustainable Growth*，以下简称行动计划）①，详细说明了 EC 将采取的十项行动计划，其中包括阐明机构投资者和资产管理人的职责、将可持续性纳入金融工具的适用性评估、增加可持续性基准的透明度等。

2019 年，EC 公布了旨在使欧洲于 2050 年实现碳中和的"绿色协议"（Green Deal）②，在该协议下，欧盟将积极研究把可持续发展因素纳入金融政策考量。同年，EC 发布《欧盟可持续金融分类法》（*EU Taxonomy*，以下简称"分类法"）③，该法制定了适用于欧盟范围的 ESG 分类系统，投资者和企业可以根据该系统评估特定经济活动是否属于"可持续"范畴。

2020 年 11 月，欧洲中央银行（European Central Bank，ECB）发布《气候相关和环境风险指引》④，希望银行安全、审慎地管理气候和环境风险，并在当前的审慎框架下透明地披露此类风险。

2021 年 3 月 10 日，《可持续金融信息披露条例》（SFDR）正式实施。SFDR 要求欧盟所有"金融市场参与者"（FMP）和"财务顾问"（FA）披露 ESG 信息，以提高金融产品可持续发展信息披露的透明度。SFDR 旨在改善可持续发展风险的信息不对称问题，以此更好地将资本引导到可持续投资上。

2021 年 4 月 21 日，EC 通过了一系列更全面、更积极的新举措（Sustainable Finance Package）⑤，旨在加强引导资金流向可持续经济活动，助力

---

① EU. Action Plan: Financing Sustainable Growth ［EB/OL］. （2018 – 03 – 08）. https：//eur – lex. europa. eu/legal – content/EN/TXT/？ uri = CELEX％3A52018DC0097.

② EU. The European Green Deal ［EB/OL］. （2019 – 12 – 11）. https：//eur – lex. europa. eu/legal – content/EN/TXT/？ uri = COM％3A2019％3A640％3AFIN.

③ EU. EU Taxonomy Regulation – Regulation （EU） 2020/852 of the European Parliament and of the Council of 18 June 2020 on the Establishment of a Framework to Facilitate Sustainable Investment, and Amending Regulation （EU） 2019/2088. ［EB/OL］. （2020 – 06 – 18） https：//eur – lex. europa. eu/legal – content/EN/TXT/？ uri = CELEX：32020R0852.

④ ECB. Guide on Climate – related and Environmental Risks. ［EB/OL］. （2020 – 11）. https：//www. bankingsupervision. europa. eu/ecb/pub/pdf/ssm. 202011finalguideonclimate – relatedandenvironmentalrisks ~ 58213f6564. en. pdf.

⑤ EU. EU Taxonomy, Corporate Sustainability Reporting, Sustainability Preferences and Fiduciary Duties: Directing Finance towards the European Green Deal ［EB/OL］. （2021 – 04 – 21）. https：//eur – lex. europa. eu/legal – content/EN/TXT/？ uri = CELEX：52021DC0188.

实现2050年碳中和的目标。另外，EC还出台了《欧盟可持续金融分类授权法案》（*EU Taxonomy Climate Delegated Act*）[①]，明确哪些经济活动最有助于实现欧盟的环境目标，并引入技术筛选标准协助界定经济活动是否符合气候变化适应及减缓两个目标。同时，EC也发布了《企业可持续发展报告指令》（CSRD）提案，以修订和加强NFRD的现有报告要求，确保公司的报告要求与分类法一致。[②]

欧盟通过绿色新政、可持续信息披露、生态体系建设等一系列措施，推动并帮助企业在披露过往信息的同时，更为重视未来的风险和机遇，制定更有弹性的发展战略和行动计划，支持和引导金融机构、企业向可持续发展方向实现转型。

二、可持续信息披露主要法规

（一）《非财务报告指令》（NFRD）及《企业可持续发展报告指令》（CSRD）提案

NFRD要求大型公共利益实体发布的报告中必须包含以下方面的政策实施：（1）环境保护；（2）社会责任和员工待遇；（3）对人权的尊重；（4）反腐败和贿赂；（5）公司董事会的多样性。如果大型公共利益实体没有出台相关政策，则必须在其非财务报表中说明，并陈述缺乏原因。非财务披露要求的范围应参照每一家公司或集团的员工平均人数、资产负债表总额和净营业额来确定，并应遵守比例性原则。披露方式的灵活性很大，公司或集团可以根据国际、欧盟或欧盟成员国的准则作出相关声明。

然而，在NFRD框架下，受监管企业所提供信息的质量、相关性、可比性和可靠性存在不足。有鉴于此，EC发布CSRD提案，以修订和加强

---

① EU. EU Taxonomy Climate Delegated Act［EB/OL］. （2021 - 06 - 04）. http：// ec. europa. eu/finance/docs/level - 2 - measures/taxonomy - regulation - delegated - act - 2021 - 2800 _ en. pdf.

② EU. Corporate Sustainability Reporting Directive - Directive of the European Parliament and of the Council amending Directive 2013/34/EU, Directive 2004/109/EC, Directive 2006/43/EC and Regulation （EU） No 537/2014, as Regards Corporate Sustainability Reporting［EB/OL］. （2021 - 04 - 21）. ht-tps：//eur - lex. europa. eu/legal - content/EN/TXT/? uri = CELEX：52021PC0189.

NFRD 要求。若 CSRD 提案通过，欧盟的大型公司及在欧盟监管的交易所上市的公司将每年使用统一的、强制性的欧盟可持续发展报告标准进行报告，即公司不能再自主选择所使用的报告框架。此外，适用 NFRD 的公司不但需要进行回溯性报告，还必须报告其可持续发展战略和目标，以及用于识别对 ESG 构成负面影响和风险的尽职调查流程。

尽管 CSRD 提案会大大增加报告指令所涵盖的公司数量，但覆盖范围仍未包括未上市的中小型企业和非欧盟公司，后者可能成为欧盟未来的关注点，因为这类公司中也有在环境和人权风险较高的行业中经营的，加上许多非欧盟公司在欧盟都有重要的业务活动，而目前这种选择性措施也会对市场公平竞争产生影响。因此，预期这类公司未来将逐步纳入 CSRD 监管框架。

CSRD 提案指出为了减少对已经报告可持续发展信息的企业的干扰，可持续发展报告标准应酌情考虑可持续发展报告的现有标准和框架，尽可能与这些倡议保持一致，同时考虑欧洲的具体情况。① CSRD 提案设想对企业报告信息进行数字化的"标记"，以便信息能被输入《资本市场联盟行动计划》（*CMU Action Plan*，EC 将就此提案）所设想的欧盟公司信息单一接入点（ESAP）中。同时，CSRD 提出对可持续性披露制定保证义务，将首次引入对已报告的可持续性信息作出适用于欧盟范围内的基本审核保证要求。由于 EC 认为需要采取循序渐进的方法，故在初始阶段，保证义务将是有限的，但可预料义务会随着发展渐渐达到与财务报告义务相类似的水平。

（二）《可持续金融信息披露条例》（SFDR）

SFDR 要求欧盟所有金融市场参与者和财务顾问披露 ESG 信息。SFDR 要求所有资产管理人在向投资者披露风险管理方式前，都必须考虑可持续性风险。对于促进 ESG 特性或具有可持续投资目标的产品，SFDR 提出了额外要求，提高了以可持续发展为重点的管理人的门槛，防止金融产品的漂

---

① EU. Corporate Sustainability Reporting Directive – Directive of the European Parliament and of the Council amending Directive 2013/34/EU, Directive 2004/109/EC, Directive 2006/43/EC and Regulation (EU) No 537/2014, as Regards Corporate Sustainability Reporting［EB/OL］. （2021 – 04 – 21）. https：//eur – lex. europa. eu/legal – content/EN/TXT/? uri = CELEX：52021PC0189.

绿行为及虚假或误导性的 ESG 信息发布。

SFDR 通过实体及产品两方面，对几乎所有类型的金融市场参与者和财务顾问（两者的定义之广显示了欧盟在相关方面的积极性）制定了可持续投资信息披露义务，要求它们：（1）披露对可持续性的主要负面影响；（2）披露量化的良性投资效果。这一要求适用于金融行业大多数公司及其营销或管理的产品，对于产品，不论其所管理和营销是否是以 ESG 为重点。

SFDR 制定的信息披露义务主要涉及可持续性和薪酬政策、营销传播、合同前披露及定期报告。金融市场参与者和财务顾问需要披露的信息包括：如何将可持续性纳入其决策程序和过程中；薪酬政策与相关披露要求是否符合 SFDR；如何确保其营销传播与根据 SFDR 所做的披露不冲突。

在 SFDR 的规定下，一般披露基准要求包括两个方面——实体层面与产品层面。

1. 实体层面

金融市场参与者和财务顾问需要在网站上披露有关整合可持续性风险的政策、薪酬政策等信息，以确保其符合相关标准。如果金融市场参与者和财务顾问对投资决策对可持续发展的不利影响有所考虑，则其应在网站上披露针对这些不利影响的尽职调查政策；如果其没有考虑，则应明确说明不考虑的原因。其中，金融市场参与者中财政年度内员工总数超过 500 名的，自 2021 年 6 月 30 日起应当在其网站上发布前述尽职调查政策。

2. 产品层面

金融市场参与者和财务顾问必须在 2022 年 12 月 30 日或之前就每项金融产品的投资决策对可持续性的负面影响进行评估并做披露，而如果产品不考虑对可持续性的负面影响，则需要在定期报告中注明及说明理由。同时，就具体金融产品，SFDR 也要求金融市场参与者和财务顾问作出相应的合同前披露和定期报告披露。

SFDR 还对以 ESG 为重点的金融产品，即具有环境或社会特征的"浅绿色"类别和以可持续发展作为投资目标的"深绿色"类别的产品，要求作出相关的额外网站披露、合同前披露和定期披露。

SFDR 的影响范围之广，不但包括欧盟金融市场参与者和财务顾问，还直接或间接影响在欧盟设有子公司和/或在欧盟提供服务的非欧盟实体。

1. 直接影响

例如，根据《另类投资基金管理人指令》（AIFMD）国内私募配售规则（NPPR）[①]，管理人（包括非欧盟管理人）在欧盟境内营销另类投资基金（AIF）时，披露条例会对其产生直接影响。披露条例适用于非欧盟管理人或 AIFM 根据 AIFMD 注册或通告于欧盟境内营销的每只私募基金（但在欧盟境内销售基金并不会导致非欧盟 AIFM 需要遵守披露条例关于基金管理人实体层面的规定）。

2. 间接影响

非欧盟管理人向受 SFDR 约束的欧盟公司提供服务时，SFDR 会对其产生间接影响。如果非欧盟管理人是直接受 SFDR 约束的欧盟管理人或其他实体的服务方，则欧盟实体可以寻求非欧盟管理人提供合同承诺，以使欧盟实体能够遵守其义务。同时，根据 SFDR，管理人及投资者可以要求非欧盟管理人承担某些职责和责任。而对于非欧盟管理人在欧盟的分支机构，如果非欧盟管理人充当代表或提供建议，则 SFDR 也可能适用。最后，即使 SFDR 主要在欧盟内部适用，但它们也将对欧盟以外地区的公司造成一定的间接影响，例如拥有欧盟大型公共利益实体作为子公司的非欧盟母公司，或与欧盟大型公共利益实体合作的非欧盟顾问或合资企业伙伴。

自 2021 年 3 月 10 日起，SFDR 的主要规定已对所有欧盟成员国产生直接法律效力，而定期报告规则及欧洲银行管理局（EBA）、欧洲保险和职业养老金管理局（EIOPA）及欧洲证券市场管理局（ESMA）早前发布的可持续性指标披露具体内容、方法和呈报方式的监管技术标准（RTS）[②]，自

---

① EU. Alternative Investment Fund Managers Directive – Directive 2011/61/EU of the European Parliament and of the Council of 8 June 2011 on Alternative Investment Fund Managers and Amending Directives 2003/41/EC and 2009/65/EC and Regulations（EC）No 1060/2009 and（EU）No 1095/2010 Text with EEA Relevance.［EB/OL］.（2011 – 06 – 08）. https：//eur – lex. europa. eu/legal – content/EN/TXT/? uri = celex%3A32011L0061.

② ESAs. Final Report on draft Regulatory Technical Standards［EB/OL］.（2021 – 02 – 02）. https：//www. eiopa. europa. eu/sites/default/files/publications/reports/jc – 2021 – 03 – joint – esas – final – report – on – rts – under – sfdr. pdf.

2022 年 1 月 1 日也会开始生效。

（三）《欧盟可持续金融分类法》（*EU Taxonomy*）

欧盟制定分类法主要目标是创建一种通用的 ESG 分类方法，供投资者准确评估与分类相关项目和经济活动。

分类法中的报告标准是强制性的，适用于在欧盟提供金融产品的金融市场参与者和大型公共利益实体，前者在提供金融产品（包括不属于环境可持续的产品）时，需就相关投资与分类法的一致性作出声明；后者需披露其活动如何与分类法保持一致。

就金融市场参与者而言，如其产品有助于实现六个"环境目标"之一（缓解气候变化、适应气候变化、海洋与水资源可持续利用和保护、循环经济、污染防治和循环利用、生态健康保护）的产品，则必须披露有关基础投资所贡献的环境目标的细节及基础投资在可持续经济活动中参与程度的描述（应具体说明在可持续经济活动中投资的份额占金融产品中的所有投资的百分比）信息。而对于没有可持续投资目标的金融产品，则必须在合同前和定期报告中作出否定声明。因此，实际上所有资产管理者，无论其产品是否为具可持续投资目标的金融产品，都适用于分类法的披露规定。

大型公共利益实体需要在非财务声明中披露其活动在环境上是否可持续及其程度。同时，拥有非可持续资产和进行非可持续资产活动的公司除了必须遵守披露条例外，还必须对相关资产作出否定声明。

根据分类法，符合"环境可持续发展"的活动分为以下三类：

（1）贡献活动。本身对六项环境目标作出重大贡献的活动。

（2）扶持性活动。使其他种类的活动能够为六项环境目标作出实质性贡献的活动。

（3）过渡性活动。其没有技术和经济上可行的低碳替代品，但支持向气候中性经济的过渡。

分类法规定这类活动必须为分类法规定的六项环境目标中的至少一项作出实质性贡献；对其他环境目标没有任何重大损害；遵守最低限度的社会和治理保障措施；符合某些技术筛选标准。

分类法与 SFDR 的互补也完善了欧盟的可持续信息披露框架。分类法对可持续发展相关的概念作出了清晰的定义，有助于减少 SFDR 在实践中由于缺乏对相关概念的明确定义而面临的不确定性，促进其更有效率地运作。同时，分类法要求所披露的信息必须使投资者能够确定其对从事环境可持续发展活动的公司的投资数目，以及就每家公司而言，在其所有经济活动中，有多少活动是环境可持续发展活动。

分类法规定的义务应在相关技术筛选标准发布并采用后 12 个月内适用于每个环境目标；自 2022 年 1 月 1 日起，适用于缓解和适应气候变化目标方面；自 2023 年 1 月 1 日起，适用于海洋与水资源可持续利用和保护、循环经济、污染防治和循环利用、生态健康保护目标方面。

（四）《气候相关和环境风险指引》

2020 年，ECB 针对在欧盟开展重大业务以应对气候风险的金融机构，发布了《气候相关和环境风险指引》①，指引金融机构如何考虑气候风险和环境风险，以及如何加强气候和环境信息的披露。该指引为 ECB 直接监管的所有"重要机构"（Significant Institutions）设定了期望。ECB 要求重要机构从 2021 年初开始，根据指引进行自我评估，并在此基础上制定行动计划。之后 ECB 将以银行的自我评估和计划为基准，并通过监管对话对其进行监督。2022 年，ECB 将对银行进行全面的监管审查，以及对气候相关风险进行监管压力测试。

另外，ECB 在 2020 年发布了一份有关机构气候和环境风险披露的报告②，报告认为银行在气候和环境风险披露方面落后，需要作出重大努力，以定量和定性信息更好地支持其披露声明。根据报告，ECB 认为各机构应采取战略性、前瞻性和综合性的方式来考虑与气候风险和环境风险。同时，ECB 希望各机构在适当考虑《非财务报告指引：报告气候相关信息的补充》

---

① ECB. Guide in Climate – related and Environmental Risks ［EB/OL］. https：//www. bankingsupervision. europa. eu/ecb/pub/pdf/ssm. 202011finalguideonclimate – relatedandenvironmentalrisks ~ 58213f6564. en. pdf.

② ECB. ECB Report on Institution's Climate – related and Environmental Risk Disclosures ［EB/OL］. （2020 – 11）. https：//www. bankingsupervision. europa. eu/ecb/pub/pdf/ssm. ecbreportinstitutionsclimat erelatedenvironmentalriskdisclosures202011 ~ e8e2ad20f6. en. pdf.

(*Guidelines on Non - financial Reporting*: *Supplement on Reporting Climate - related Information*)① 的情况下，就其认为重要的气候和环境风险发布有意义的信息和关键指标。该补充指引整合了 TCFD 的建议，并为符合非财务报告指令和 TCFD 建议的企业提供了指导。

三、可持续信息披露在欧盟 ESG 计划蓝图里的重要性

一个良好的 ESG 框架必须拥有高度的信息透明度，而透明度的高低很大程度上取决于披露的水平。欧盟认为，为了实现绿色协议和更好的 ESG 框架，欧洲的可持续金融生态系统需要一套更全面、更高水平的信息披露标准。在一个明确、循序渐进和全面的框架下所产生的可持续信息披露系统能帮助利益相关者评估企业对 ESG 的影响和重视度，并有助于提高市场整体的透明度及防止漂绿行为，使绿色金融成为推动欧洲长期可持续经济发展的动力。

总的来说，我们可以看到欧盟为实现绿色协议在制定全面、可靠和可比的可持续信息披露框架方面所做的努力，以及在此方面成为全球领导者的志向。

第二节　英　国

一、英国在 ESG 方面的发展与趋势

早期英国主要在长线回报（如养老金）投资中考量 ESG 相关议题。早在 2005 年，英国就颁布了《职业养老金计划（投资）条例（2005）》［*Occupational Pension Schemes*（*Investment*）*Regulations* 2005］②，要求受托人在养老金计划的投资原则声明中披露投资时考虑社会、环境或道德因素的程度。

---

① EU. Guidelines on Non - financial Reporting: Supplement on Reporting Climate - related Information ［EB/OL］. (2019 - 06 - 20). https://eur - lex. europa. eu/legal - content/EN/TXT/PDF/? uri = CELEX: 52019XC0620 (01) &from = EN.

② UK. The Occupational Pension Schemes (Investment) Regulations 2005 ［EB/OL］. (2005 - 12 - 08). https://www. legislation. gov. uk/uksi/2005/3378/contents/made.

英国在可持续信息披露方面的发展始于 2006 年修改的《公司法》（*Companies Act* 2006）[①]，其明确要求上市公司发布战略报告时需要披露环境、员工、社会、社区和财务等方面的信息。在 2016 年，为了进一步与欧盟的《非财务报告指令》（NFRD）保持一致[②]，英国修订了《公司法》有关战略报告的部分，引入非财务信息，要求披露包括：（1）企业自身商业活动所造成的负面影响；（2）反腐败及反贿赂方案；（3）进行针对非财务问题尽职调查的流程等信息。

2010 年，英国的财务报告委员会（Financial Reporting Counsel，FRC）发布了《尽责管理守则》（*Stewardship Code*）[③]，其中包含针对机构投资者的一系列指引。这也是英国首次正式同时引进 ESG 三方面的要求及"遵守或解释"（Comply or Explain）的规则至其政策体系中。2020 年，FRC 修订了《尽责管理守则》，增加了对服务提供商的有关要求，并将该守则的适用规则修订为"遵守和解释"（Comply and Explain）。

自 2016 年起，伦敦证券交易所适时更新 ESG 方面的报告指南，对上市公司可持续信息披露提供不断完善的指引。其 2020 年最新发布的《ESG 报告指南》（*Your Guide to ESG Reporting*）为提高上市公司对 ESG 信息重要性的认知、协助公司编制 ESG 报告以及促进投资人和上市公司之间的数据交流提供了指引[④]。《ESG 报告指南》包括战略相关性、投资者重要性、投资级数据、全球框架、报告格式、法规及投资者交流、绿色收入报告、债务融资八个方面的指引内容。

---

① UK. Companies Act 2006 ［EB/OL］. （2006 – 12 – 08）. https：//www. legislation. gov. uk/uk-pga/2006/46/contents.

② EU. Non – financial Reporting Directive（Directive 2014/95/EU of the European Parliament and of the Council of 22 October 2014 Amending Directive 2013/34/EU as Regards Disclosure of Non – financial and Diversity Information by Certain Large Undertakings and Groups ［EB/OL］. （2014 – 10 – 22）. https：//eur – lex. europa. eu/legal – content/EN/TXT/? uri = CELEX%3A32014L0095.

③ FRC. The UK Stewardship Code 2020 ［EB/OL］. https：//www. frc. org. uk/getattachment/5aae591d – d9d3 – 4cf4 – 814a – d14e156a1d87/Stewardship – Code _ Dec – 19 – Final – Corrected. pdf.

④ LSEG. Your Guide to ESG Reporting ［EB/OL］. https：//www. lseg. com/sites/default/files/content/GReen/LSEG _ Guide _ to _ ESG _ Reporting _ 2020. pdf.

2019 年，英国发布《绿色金融战略》（*Green Finance Strategy*）①，包含两大长远目标，即引导私人企业现金流向可持续发展方向及加强英国金融业整体竞争力；以及三大核心要素，即金融绿色化、投资绿色化、把握商业机遇；并提出 2050 年实现净零排放的目标——这推动了一系列与 ESG 相关的行动，包括环境披露标准的设立。从 2022 年起，所有上市公司都需要按气候相关财务信息披露工作组（TCFD）制定的标准进行信息披露。

英国财政大臣于 2020 年 11 月 9 日发表《金融服务声明》（*Financial Services Statement*，以下简称《声明》）②，提及 TCFD 的信息披露建议，并透露英国计划成为世界上第一个建立其气候相关财务信息披露工作组的国家，以调整信息披露的范围，并在 2025 年前强制化其金融和非金融经济领域的有关信息披露。

《声明》宣布将引入更强、更有力的环境披露标准，以便投资者和企业能更好地了解其所承受的气候变化风险对投资的实际财务影响，为英国绿色发展经济提供更大程度的支持。同时，《声明》也宣布英国将实施自己的绿色分类标准，对哪些活动可以被定义为环境可持续活动大体以《欧盟可持续金融分类法》（*EU Taxonomy*）为基础。另外，英国也将成立自己的绿色技术咨询小组（Green Technical Advisory Group）来审核这些指标以确保其适合英国的本土市场。同时，英国有意在 2025 年或之前强制要求几乎所有的大规模企业和金融机构披露与气候相关的财务信息，同时实施绿色分类标准。

2020 年，为研究气候相关财务披露的最有效方法，英格兰银行发布了一份中期报告和路线图③，指出了英国经济实现与 TCFD 的建议保持一致的

---

① HM Government. Green Finance Strategy – Transforming Finance for a Greener Future ［EB/OL］. （2019 – 07 – 02）. https：//assets. publishing. service. gov. uk/government/uploads/system/uploads/at-tachment _ data/file/820284/190716 _ BEIS _ Green _ Finance _ Strategy _ Accessible _ Final. pdf.

② Chancellor Statement to the House – Financial Services ［EB/OL］. （2020 – 11 – 09）. https：//www. gov. uk/government/speeches/chancellor – statement – to – the – house – financial – services.

③ HM Treasury. Interim Report of the UK's Joint Government – Regulator TCFD Taskforce ［EB/OL］. （2020 – 11）. https：//assets. publishing. service. gov. uk/government/uploads/system/uploads/attachment _ data/file/933782/FINAL _ TCFD _ REPORT. pdf；A Roadmap towards Mandatory Climate – related Disclo-sures ［EB/OL］. （2020 – 11）. https：//assets. publishing. service. gov. uk/government/uploads/system/uploads/attachment _ data/file/933783/FINAL _ TCFD _ ROADMAP. pdf.

强制性气候信息披露的指示性路径。中期报告和路线图所提出的战略旨在确保气候风险和机遇的准确信息存在于投资链上的每一个阶段。在现阶段，英格兰银行和英国审慎监管局（PRA）尚未对受 PRA 监管的银行和保险公司提出新要求。然而，政府和其他监管机构在中期报告和路线图中提出的一些新措施将适用于这些受 PRA 监管的公司。此外，英格兰银行还和其他部门一起发表了一份联合声明①，支持国际财务报告准则基金会（IFRS Foundation）早前提出的一项建议，即建立新的可持续性报告标准制定机构，这也表明气候变化和可持续性是超越国界的挑战，而国际商定的标准将有助于就 ESG 事项达成一致和可比的报告。

二、联合政府监管机构 TCFD 工作组路线图

为响应《巴黎协定》及 TCFD 建议，英国财政部在和金融行为监管局（FCA），商业、能源和产业战略部（BEIS），就业和养老金部（DWP）磋商之后，联合政府监管机构 TCFD 工作组（Joint Government Regulator TCFD Taskforce）于 2020 年 11 月 9 日发布了中期报告及强制披露气候相关信息的路线图②。

该路线图列出了英国在未来五年希望采取的措施，以促成行业就管理气候方面的风险和机遇作出全面、高质量的信息披露。它通过在不同类型的组织（包括上市公司、英国注册公司、银行和建筑业协会、保险公司、资产管理人、基金管理人、人寿保险公司和 FCA 监管的养老金提供者及职业养老金计划）之间协调以确保信息在整个投资链中保持高度的一致性。

总体而言，路线图的范围与影响甚广。如其拟议的强制性要求一旦通过，披露报告的范围将逐渐扩大到比目前涵盖范围更广的其他金融机构。

---

① Bank of England, FCA, et al. Initial Response to IFRS Foundation Trustees Consultation［EB/OL］.（2020 – 11）. https：//www. gov. uk/government/publications/joint – statement – of – support – for – ifrs – foundation – consultation – on – sustainability – reporting/initial – response – to – ifrs – foundation – trustees – consultation.

② HM Treasury. A Roadmap towards Mandatory Climate – related Disclosures［EB/OL］.（2020 – 11）. https：//assets. publishing. service. gov. uk/government/uploads/system/uploads/attachment _ data/file/933783/FINAL _ TCFD _ ROADMAP. pdf.

以下是路线图的监管（或立法）措施施行范围与时间表（视意见征求结果而定）。

（1）2021 年：覆盖职业养老金计划（超过 50 亿英镑）、银行、建筑业协会公司、财产保险公司和优质上市公司。FCA 规定主板上市公司需要说明是否遵守披露工作组的相关建议，并对不合规情况作出解释。该规定适用于 2021 年 1 月 1 日或之后开始的会计年度（即符合相关规定的首份年度财务报告将于 2022 年初发布）。

（2）2022 年：覆盖职业养老金计划（超过 10 亿英镑）、大型英国授权资产管理人、大型寿险公司和 FCA 监管的养老金提供者、英国注册公司和更广泛的上市公司。

（3）2023 年：覆盖其他英国授权资产管理人、寿险公司和 FCA 监管的养老金提供者。

（4）2024—2025 年：覆盖其他职业养老金计划，可能会进一步完善跨类别实施。

在实施新要求时，英国政府表示会考虑比例性原则，同时规则在未来会更加详细，新的强制性要求也会逐步落地实施。

三、英国走在绿色金融与可持续信息披露前列的决心

2019 年，英国政府与伦敦金融城分别投资了两百万英镑发起绿色金融研究所（Green Finance Institute，GFI）。① 作为一个独立运作的专业组织，GFI 既可以帮助政府与行业组织进行沟通，也能为政府提供有效政策咨询，从而推动绿色金融发展、加快国内外转型。英国政府在绿色金融方面的具体行动包括：

（1）与 GFI 和其他专家合作编制绿色金融教育教材；

（2）委托 GFI 协助制定绿色金融战略；

（3）与英国标准协会共同制定可持续金融标准，并研究将可持续金融概念融入金融从业者中；

---

① What We Do［EB/OL］. https：//www. greenfinanceinstitute. co. uk/what－we－do/.

（4）与 GFI 合作举办有金融机构代表参加的圆桌会议；

（5）由 GFI 协助政府引导绿色金融投向国内外产业等。

与此同时，英国监管机构继续加强可持续金融产品的信息披露监管，减少产品的"洗绿"风险。FCA 正在考虑发布一套指导原则①，该指导原则的五个潜在披露原则为：

（1）消息传递和方法应具有一致性；

（2）产品的 ESG 重点应清晰、公平地反映在其目标中；

（3）产品的书面投资策略应明确规定如何实现可持续性目标；

（4）公司应根据可持续发展目标持续报告绩效；

（5）公司应确保 ESG 数据质量，注明来源和变化，并清楚易懂地阐明数据使用方式。

随着英国退出欧盟，《可持续金融信息披露条例》（SFDR）和《可持续金融分类法》（*EU Taxonomy*）将不会被直接引进，不过预期英国政府会继续出台法律法规，以使英国处于与欧盟相同的水平。虽然英国政府已声明将继续以欧盟标准为基础，但实际实施方式仍然存在不确定性。尤其在分类标准方面，英国本土监管和立法在未来可能一定程度上偏离欧盟的规则。因此，相关企业今后仍需要继续观察监管变化。

时至今日，ESG 已经成为英国法律体系重要的、不可或缺的一环。英国过去在绿色金融与可持续信息披露方面的法律法规改革，彰显了其对提升市场整体信息披露透明度的决心。

第三节　美　国

一、美国在 ESG 方面的发展与趋势

美国现有 ESG 披露法规都是自愿性的，并且较为分散，不同披露框架

---

① Richard Monks. Building Trust in Sustainable Investments［EB/OL］．（2020 - 10 - 21）．https：//www. fca. org. uk/news/speeches/building - trust - sustainable - investments.

所规范的范围、深度和对待"重要性"（Materiality）的态度与方法各异。尽管美国市场越来越关注 ESG 信息披露，但主要市场监管机构证券交易委员会（SEC）仍未颁布强制性的、标准化的 ESG 信息披露法规。

不过，种种迹象表明，SEC 正在重新积极考虑设立适合美国本土、标准化的 ESG 披露框架，例如，成立执法工作组以追踪具有误导性的 ESG 及可持续信息披露，并解决现有如漂绿、传播不准确的 ESG 及可持续信息等不当披露行为①；向公众征求对相关披露的意见并表示愿意继续与市场参与者就披露主题进行讨论②。

在 2019 年，高达 90% 的标普 500 指数公司披露了 ESG 信息③，美国 ESG 披露多由市场（尤其是投资者）推动，这些投资者中包括具有影响力的机构投资者，例如贝莱德（BlackRock）、道富（State Street）和先锋（Vanguard）基金，它们均公开声明支持上市公司自愿作出一致于可持续发展会计准则委员会（SASB）及气候相关财务信息披露工作组（TCFD）披露框架的信息披露④，美国上市公司在 ESG 披露方面所受到的压力将越来越大。

美联储过去在绿色金融及 ESG 方面的参与较为被动，但近两年已有所转变。美联储理事 Lael Brainard 在 2019 年 11 月明确表示：气候变化对金融

---

① SEC. SEC Announces Enforcement Task Force Focused on Climate and ESG Issues ［EB/OL］. （2021 - 03 - 04）. https：//www. sec. gov/news/press - release/2021 - 42.

② SEC. Public Input Welcomed on Climate Change Disclosures ［EB/OL］. （2021 - 03 - 15）. https：//www. sec. gov/news/public - statement/lee - climate - change - disclosures.

③ Governance & Accountability Institute, Inc. 90% of S&P 500 Index Companies Publish Sustainability Reports in 2019, G&A Announces in its Latest Annual 2020 Flash Report ［EB/OL］. （2020 - 07 - 16）. https：//www. ga - institute. com/press - releases/article/90 - of - sp - 500 - index - companies - publish - sustainability - reports - in - 2019 - ga - announces - in - its - latest - a. html.

④ BlackRock. Towards a Common Language for Sustainable Investing ［EB/OL］. （2020 - 08）. https：//www. blackrock. com/corporate/literature/whitepaper/viewpoint - towards - a - common - language - for - sustainable - investing - january - 2020. pdf; State Street. CEO's Letter on Our 2020 Proxy Voting Agenda ［EB/OL］. （2020 - 01 - 28）. https：//www. ssga. com/library - content/pdfs/insights/CEOs - letter - on - SSGA - 2020 - proxy - voting - agenda. pdf; Vanguard. Investment Stewardship 2019 Annual Report ［EB/OL］. （2019 - 08 - 29）. https：//global. vanguard. com/documents/2019 - investment - stewardship - annual - report. pdf.

稳定构成重要风险，美联储在制定政策时需要考虑气候变化因素。[①]在2020年11月，美联储主席 Jerome Powell 指出：将气候变化因素纳入金融监管考量是相对较新的，美联储处于这一问题的早期阶段，正在非常积极地加快步伐。[②]

二、可持续信息披露主要标准

SEC 于 2010 年发布了《关于披露有关气候方面的信息的指引》（以下简称《2010 指引》）。[③]在《2010 指引》中，SEC 重申了原则性（Principle - based）披露准则，以及适用于强制披露的重要性标准。《2010 指引》明确提出若干披露事项，例如在相关方面可能对发行人业务具重大意义的立法和监管对策，业务和市场影响及气候变化的实质性影响，但并未就任何这些事项提出强制要求。

除《2010 指引》以外，美国本土企业最常用的披露标准主要是 GRI 标准、SASB 标准、IIRC 综合报告框架、CDP 问卷和 TCFD 建议。

此外，如果拥有国际业务或面向其他司法管辖区的金融产品，相关美国企业需要遵守对应司法管辖区的可持续信息披露要求。最大的未知数在于，美国境外标准如何在境内执行，尤其是境外的披露政策仍在发展阶段中。

美国纳斯达克证券交易所在 2017 年、2019 年分别发布了《ESG 报告指南 1.0》和《ESG 报告指南 2.0》。《ESG 报告指南 2.0》参照 GRI、TCFD 等国际报告框架，从利益相关者、ESG 因素的重要性、ESG 指标及度量等方面为上市公司提供 ESG 报告编制的详细指引。但该指南不具有强制性，其中也指出，美国上市公司正在受到国外日益增长的 ESG 报告

---

① Lael Brainard. Why Climate Change Matters for Monetary Policy and Financial Stability［EB/OL］. (2019 - 11 - 08). https：//www. federalreserve. gov/newsevents/speech/brainard20191108a. htm.

② Jerome Powell. Transcript of Chair Powell's Press Conference［EB/OL］. (2020 - 11). https：// www. federalreserve. gov/mediacenter/files/FOMCpresconf20201105. pdf.

③ SEC. Commission Guidance Regarding Disclosure Related to Climate Change［EB/OL］. (2010 - 02 - 08). https：//www. sec. gov/rules/interp/2010/33 - 9106. pdf.

要求的影响。

三、美国可持续信息披露发展动向

整体而言，美国在 ESG 信息披露方面的主要趋势如下。

（一）积极建立适用于美国本土的标准化可持续信息披露框架

政府、监管机构、行业均积极寻求建立适用于美国本土的标准化可持续信息披露框架，然而，在实操以及细节上尚未达成共识，需要解决的问题包括：

（1）披露要求该是自愿的还是强制性的，如果是强制性的，政府与监管机构该如何协助企业过渡；

（2）自己开发还是借用国际披露标准，如果是前者的话，如何在本土化与国际可比性之间找到平衡；

（3）如何融合国内现行使用的披露标准；

（4）是否每一家美国上市企业（或一般企业）都需要披露，披露的指标又是否需要统一；

（5）是否应该设置新的标准制定机构来制定相关披露标准；

（6）所披露的数据是否应该被第三方审计。

（二）投资者为美国企业可持续信息披露的主要推动者

由于投资者（尤其机构投资者）和利益相关者的积极推动，美国众多大型公司披露了 ESG 信息，私人市场的高效率将大大推动美国政府及 SEC 建立适用于本土的标准化信息披露框架。国际可持续信息披露标准正在逐步融合这一趋势也将助力美国建立标准化披露框架。

（三）SEC 重返积极推动可持续信息披露框架的轨道

在过去数十年，对市场更新披露和报告标准的需求，SEC 的回应非常缓慢。但自从拜登上台后，SEC 明显比以前更重视可持续信息披露，尤其是气候信息，种种迹象表明，美国将建立一个全面、适用于美国的可持续披露框架。2021 年 3 月 4 日，SEC 宣布在执法部门中成立专门的气候与 ESG 问题工作小组（Climate and ESG Task Force）。目前，气候与 ESG 问题工作小组的工作重心是在现有规则下，辨别哪些企业披露误导性的气候信息，并分析投资机构 ESG 战略有关的信息披露和合规议题①。

美国未来积极改革本土可持续信息披露制度，将对全球可持续信息披露的发展发挥关键的引导作用。

第四节　日　本

一、日本在 ESG 方面的发展与趋势

在日本，没有专门的法规直接规范 ESG 方面的投融资、披露或业务运营。虽然 ESG 各方面都受到当地的部分法律和法规的约束，但整体而言 ESG 及其披露的概念尚未被特别地编入日本法律，而目前日本当局也未提议增加任何较为硬性的法律或法规。

软性法律方面，与 ESG 相关的规则主要有《尽责管理守则》（*Stewardship Code*）②，及《公司治理准则》（*Corporate Governance Code*）。③ 前者包含一套监管准则，以确立机构投资者代表其客户时的信托义务；后者由东京证券交易所（Tokyo Stock Exchange，TSE）编制，阐述日本上市公司治理的基本原则，并纳入 TSE 的上市规则。上市公司应遵循"遵守或解释"原则适用《公司治理准则》，该准则最近几年陆续修订，不断完善和强化对可持续发展和 ESG 信息的披露。

二、可持续信息披露主要政策

日本企业需要就财务方面的信息作出严格的披露，例如根据《金融工

---

① SEC. SEC Announces Enforcement Task Force Focused on Climate and ESG Issues［EB/OL］.（2021 – 03 – 04）. https：//www. sec. gov/news/press – release/2021 – 42.

② FSA. Japan's Stewardship Code［EB/OL］.（2020 – 03 – 24）. https：//www. fsa. go. jp/en/refer/councils/stewardship/20200324/01. pdf.

③ FSA. Revisions of Japan's Corporate Governance Code and Guidelines for Investor and Company Engagement［EB/OL］.（2021 – 04 – 06）. https：//www. fsa. go. jp/en/news/2021/20210406/01. pdf.

具和交易法》（*Financial Instruments and Exchange Act*，FIEA）① 及《公司法》（*Companies Act*）② 披露财务信息和经营业绩；如为 TSE 上市公司，则需按照上市规则作出额外信息披露。在 FIEA 于 2019 年修订后，日本企业未来需要在招股说明书中披露更多与企业治理有关的信息，特别是非财务信息（如公司管理政策、董事薪酬方案解释等信息）。然而，严格来说，就可持续信息披露方面，目前还没有直接、相关的披露规定。

自 2001 年开始，日本环境省（Ministry of Environment，MOE）出台了多项环境披露相关指南。其中包括《环境报告指南》（*Environmental Reporting Guideline*）、《环境会计指南》（*Environmental Accounting Guideline*）、《商业机构环境绩效》（*Environmental Performance Indicators for Business*）。其中最为重要的披露指南为《环境报告指南》。此外，环境监管的相关法律也规定企业于环境方面的信息披露要求。例如，《全球气候变暖对策推进法》（*Plan for Global Warming Countermeasures*）要求某些企业经营者需要披露有关温室气体排放的信息。③

2017 年，经济产业省（Ministry of Economy，Trade and Industry，METI）发布了《企业综合信息披露与创造企业投资者之间对话协同价值指引》（*Guidance for Integrated Corporate Disclosure and Company – Investor Dialogue for Collaborative Value Creation*）④。文件旨在鼓励企业披露"管理哲学—商业模型—公司战略—治理体系"等内容，同时帮助投资人获取具有前瞻性的信息，提升投资水平，强调了 ESG 整合以及关键绩效指标（KPI）的重要性。然而，这份文件并没有明确提出企业应披露的 KPI 的具体内容，因此可操作

① FSA. Financial Instruments and Exchange Act ［EB/OL］. https：//www. fsa. go. jp/common/law/fie01. pdf.

② Japan's Companies Act ［EB/OL］. http：//www. japaneselawtranslation. go. jp/law/detail/？re = 02&x = 0&y = 0&co = 01&ia = 03&ja = 04&al ［］ = C&ky = companies + act&page = 20.

③ Ministry of the Environment. Overview of the Plan for Global Warming Countermeasures ［EB/OL］. (2016 – 05 – 13). https：//www. env. go. jp/press/files/en/676. pdf.

④ METI. Guidance for Integrated Corporate Disclosure and Company – Investor Dialogue for Collaborative Value Creation ［EB/OL］. (2017 – 05 – 29). https：//www. meti. go. jp/english/press/2017/pdf/0529 _004b. pdf.

性不高。

随着 SDGs 的通过和《巴黎协定》的生效，以及 TCFD 建议的提出，促进向可持续社会的过渡以及可持续发展已成为国际公认的全人类共同目标。在此背景下，2018 年日本环境省修订《环境报告指南》，其目的旨在引导企业该如何在短期、中期、长期环境议题上作出行动和披露。《环境报告指南》从要求实体报告其业绩数据，转移到要求它们确定其业务和价值链中的重大问题，并解释它们自身的可持续性。①

《公司治理准则》近几年的两次修订也展示了日本当局对可持续信息披露的关注。2018 年 6 月的修订提出上市公司董事会应该为非财务信息披露负责，确保披露的非财务信息包括商业战略、风险和 ESG 事项等都是有价值的②。2021 年 6 月的再次修订，要求上市公司董事会从提高企业中长期价值的角度为公司的可持续发展举措制定基本政策，主要市场（Prime Market）的上市公司应提高其基于 TCFD 建议或其他国际框架所披露气候相关信息的质量和数量。③

三、可持续信息披露相关政策的特点

（一）对国际公认可持续信息披露标准的参考与依赖

1. TCFD

日本政府，特别是自 2019 年轮任 G20 主席以来，在鼓励企业采纳 TCFD 方面一直发挥积极作用。TCFD 框架目前已成为日本监管框架的一部分。2017 年 12 月，日本交易所集团（Japan Exchange Group，JPX）加入了旨在促进各证券交易所可持续发展的联合国可持续证券交易所倡议（UN SSE），并成立了可持续发展委员会以支持 TCFD 框架的落地。此外，作为

---

① Ministry of Environment. Environemntal Reporting Guidelines 2018［EB/OL］. https：// www. env. go. jp/policy/j－hiroba/kigyo/2018Guidelines＿E20190412. pdf.

② TSE. Corporate Governance Code［EB/OL］.（2018－06－01）. https：//www. jpx. co. jp/english/news/1020/b5b4pj000000jvxr－att/20180602＿en. pdf.

③ TSE. Corporate Governance Code［EB/OL］.（2021－06－11）. https：//www. jpx. co. jp/english/equities/listing/cg/tvdivq0000008jdy－att/20210611. pdf.

其中期管理计划的一部分，JPX 也正在建立一个有利于非财务（如可持续）信息披露的环境。①TCFD 财团（TCFD Consortium）于 2020 年 7 月编制了《TCFD 指引 2.0》以继续促进 TCFD 建议的实施。②2021 年，JPX 和 TSE 出版了《ESG 披露实用手册》，明确支持在日本实施 TCFD，该手册同时还介绍了其他国际标准，如 SASB、GRI、IIRC 等。③为帮助企业实践《ESG 披露实用手册》，JPX 于 2020 年 11 月推出了 ESG 知识中心④，上市公司可在该平台上找到由机构投资者、监管机构、日本政府等多个相关方提供的有关 ESG 披露的信息和指导。

2. 联合国负责任投资原则

PRI 旨在通过建立六项负责任投资原则发展一个更可持续的全球金融体系。日本政府养老投资基金（Government Pension Investment Fund，GPIF）于 2015 年成为 PRI 的签约方，并不断在投资决策中增加 ESG 指标的使用。这大大鼓励了日本企业对投资中的 ESG 因素进行统计和分析并向投资者和股东披露。另外，GPIF 在 2020 年与日本经济团体联合会（Keidanren）和东京大学合作发表了一份有关 ESG 投资的报告⑤，表明将加快实现联合国可持续发展目标（SDGs）。

（二）信息披露对环境问题的侧重

日本有关可持续信息披露的大多数条款主要侧重于环境和气候变化方面（如碳排放、空气、水和土壤污染、脱碳等）的信息。世界可持续发展

---

① JPX. JPX Report 2020［EB/OL］.（2021 – 09）. https：//www. jpx. co. jp/english/corporate/investor – relations/tvdivq000000lbh5 – att/JPXReport2020. pdf.

② TCFD Consortium. Guidance on Climate – related Financial Disclosures 2. 0［EB/OL］.（2020 – 07）. 2020. https：//tcfd – consortium. jp/pdf/en/news/20081201/TCFD＿Guidance＿2＿0 – e. pdf.

③ JPX, TSE. Practical Handbook for ESG Disclosure［EB/OL］.（2020 – 03 – 01）. https：//www. jpx. co. jp/english/corporate/sustainability/esg – investment/handbook/b5b4pj000003dkeo – att/handbook. pdf.

④ JPX ESG Knowledge Hub［EB/OL］. https：//www. jpx. co. jp/corporate/sustainability/esgknowledgehub/index. html.

⑤ Keidanren, GPIF, The University of Tokyo. The Evolution of ESG Investment, Realization of Society 5. 0, and Achievement of SDGs［EB/OL］.（2020）. https：//www. gpif. go. jp/en/investment/Report＿Society＿and＿SDGs＿en. pdf.

工商理事会（WBCSD）的报告显示①，在日本，最普遍的披露主题包括排放或污染、气候变化、资源、能源和废物，而治理议题和社会问题则获得比较少的关注。

（三）自愿披露要求

日本企业所做的披露报告仍然为自愿性质，而 ESG 信息披露目前仍然由零散的软性法律所管辖，现阶段还没有实施具体和强制性的可持续信息披露规定。

（四）市场和投资者主导可持续信息披露发展

日本的可持续信息披露发展主要由市场驱动，尤其是机构投资者对企业在相关问题上的取态，影响尤其明显，例如要求更完善、透明的披露和问责制。监管部门的角色过去比较被动，但预期未来会逐渐扮演越来越积极的角色。

另外，当地的可持续评级机构及 GPIF 也起到推动作用，它们的积极参与鼓励更多的日本企业作出更详细、更高质量的可持续信息披露，从而带动整个业界的可持续信息披露风气与发展。

总体而言，日本在可持续信息披露方面领先不少其他亚洲国家或地区，但与欧美国家相比仍有不少改进空间，需要建立更具执行力的可持续信息披露规定，同时符合国际披露标准水平及日本投资者期望。

第五节　新加坡

一、新加坡在 ESG 方面的发展与趋势

虽然过去新加坡在 ESG 方面的参与相对缓慢，但近年来正在努力赶上。其中，政府在 2021 年 2 月出台"新加坡 2030 年绿色计划"（Singapore

---

① WBCSD. Corporate and Sustainability Reporting Trends in Japan［EB/OL］.（2019 - 02）. https：//docs. wbcsd. org/2019/02/Corporate_and_sustainability_reporting_trends_in_Japan. pdf.

Green Plan 2030)①，为支持企业追求可持续性发展提供资金援助，旨在加强新加坡的经济、气候和资源抗压力及复原能力。

新加坡货币管理局（Monetary Authority of Singapore，MAS）在 2020 年 12 月 8 日发布三项金融机构环境风险管理指引，包括：《环境风险管理指引（银行）》［Guidelines on Environmental Risk Management（Banks）］②、《环境风险管理指引（保险公司）》［Guidelines on Environmental Risk Management（Insurers）］③，及《环境风险管理指引（资产管理人）》［Guidelines on Environmental Risk Management（Asset Managers）］④，合称"环境风险管理指引"。环境风险管理指引通过制定健全的风险管理实践指引，加强银行业和保险业对环境风险的应变和管理能力，提高资产管理人管理的基金的弹性。MAS 还实施了可持续债券赠款计划（Sustainable Bond Grant Scheme）⑤，鼓励发行人在新加坡发行绿色、社会和可持续债券。

2016 年新加坡证券交易所（Singapore Exchange，SGX）对上市公司增加了可持续发展报告规定，要求所有发行人自 2017 年 12 月 31 日或之后结束的财政年度开始，需要每年编制一份可持续发展报告，报告内容在 SGX

---

① Joint Segment on Sustainability. Singapore Green Plan 2030 ［EB/OL］. https：//www. green-plan. gov. sg/.

② MAS. Guidelines on Environmental Risk Management（Banks） ［EB/OL］. （2020 – 12）. https：//www. mas. gov. sg/ – /media/MAS/Regulations – and – Financial – Stability/Regulations – Guidance – and – Licensing/Commercial – Banks/Regulations – Guidance – and – Licensing/Guidelines/Guidelines – on – Environmental – Risk – Banks/Guidelines – on – Environmental – Risk – Management – for – Banks. pdf.

③ MAS. Guidelines on Environmental Risk Management（Insurers） ［EB/OL］. （2020 – 12）. https：//www. mas. gov. sg/ – /media/MAS/Regulations – and – Financial – Stability/Regulations – Guidance – and – Licensing/Insurance/Regulations – Guidance – and – Licensing/Guidelines/Guidelines – on – Environmental – Risk – Management – Insurers. pdf.

④ MAS. Guidelines on Environmental Risk Management（Asset Managers） ［EB/OL］. （2020 – 12）. https：//www. mas. gov. sg/ – /media/MAS/Regulations – and – Financial – Stability/Regulations – Guidance – and – Licensing/Securities – Futures – and – Fund – Management/Regulations – Guidance – and – Licensing/Guidelines/Guidelines – on – Environmental – Risk – Management – for – Asset – Managers. pdf.

⑤ MAS. Sustainable Bond Grant Scheme ［EB/OL］. https：//www. mas. gov. sg/schemes – and – initiatives/sustainable – bond – grant – scheme.

提出的报告组成部分基础上遵循遵守或解释原则。[①] 2020 年 12 月，SGX 通过一项计划，拟投资 2000 万新加坡元扩展其可持续发展能力和举措，并计划更新其《可持续发展报告指引》，以强调气候信息披露的重要性。[②]

2016 年 11 月，新加坡投资管理协会（Investment Management Association of Singapore，IMAS）在 SGX 和 MAS 的支持下出台了无法律约束力的《新加坡负责任投资者尽责管理原则》（*Singapore Stewardship Principles for Responsible Investors*），对以下两点提出原则性建议：（1）投资者应开展的活动和职能；（2）这些活动和职能与被投资公司的董事会和管理层的关系。[③]

二、可持续信息披露主要政策

SGX 发布的《上市规则》要求上市公司应当披露年度可持续发展报告，《可持续发展报告指引》（以下简称《指引》）要求报告中列出 ESG 因素的重要性评估、政策、实践和绩效报告及目标。值得注意的是，《指引》并没有明确规定报告框架和关键绩效指标（KPI），而是引导发行人在全球公认的可持续发展报告框架中选择适合其行业和商业模式的报告框架，并解释其选择。根据发行人的业务，也可选择多个可持续发展报告框架。

《指引》期望投资者能够更全面、更准确地评估发行人财务及非财务方面的前景和管理质量。不过，目前上市公司发布的可持续性报告相对缺乏质量与深度，说明上市公司仅为了符合报告要求而披露，仍未理解披露背后的真实用意，没有立下决心引进更长期、更可持续的商业模式。

2021 年 8 月 26 日，SGX 发布《气候与多样性咨询文件》，提出了将气候相关信息披露强制纳入发行人可持续发展报告的路线图，拟要求所有上

---

① SGX. Sustainability Reporting Guide ［EB/OL］. （2018 - 02 - 22）. https：//api2. sgx. com/sites/default/files/2018 - 07/Sustainability％20Reporting％20Guide％20％28220218％29. pdf.

② SGX. SGX Strengthens Commitment to Sustainability with ＄20 Million Plan ［EB/OL］. （2020 - 12 - 15）. https：//www. sgx. com/media - centre/20201215 - sgx - strengthens - commitment - sustainability - s20 - million - plan.

③ IMAS. Singapore Stewardship Principles for Responsible Investors ［EB/OL］. （2016 - 11）. http：//www. imas. org. sg/public/media/2018/03/07/1458 _ Final _ Singapore _ Stewardship _ Principles _ IMAS _ Final. pdf.

市公司在 2022 年开始的财政年度采用"遵守或解释"原则根据 TCFD 建议进行气候相关信息披露；从 2023 财年开始，某些行业的发行人将强制进行气候报告；从 2024 财年开始，更多行业的发行人将强制进行气候报告。至于优先强制披露的行业，也正在征求意见，可能会参考 TCFD 中提出的行业，也可能会根据新加坡绿色金融行业特别工作组（Green Finance Industry Taskforce，GFIT）识别的行业来定。①

同时，为了帮助发行人提供，并帮助投资者获取一致的 ESG 信息，SGX 正在就拟议的 27 个通用的、标准化的 ESG 指标征求意见，并拟要求发行人通过数据门户使用数字格式提交 ESG 数据，并映射到全球报告标准和框架。虽然这些指标不是强制性的，但发行人可以将这些指标与可持续发展报告结合使用，作为发行人报告实质性 ESG 因素的一个很好的起点。②

MAS 对上市公司的可持续信息披露的其他要求主要体现在以下几个方面。

（1）《公司治理守则》（*Code of Corporate Governance*，以下简称《治理守则》）（最近一次修订为 2018 年)③。治理守则通过"遵守或解释"的原则要求上市公司披露或解释以下事项：董事会独立性、思想及背景多样性、董事会领导层与企业管理层职责分工等问题，董事任命的透明度、董事会有效性评估、薪酬政策、风险管理和内部控制、审计、股东权利、与股东的沟通以及其他利益相关者的利益。

（2）MAS 的环境风险管理指引。《指引》鼓励金融机构将环境风险纳入商业和投资决策中，并披露相关信息，以帮助利益相关者评估金融机构

---

① SGX. Climate and Diversity：The Way Forward（Consultation Paper）［EB/OL］．（2020 – 08 – 26）．https：//api2. sgx. com/sites/default/files/2021 – 08/Consultation% 20Paper% 20on% 20Climate% 20and% 20Diversity% 20 – % 20The% 20Way% 20Forward. pdf.

② SGX. Starting with a Common Set of Core ESG Metrics（Consultation Paper）［EB/OL］．（2020 – 08）．https：//api2. sgx. com/sites/default/files/2021 – 08/Consultation% 20Paper% 20on% 20Starting% 20with% 20a% 20Common% 20Set% 20of% 20Core% 20ESG% 20Metrics. pdf.

③ MAS. Code of Corporate Governance［EB/OL］．（2018 – 08 – 06）．https：//www. mas. gov. sg/ –/media/MAS/Regulations – and – Financial – Stability/Regulatory – and – Supervisory – Framework/Corporate – Governance – of – Listed – Companies/Code – of – Corporate – Governance – 6 – Aug – 2018. pdf.

的环境风险和机遇。值得注意的是,《指引》建议金融机构参照公认的国际披露/报告框架进行披露,例如 TCFD 建议。

(3) 绿色金融行业特别工作组(GFIT)。GFIT 这个 MAS 召集的由行业主导的倡议,于 2021 年 1 月编制了《资产管理公司、银行和保险公司实施环境风险管理手册》(*Handbook on Implementing Environmental Risk Management for Asset Managers, Banks and Insurers*),以促进三个关键领域的运作:治理和战略、风险管理实践以及环境风险信息披露。①该手册也引用了部分国际披露框架和倡议,并给出实施建议。

对于提高 ESG 报告和披露的一致性和透明度,MAS 认为最大的挑战是对"绿色""可持续"等核心概念缺乏明确、一致的定义。因此,GFIT 发布了一份咨询文件,拟制定适用于新加坡金融机构的绿色分类法②,规定根据活动与环境目标的一致程度对活动进行分类。GFIT 在下一阶段的工作中,还将为绿色和过渡活动制定原则性标准和可量化的门槛。

三、可持续信息披露主要政策的特点

(一) 相关法规主要为激励性

从上述法规可见,新加坡相对欧美地区更偏重于激励性法规,原因可能是由于作为一个拥有开放金融的自由贸易市场,新加坡当局担心过于强制的信息披露法规会把投资者和企业拒之门外。

(二) 企业缺乏对可持续发展 (及相关信息披露) 的了解

新加坡目前没有任何分类框架以帮助新加坡企业(尤其上市公司)识别与可持续发展相关的活动或投资。在新加坡,可持续发展对很多企业来说仍然是一个非常模糊的概念,企业很难透彻理解可持续发展(及相关信息披露)的含义,从而作出高质量的信息披露。同时,由于缺乏可比的相

---

① GFIT. Handbook on Implementing Environmental Risk Management for Asset Managers, Banks and Insurers [EB/OL]. (2021 - 01 - 28). https: //abs. org. sg/docs/library/handbook - on - implementing - environmental - risk - management.

② GFIT. Identifying a Green Taxonomy and Relevant Standards for Singapore and ASEAN [EB/OL]. https: //abs. org. sg/docs/library/gfit - taxonomy - consultation - paper.

关信息披露及历史数据，及其投资效益的证据，企业也很难了解可持续发展与业绩之间的相关性。

（三）监管框架薄弱，无法确保企业遵守可持续信息披露原则

虽然 SGX 已鼓励企业采纳 TCFD 的建议，并持续更新其报告指引，然而，目前企业采纳与否是自愿性的。另外，新加坡目前还没有就可持续报告的发布方法及报告议题作出统一的规定。这样的法规"真空"可能会导致企业的漂绿行为及虚假或误导性的可持续信息发布，也可能使企业披露与国际标准不一致。因此，新加坡在未来需要对现存的各种报告框架和标准进行统一。而且，新加坡目前尚未设立独立的监管部门/机构对企业的可持续信息披露进行监督。总体而言，新加坡当局在推动当地企业披露符合国际报告准则水平方面还有很长的路要走。

展望未来，新加坡当局可以做的事情包括：完善相关指引以更好地指导企业发布有用的数据；要求披露信息的企业聘请外部独立审计师以核实其可持续性报告和披露中所述的信息和数据的准确性；设立一个独立的可持续信息披露监管部门以评估上市公司提交的报告的质量；量化、统一和加强当前的可持续披露制度以实现行业间和国际间的披露信息可比性等。虽然新加坡过去在可持续信息披露方面的参与相对缓慢和被动，但相信未来有关部门将更积极与不同的市场参与者和利益相关者协商，以更大力度地完善新加坡可持续信息披露的法规。

第六节　中国香港

一、香港在 ESG 方面的发展与趋势

香港一直具有相对完善的企业治理法规标准，包括《公司条例》（*Companies Ordinance*）、香港交易所（HKEX）《上市规则》和《企业管治守则》，以及在就业、劳动、反歧视、健康和工作安全等领域施加的其他非财务规则。

近期，香港地区政府及相关部门开始对 ESG 的发展给予更多的关注，

越来越重视气候变化问题，对上市公司的 ESG 信息披露要求也越来越严格。2019 年香港交易所修订《ESG 报告指引》，强制要求披露董事会声明，提升环境和社会议题信息披露的强制性程度，增加气候变化信息等。

2020 年 5 月成立的香港绿色及可持续金融跨机构督导小组（以下简称督导小组），其旨在协调金融界对气候和环境风险的管理，加快香港绿色和可持续金融的发展，支持政府的气候战略。① 2020 年 12 月，督导小组发布了《绿色和可持续财政战略》，以加强香港的金融生态系统，支持更绿色、更可持续的长远未来。督导小组近期的五个行动要点包括：

（1）不迟于 2025 年，要求银行、资产管理公司、保险公司、养老金受托人等金融机构，强制执行与 TCFD 建议一致的气候相关信息披露；

（2）采用通用的基础分类法，该分类法将由中国和欧盟共同领导的国际可持续金融平台（IPSF）分类工作组制定；

（3）支持 IFRS 基金会的提议，建立一个新的可持续发展标准委员会，以制定和维护一套全球统一的可持续发展报告标准；

（4）促进以气候为中心的情景分析；

（5）建立以平台作为金融监管机构、政府部门、行业利益相关者和学术界的协调中心。②

2020 年 9 月，香港绿色金融协会（Hong Kong Green Finance Association, HKGFA）宣布建立粤港澳大湾区绿色金融联盟（Greater Bay Area Green Finance Alliance，GBA – GFA），负责在大湾区推广绿色金融标准和认证。③

这些行动将提高香港在可持续信息披露方面的发展，协助香港实现

---

① HKMA, SFC. Joint Statement on the Establishment of the Green and Sustainable Finance Cross – Agency Steering Group [EB/OL]. （2021 – 05 – 05）. https：//www. hkma. gov. hk/eng/news – and – media/press – releases/2020/05/20200505 – 8/.

② The Green and Sustainable Finance Cross – Agency Steering Group. Strategic Plan to Strengthen Hong Kong's Financial Ecosystem to Support a Greener and More Sustainable Future）[EB/OL]. （2020 – 12 – 17）. https：//www. sfc. hk/ – /media/EN/files/ER/Strategic – Plan – 20201215 – Eng. pdf.

③ HKGFA. Greater Bay Area Green Finance Alliance Officially Launched Today [EB/OL]. （2020 – 09 – 05）. https：//www. hkgreenfinance. org/greater – bay – area – green – finance – alliance – officially – launched – today/.

2050 碳中和的承诺。

二、可持续信息披露主要政策

（一）香港交易所（HKEX）的有关规定

2019 年 5 月，HKEX 通过修订其《HKEX - GL86 - 16 指引信》，要求上市公司对董事会多样性（和性别多样性）政策进行额外披露，并对新上市申请人就 ESG 事项所需作出的披露（如环境政策重大信息）以及用于识别、评估和管理重大 ESG 风险的流程作出规定。①

HKEX 的主要披露规则是《ESG 报告指引》，载于主板上市规则附录二十七或创业板上市规则附录二十。② 该指引侧重于环境和社会领域，规定了报告的最低参数。发行人董事会可考虑采用适用于发行人所在行业的国际标准或准则。2019 年 12 月 18 日，HKEX 对此指引进行了修订（新规适用于 2020 年 7 月 1 日或之后开始的财政年度），在报告发布时限、董事会在相关方面的责任、数据管理以及特定可持续政策和战略披露等方面对上市公司提出更多、更具体的要求。③

《ESG 报告指引》规定了 4 项报告原则，即重要性（董事会确定的可持续问题对投资者和其他利益相关者具足够重要的价值）、定量〔历史数据的关键绩效指标（KPI）需要是可衡量的〕、平衡性（报告应提供对发行人在相关方面的成果的无偏见描述）和一致性（发行人应使用一致的方法，以便所披露的数据能被有意义地比较）。

---

① HKEX. HKEX - GL - 86 - 16 Guidance Letter〔EB/OL〕. https：//en - rules. hkex. com. hk/ sites/default/files/net _ file _ store/gl8616. pdf.

② HKEX. 主板上市规则〔EB/OL〕. https：//www. hkex. com. hk/ - /media/HKEX - Market/ Listing/Rules - and - Guidance/Listing - Rules/Consolidated - PDFs/Main - Board - Listing - Rules/ consol _mb _ sc. pdf? la = zh - HK；创业板上市规则〔EB/OL〕. https：//www. hkex. com. hk/ - / media/HKEX - Market/Listing/Rules - and - Guidance/Listing - Rules/Consolidated - PDFs/GEM - Listing - Rules/consol _ gem _ sc. pdf? la = zh - HK.

③ HKEX. 咨询总结——检讨《环境、社会及管治报告指引》及相关《上市规则》条文〔EB/ OL〕.（2019 - 12）. https：//www. hkex. com. hk/ - /media/HKEX - Market/News/Market - Consulta- tions/2016 - Present/May - 2019 - Review - of - ESG - Guide/Conclusions - （December - 2019）/ cp201905cc _ c. pdf? la = zh - HK.

　　就披露的强制程度而言，部分内容披露是强制性的，部分内容是遵从"不遵守就解释"的原则。强制性披露方面，其组成部分为：（1）董事会的声明，描述董事会对 ESG 方面的管理方法和策略的监督，以及董事会如何根据与 ESG 相关的目标和指标来审查进度，并说明它们与企业业务的关系；（2）应用报告原则（重要性、定量性、一致性）的描述或解释；（3）报告范围以及报告中所包含实体的确认过程说明，如范围发生变化，应说明变化原因及造成的差异。

　　新规定施行后，董事会将全面负责企业的可持续战略制定、报告及披露，必须拥有完善的可持续治理结构和充分的相关知识，需要制定可持续风险内部管理流程，并建立明确的可持续战略及目标。上市公司也需要披露气候变化将如何影响其业务，制定政策及 KPI 以识别和缓解影响其业务的重大气候相关问题。

　　根据 HKEX 的相关指南①，上市公司不披露所需信息时应遵循：（1）若将"不重要"作为不披露的理由，则应说明为何认为披露不重要；（2）若将"保密限制"作为不披露的理由，则应描述具体保密限制；（3）若将"特定的法律禁令"作为不披露的理由，则应描述该特定的法律禁令；（4）若将"信息不可用"作为不披露的理由，则应描述为获取信息而采取的具体步骤以及其预期时限。若没有披露所需信息且没有解释的话，属于违反了 HKEX 的上市规则。值得注意的是，公司应遵守 HKEX 的相关常规条文，但也可以选择更改常规条文行事，但需就每项替代行为提供理由。另外，ESG 报告没有所谓"万能"的框架，"重要性"的决定对公司来说是一个重要的考量因素。

　　就报告格式而言，ESG 信息既可以作为年度报告的一部分，也可以以单独的 ESG 报告披露。披露报告须于 HKEX 及其公司网站上发布。如果报告不是作为年度报告的一部分，则不必以印刷形式发送给股东（前提是公司的章程文件和所有适用法律允许这样做），但如果股东要求的话，则必须

---

　　①　HKEX. How to Prepare an ESG Report ［EB/OL］.（2020 – 03）. https：//www.hkex.com.hk/ – /media/HKEX – Market/Listing/Rules – and – Guidance/Environmental – Social – and – Governance/Exchanges – guidance – materials – on – ESG/step _ by _ step. pdf？la = en.

提供印刷本。报告必须在财政年度结束后的 5 个月内发布。

2021 年 4 月 16 日，香港交易所刊发有关检讨《企业管治守则》及相关《上市规则》条文的咨询文件①，建议引入多项措施以提升香港上市发行人的企业管治水平，以期为发行人提供良好企业管治的基准及最佳常规指引，协助董事会有效履行职能。修订要点主要涉及企业文化、董事会的独立性、董事会成员多元化、提名委员会、与股东的沟通、其他优化措施和 ESG 事宜七个范畴。针对 ESG 报告时间，拟建议于刊发年报时一并刊发 ESG 报告。上市公司需以"不遵守就解释"的原则符合企业管治守则中"守则条文"的规定，而对于守则中的"建议最佳常规"，公司可以说明其是否遵守了相关建议或提供任何不遵守的理由。

（二）香港证监会（SFC）的有关规定

2018 年 9 月，SFC 公布了《绿色金融策略框架》，提出了两个需重视的领域：（1）上市公司环境与气候风险信息披露；（2）资产管理公司投资过程中的 ESG 整合。②之后，SFC 进行了将 ESG 因素及气候风险纳入资产管理的相关调查。③

2019 年 4 月，SFC 发布了《向证券及期货事务监察委员会认可的单位信托和共同基金的管理公司（绿色或 ESG 基金）的通函》（以下简称《2019 通函》）。④《2019 通函》适用于绿色/ESG 基金，它们以绿色或 ESG 标准作为投资重点，并经过 SFC 认可。《2019 通函》要求该等基金披露如

① HKEX，咨询文件——检讨《企业管治守则》及相关《上市规则》条文［EB/OL］．（2021 - 04）．https：//www. hkex. com. hk/ - /media/HKEX - Market/News/Market - Consultations/2016 - Present/April - 2021 - Review - of - CG - Code - and - LR/Consultation - Paper/cp202104 _ c. pdf.

② SFC. Strategic Framework for Green Finance［EB/OL］．（2018 - 09 - 21）．https：//www. sfc. hk/ - /media/EN/files/ER/PDF/SFCs - Strategic - Framework - for - Green - Finance - Final - Report - 21 - Sept - 2018. pdf.

③ SFC. Survey on Integrating Environmental, Social and Governance Factors and Climate Risks, in Asset Management［EB/OL］．（2019 - 12 - 16）．https：//www. sfc. hk/web/files/ER/ENG%20Survey%20Findings%20Report%2016%2012%202019. pdf.

④ SFC. Circular to Management Companies of SFC - authorized Unit Trusts and Mutual Funds - Green or ESG Funds［EB/OL］．（2019 - 04 - 11）．https：//apps. sfc. hk/edistributionWeb/api/circular/openFile？lang = EN&refNo = 19EC18.

何在投资策略及投资选择过程中体现绿色/ESG 因素。这些基金的发行文件至少要包括以下信息：投资重点、投资目标、投资策略、投资限制和与投资主题相关的风险。

2021 年 6 月 29 日，SFC 发布了一份新的关于 ESG 基金的通函（以下简称《ESG 基金披露新规》）。总的来说，ESG 基金披露新规更加侧重于实践方面，除了要求在发行文件中披露基金的 ESG 重点及相关投资策略、衡量方法、资产配置、参考基准、风险、尽职调查说明等，还引入定期评估和报告规定，以期加强持续监控，并为关注气候相关因素的基金提供额外指引，为资产管理人设定了更具体和明确的信息披露期望。ESG 基金披露新规中的许多相关要求与《可持续金融信息披露条例》（SFDR）保护高度一致，目的在于更好地与国际披露标准接轨。对于 UCITS 基金，ESG 基金披露新规还特别表示，只要是符合 SFDR 第八条①或第九条要求的 UCITS 基金，就是 SFC 认可的 ESG 基金。

2020 年 3 月，SFC 成立了气候变化技术专家小组，并就相关主题的主要建议与行业协会进行了磋商，后于 2020 年 10 月发表了《有关基金管理人管理及披露气候相关风险的咨询文件》（以下简称《咨询文件》）②，建议对《基金管理人操守准则》进行修订。修订将要求基金管理人在其投资和风险管理流程中考虑气候风险，并进行适当的披露。基金管理人应遵循以下基本披露标准：（1）管治披露。描述治理结构、董事会的角色和监督以及管理层在气候风险方面的角色和责任。（2）投资管理和风险管理披露。披露将气候重大风险纳入投资管理流程所采取的步骤，并描述识别、评估、管理和监控气候风险的流程，包括所使用的关键工具和指标。（3）在认为气候风险不相关时，应在实体或基金级别披露说明此类例外情况。（4）披露

---

①　SFC. Circular to Management Companies of SFC – authorized Unit Trusts and Mutual Funds – ESG Funds［EB/OL］.（2020 – 06 – 29）. https：//apps. sfc. hk/edistributionWeb/gateway/EN/circular/products/product – authorization/doc? refNo = 21EC27.

②　SFC. Consultation Paper on the Management and Disclosure of Climate – related Risks by Fund Managers［EB/OL］.（2020 – 10）. https：//apps. sfc. hk/edistributionWeb/api/consultation/openFile? lang = EN&refNo = 20CP5.

的方式和频率。披露应符合比例性（Proportionality）、充分性和定期审查的原则，并以书面形式作出及通过适当的方式（如在网站上）传播及披露，以及每年至少审查和更新一次，如有重大变化，应尽快通知投资者。披露主体范围方面，咨询文件提出的规定将适用于所有基金（无论是私募基金还是零售基金）的 SFC 持牌基金管理人（管理委托账户的基金管理人除外），而非仅适用于 ESG 基金的管理人。

此外，"大型基金管理人"［《咨询文件》定义为在过去12个月内，任何3个月期间每月管理资产（AUM）达40亿港元或以上的基金管理人］将受到更严格的进阶披露标准约束，包括要求使用定量指标来识别和评估气候风险，通过情景分析阐明投资策略在不同路径下对气候风险的抵御力等。在执行时间方面，对于大型基金管理人，SFC 建议基本标准的过渡期为 9 个月，而进阶标准的过渡期为 12 个月。对于所有其他基金管理人，SFC 建议基本标准的过渡期为 12 个月。

另外，SFC 还发布了《负责任的所有权原则》（*Principles of Responsible Ownership*），①给出了投资者向其利益相关者披露的原则。投资者可以应用该原则进行披露，或解释相关原则无法应用的原因。不过该原则并不具约束力，因此影响较为有限。

（三）香港金融管理局（HKMA）的有关规定

HKMA 在促进香港的绿色和可持续金融方面日益活跃，并设立了三个阶段的目标：第一阶段，为银行开发通用的评估框架；第二阶段，订立一套提升香港银行业的绿色和可持续发展的具体目标；第三阶段，实施、监督和评估银行的进展。② 目前，HKMA 已进入第二阶段，具体如下。

（1）第一阶段，HKMA 于 2020 年 5 月发布《绿色及可持续银行业的共同评估框架》，旨在评估银行应对气候和环境相关风险的准备程度，从而协

① SFC. Principles of Responsible Ownership ［EB/OL］. （2016 - 03 - 07）. https：//www. sfc. hk/ - /media/EN/files/ER/PDF/Principles - of - Responsible - Ownership _ Eng. pdf.

② HKMA. Green and Sustainable Banking ［EB/OL］. https：//www. hkma. gov. hk/eng/key - functions/banking/banking - regulatory - and - supervisory - regime/green - and - sustainable - banking/.

助 HKMA 厘定及衡量个别银行的"绿色基准"。①

（2）第二阶段，HKMA 在 2020 年 6 月发布《绿色及可持续银行业白皮书》，指出银行应制定适当、高透明度的方法以披露与气候有关的信息，应主要参考 TCFD 的建议。②鉴于银行的多样性，HKMA 将采取符合比例性的方法，使监管规定适用于规模大小各异的认可机构。

（四）公司条例

香港特区政府在 2014 年发布的新版《公司条例》（见其附表5）要求所有在香港注册的公司，除豁免使用简化报告外，应披露：（1）有关公司的环境政策和业绩的信息；（2）公司遵守对其有重大影响的相关法律及法规的情况；（3）公司与其员工、客户和供应商及对其有重大影响的其他人的关键关系。由此，香港的 ESG 信息披露从上市公司延伸到所有企业。

三、可持续信息披露政策发展特点

香港作为国际金融中心，近年来其积极推进可持续金融及 ESG 实践，以期在可持续金融领域占据领先地位。纵观香港可持续信息披露政策的发展历程，可以发现以下特点。

（一）多部门及市场主体积极参与

包括香港特区政府、证监会、金融管理局等在内的各个政府部门均积极参与可持续信息披露相关政策法规的制定过程；香港交易所等市场主体也积极参与，多次主动向社会各界征求意见，不断加强和完善上市公司的《ESG 报告指引》。

（二）可持续信息披露制度逐步完善

首先从强制性程度来看，从鼓励披露到半强制性披露，再到部分强制披露，逐步提升对上市公司的披露要求。然后在披露主体上，从上市公司

---

① HKMA. Common Assessment Framework on Green and Sustainable Banking［EB/OL］.（2020 – 05 – 13）. https：//www. hkma. gov. hk/media/eng/doc/key – information/guidelines – and – circular/2020/20200513e1. pdf.

② HKMA. White Paper on Green and Sustainable Banking［EB/OL］.（2020 – 06）. https：//www. hkma. gov. hk/media/eng/doc/key – information/guidelines – and – circular/2020/20200630e1a1. pdf.

逐步扩大到金融机构，一是提升整个市场的可持续信息的透明度，二是通过可持续金融可进一步促进上市公司完善信息披露。

（三）与国际标准保持接轨并与时俱进

香港持续吸收国际经验，关注本地发展及国际市场和监管趋势，适时修订完善信息披露要求，与国际标准接轨，为企业进行可持续信息披露提供指引。

第五章　国际可持续信息披露案例分析

企业可持续信息披露会受到多方面因素的影响，国际可持续信息披露标准发展趋势及当地的监管政策和要求都对企业信息披露产生影响深远。本书从欧盟、美国、日本各挑选一家在可持续信息披露及发展上表现较好的上市公司，对其可持续信息披露及发展历程进行分析，以帮助读者了解国际可持续信息披露标准及相关监管要求对企业的影响。

第一节　安联集团

安联集团是全球领先的综合金融服务提供商之一，自 2017 年以来连续三年在道琼斯可持续发展指数（DJSI）所有参与评级的保险公司中位列第一，在 MSCI ESG 评级中连续五年保持 AAA 的最高评级。《安联集团可持续发展报告 2020——"为可持续的未来合作"》（以下简称《2020 年报告》）①是安联集团发布的一份综合性的可持续发展报告，也是其发布的第二十份可持续发展报告。

一、安联集团《2020 年报告》分析

（一）《2020 年报告》所提及和参考的框架和标准

《2020 年报告》在"E"（环境）、"S"（社会）和"G"（治理）各方面均广泛提及和/或参考了各种国际可持续信息披露标准及框架。安联集团

---

① Allianz Group. Allianz Group Sustainability Report 2020— "Collaborating for a Sustainable Future" [EB/OL]. https://www.allianz.com/content/dam/onemarketing/azcom/Allianz_com/sustainability/documents/Allianz_Group_Sustainability_Report_2020-web.pdf.

的管理方法和披露报告方法基于自愿性的国际标准、框架和指导方针，如GRI标准和各种可持续发展指数，并且公司持续监测报告标准和法规的发展，包括 WEF、SASB 及欧盟委员会的举措。在气候相关财务披露章节还特别提到，作为集团气候变化战略的一部分，相关信息披露的目的是提高信息透明度，并使集团的可持续发展战略和报告标准与 TCFD 建议保持一致。

此外，《2020 年报告》还提及了一系列全球可持续发展倡议和原则，包括但不限于负责任投资原则（PRI）、可持续保险原则（PSI）、联合国环境署金融倡议（UNEP FI）、联合国召开的净零资产所有者联盟（AOA）、联合国全球契约（UNGC）、联合国可持续发展目标（SDGs）等。

（二）实质性评估及核心业务活动中的可持续性整合

《2020 年报告》主要分为六个部分，即公司概览、可持续发展战略和治理、核心业务活动的可持续性、组织的可持续性、安联的气候相关财务披露、数据和保证。通过进行符合 GRI 标准的重要性评估以及咨询主要目标受众和利益相关者的意见，安联集团确定了 18 个重要的可持续性主题，根据其对利益相关者的重要性排序如表 5-1 所示。

表 5-1　　　安联集团《2020 年报告》中的重要可持续性主题

序号	主题	序号	主题	序号	主题
1	气候变化	7	客户创新	13	安全风险
2	环境和社会产品	8	自然灾害	14	客户满意度
3	环境	9	数据隐私	15	动物福利标准
4	员工和工作场所	10	社会和政治动乱	16	健康
5	人权	11	商业道德	17	人口变化
6	社会/金融包容性	12	网络风险	18	慈善和社区支持

《2020 年报告》就所确定的 18 个重要主题的每一主题指出了其在 2020 年的发展情况。这能有效促使安联集团关注，并且能够敏锐地识别对其利益相关者最为重要的风险、机遇、问题和影响，从而协助安联集团实施相应的方案。

作为一家全球性保险公司和负责任的投资者和资产管理人，安联集团也是可持续信息的重要使用者。根据 SASB 标准的指引，将 ESG 因素纳入业务流程中是对安联集团此类金融机构具有财务实质性的可持续发展主题。为了在世界各地推动可持续的成果，其需要将可持续性嵌入核心业务流程中，以管理风险和抓住机会。在《2020 年报告》的"核心业务活动的可持续性"章节中，安联集团阐述了其将 ESG 考量纳入保险业务、自营投资和资产管理业务的方法、考虑和实践，如不再为独立的燃煤电厂或煤矿承包，并承诺最迟在 2040 年完全排除保险组合的煤炭风险等，通过提供具有可持续性特征的产品使利益相关者更相信其创建可持续未来的能力，使具有可持续发展意识的客户更倾向于其产品和服务。

二、安联集团近五年可持续发展报告框架分析

安联集团自 2002 年以来一直是 UNGC 的参与者，所以其行为准则及报告内容参考了 UNGC 原则。安联集团也是第一批根据《德国可持续发展准则》①的原则进行报告的公司之一。除此之外，安联集团 2016 年度可持续发展报告主要是参照 GRI 标准编制。由于联合国可持续发展目标于 2015 年 9 月由世界各国通过，安联集团认识到作为一家保险和金融服务公司，其对部分可持续发展目标的贡献比对其他目标的贡献更直接，因此，在 2016 年度可持续发展报告中安联集团还披露了其活动可以匹配的主要可持续发展目标。同时，为了提供报告的质量和可靠性，安联集团自 2016 报告年度以来，每年都聘请第三方机构对其可持续发展报告、流程和数据进行有限的保证审查。

欧盟于 2014 年修订的《非财务报告指令》要求某些大型企业和集团自 2017 财政年度起披露非财务信息。为了满足该法律的要求，安联集团在 2017 年度及之后，每年均在年度报告、可持续发展报告之外，又发布了一份独立的非财务报告。2017 年度可持续发展报告中，安联集团表示其还有按道琼斯可持续发展指数（DJSI）和 CDP 要求进行报告，这些可持续发展

---

① 《德国可持续发展准则》是德国可持续发展委员会在 2011 年与工商界利益相关者共同经过全面审查后通过的准则，该准则规定了可持续发展方面的最低报告要求，涵盖环境、社会和经济方面的 20 个标准，旨在帮助公司采用可持续发展准则进行披露并为利益相关者提供决策帮助。

指数和评级可以帮助比较自己的进展和提高表现，同时满足不同利益相关者的需求和期望。2017 年 6 月，安联集团 CEO 签署了对 TCFD 建议的支持声明，呼吁各部门和各地区进行气候相关信息披露。因此，从 2017 年度可持续发展报告开始，安联集团也根据 TCFD 框架进行报告。

从 2017—2019 年度可持续发展报告所参考的标准都没有变化，但安联集团在 2019 年度可持续发展报告时，根据新的实质性评估结果对报告结构进行了调整，重点关注安联如何战略性地管理可持续性，以及如何在业务活动和企业运营中进行可持续性整合。

2020 年 9 月 WEF 标准出台后，安联集团在《2020 年报告》中增加了 WEF 及 SASB 标准作为参考。其中，安联集团是 WEF 标准首批支持公司之一，故其在《2020 年报告》中增加了 WEF 索引，对基于 WEF 标准进行的披露提供概览。

第二节　菲利普·莫里斯

一、实质性议题相关的可持续战略转型

菲利普·莫里斯（Philip Morris International，PMI）是烟草行业的巨头，人们一提到 PMI 就会联想到烟草公司或香烟制造商等词语，在很多的国际可持续发展原则下，烟草公司是被直接排除在可持续投资范围之外的。但近年来以传统烟草起家的 PMI 决心进行转型，不断缩减自身的传统烟草业务，致力于用无烟替代品代替卷烟，以扭转其与可持续发展相悖的形象。2016 年其宣布了新的目标——通过集中资源开发、科学证实和负责任的商业化无烟产品，旨在向成年吸烟者提供更好的选择，实现无烟未来，这一举动推动了市场对该公司的认可。

烟草公司在可持续性上最受市场诟病的缺点在于其对公共健康的损害。过去几十年的许多科学研究证实，吸烟会导致严重的健康风险。随着公众对相关健康风险的认识日益加强，许多国家的烟草使用已经大幅下降。因此，烟草公司通过转型推动一系列减少危害的无烟替代品，可以在减少产

品对公众健康的不利影响的同时巩固和拓展市场份额，并对公司收入和增长潜力产生持续影响。PMI 意识到可持续发展的重要性，因而决定通过逐步淘汰烟草，实现无烟世界这一独特的可持续发展使命，推动公司财务绩效的增长和对世界的积极影响。

2020 年 PMI 在应对气候变化、保护森林和促进水安全方面的努力获得 CDP 三个领域的"A"评分，并连续七年保持在气候变化"A 名单"上。

二、PMI《2020 综合报告》解读

（一）报告参考的框架和标准

PMI 是可持续发展报告框架的主要支持者之一。2021 年 5 月，PMI 发布了第二份综合报告即《2020 综合报告》①，也即其第五份可持续发展报告，其中进一步加强了公司的可持续发展实践与公司战略的整合。在《2020 综合报告》中，PMI 表示其支持并寻求符合不同报告框架和标准的指导和建议，如 GRI、SASB、TCFD、< IR >、UNGC 和 SDGs，并以 WEF 最近发布的利益相关者资本主义指标作为补充。PMI 认为通过同时应用所有这些标准和框架调整其披露，以正确反映其公司独特的价值主张，这是一个复杂的实践，但也是非常有意义的实践，因为这给他们的工作带来了成熟和远见的视角。在报告中 PMI 提供了与所有这些框架和标准相对应的索引，表明其与相关框架和标准的一致性及其对可持续发展目标的贡献。

（二）报告内容

报告内容主要通过正式的可持续发展实质性评估形成，评估过程中融入了不同利益相关者的观点及 PMI 对可持续发展的影响。PMI 确定了其可持续发展的战略重点，主要是创新更好的产品、卓越经营、关爱共事的人、保护环境四大战略支柱。PMI 围绕这四个战略支柱和两个层级构建了可持续发展主题，这构成了其综合报告的基础。对于每个一级主题，PMI 提供了有

---

① Philip Morris International. "Delivering a Smoke – free Future, Progress toward a World without Cigarettes" – Integrated Report 2020［EB/OL］. https：//pmidotcom3 – prd. s3. amazonaws. com/docs/default – source/pmi – sustainability/pmi – integrated – report – 2020. pdf? sfvrsn = f17a78b7 _ 6.

关背景、相关性、管理方法、目标和绩效的信息；对于每个二级主题，PMI提供了关于管理和绩效的具体详细信息，包括阐明其实践的案例及链接。

1. 创新更好的产品

PMI 的首要任务是解决其产品对健康的影响，根据世界卫生组织的数据，全球有超过十亿多的吸烟者，PMI 希望通过无烟替代产品为那些不戒烟的成年烟民提供更好的选择。公共卫生当局、科学界和许多监管机构，如美国食品和药物管理局（FDA），认为染上吸烟相关疾病的主要原因不是尼古丁，而是吸入了有害成分，而其中绝大多数是由于烟草燃烧所产生的排放。为了实现其无烟愿景，自 2008 年以来，PMI 已经在无烟产品的研发上投入了超过 81 亿美元，并经过大量研究证实其创新的无烟替代产品不会产生烟草燃烧的排放，与香烟相比，其致癌物和其他有毒物质的含量大大降低。PMI 旨在逐步淘汰香烟，开发超越尼古丁的产品，促进全面转变。

2. 卓越经营

在这一部分中，PMI 披露了关于其产品负责任地商业化，建立的计划和规则帮助其达到为市场营销和销售活动设定的高标准，以及供应链环境和社会责任管理的内容，包括相关努力和绩效以及下一步计划和目标。其中，供应链占据其社会和环境足迹的很大一部分，随着其将可持续性纳入供应链管理，PMI 继续与供应商密切合作，创造可持续的价值。在所有这一切中，其指导原则主要是为了保护和促进受其行动影响的人们的人权。

3. 关爱共事的人

持续提高运营内外的社会影响对 PMI 的长期成功至关重要。促进一个安全和健康的工作环境非常重要，PMI 旨在为健康和积极的员工营造一个安全的工作环境。PMI 设定了首席多样性官（Chief Diversity Officer）一职，向首席执行官汇报；成立关注性别平衡，种族、民族和文化多样性，以及包容残疾人士的人力资源小组；制定新的性别包容性育儿假政策；识别和培养当地人才；消除员工心理健康问题，支持员工福利等。PMI 还将其劳工标准延伸至对供应商和农民的期望之中，在其烟草供应链中，其目标是为所有承包的农民提供体面的生计，促进安全的工作条件，防止童工和其他劳动滥用。

4. 保护环境

PMI 认识到气候变化、森林砍伐和水资源不安全给企业带来的风险巨大，并认为采取行动的机会远远大于不采取行动的风险，必须通过减少整个价值链中对环境的影响以及制定和执行战略和举措来实现长期目标，在保护地球方面发挥作用。PMI 制定了可持续发展战略，旨在减少能源和资源使用的转型项目，并积极推动整合供应链从化石燃料向可再生能源的转变。在全球关注气候变化问题的背景下，PMI 对自己近十年的碳排放情况进行了梳理，在过去十年公司碳减排成效显著，现在定下目标预计到 2025 年实现范围 1 和范围 2 的碳中和；并旨在继续努力，到 2050 年实现整个价值链（包括范围 1、范围 2、范围 3）的净零碳排放。

在治理方面，PMI 将可持续发展重要事项与公司业务及管理层薪酬挂钩。其明确列出产品转型，无烟产品的出货，战略举措，减少碳足迹，环境领先，电子产品循环，多样性、公平性和包容性七大治理指标，每一指标都有其对应的管理层薪酬的激励部分，通过将可持续发展表现与薪酬挂钩的方式，可以有效激励和促进管理层提升公司的可持续发展绩效。

（三）第三方验证

为了提升选定的业务转型指标信息的可信度，PMI 聘请了独立第三方普华永道会计师事务所对业务转型指标执行保证程序，为该信息报告提供了有限保证。

三、PMI 可持续信息披露及发展历程

2020 年 6 月，PMI 发布了第一份综合报告——《2019 综合报告》。在此之前，2016—2018 年度 PMI 每年发布了一份可持续发展报告，2015 年发布的则是第一次 UNGC 进展报告。

在 2015 年 UNGC 进展报告中，PMI 主要说明其在 UNGC 十大原则下的进展，对其如何通过满足十大原则的举措来管理其业务并推进全球可持续目标进行描述。在 2017 年发布的《2016 年度 PMI 可持续发展报告》中，PMI 表示正在学习其他公司的最佳实践，寻找方法来定义和嵌入可持续发展相关指标到其更广泛的企业报告框架中，其中包括使相关数据符合最新的

GRI 标准。实际上，2016 年 10 月 GRI 刚对第四代报告指南进行了重大更新，PMI 在其 2017 年披露的报告中即进行了考虑。

SDGs 刚成为 2016—2030 年新的可持续发展议程，PMI 在《2017 年度 PMI 可持续发展报告》中就将其工作与 SDGs 进行了挂钩；2018 年 SASB 标准出台后，在 2019 年披露的《2018 年度 PMI 可持续发展报告》中，除了参考 GRI 标准，遵循 SDGs、UNGC 原则外，PMI 还明确表示其将可持续发展报告与 SASB 标准保持一致。

2020 年 3 月，PMI 董事会在代理声明中正式发布其宗旨声明，重申公司对无烟未来的承诺，并强调需要建立建设性的参与和合作伙伴关系，以实现公司的宗旨。为了使利益相关者能够评估其在宗旨声明方面取得的进展，PMI 在 2020 年发布了第一份综合报告。其中还涉及 TCFD 建议的一些方面，其他气候相关信息则在其向 CDP 的报告中披露。在《2020 综合报告》中则对气候变化相关信息披露进行了完善，以完整反映 TCFD 建议的指导方针。

美国对于可持续信息披露没有强制性的、标准化的规定，但 PMI 却一直跟进国际可持续信息披露标准的发展步伐，不断提升其可持续发展报告思维，完善其信息披露框架和内容。

第三节　三菱汽车

《三菱汽车 2020 可持续发展报告》① 是三菱汽车编制的第七份非财务报告，2019 年度前的报告名称为企业社会责任报告，2019 年度开始更名为可持续发展报告。根据全球最大的金融市场数据和基础设施提供商之一的路孚特 ESG 评分，三菱汽车在汽车和汽车零部件行业 219 家企业当中排名第 22 位。其中，三菱汽车环境总体表现处于路孚特 ESG 评分的最高级别。

---

① Mitsubishi Motors Corporation. Sustainability Report 2020 ［EB/OL］. https：//www. mitsubishi‐motors. com/en/sustainability/pdf/report‐2020/sustainability2020_e. pdf？201214.

一、三菱汽车 2020 可持续发展报告分析

（一）参考的标准和框架

《三菱汽车 2020 可持续发展报告》内容显示，三菱汽车在编制可持续发展报告时，主要参考了 GRI 标准和日本环境部发布的环境报告指南（2018 年版）。在识别实质性事项时，则考虑了联合国可持续发展目标（SDGs）、GRI 标准和对公司可持续性活动的外部评估。

2019 年 5 月，三菱汽车宣布支持联合国全球契约（UNGC），该契约提供了联合国所倡导的关于人权、劳工、环境和反腐败的普遍原则。三菱汽车也集中明确展示了其所支持或引用的外部倡议，包括 SDGs、UNGC、ISO 26000 社会责任指南、OECD 跨国企业指南等。

（二）主体内容框架

《三菱汽车 2020 可持续发展报告》的主体内容结构非常清晰，主要分为三个部分，第一部分为公司概览、高管声明、可持续发展管理以及公司希望特别强调的亮点内容；第二部分是关于公司 ESG 表现的报告，分别包括 E（环境）、S（社会）和 G（治理）三大维度的内容，以及 ESG 数据展现；第三部分则是关于 GRI 标准索引表、2019 财年的重要性目标和结果以及第三方意见。

为了实现其企业愿景，三菱汽车努力解决其在环境、社会和治理各个方面的实质性问题，为社会的可持续发展作出贡献。在识别实质性事项时，三菱汽车考虑了 SDGs，也将识别出的实质性议题及其风险和机会分别与 SDGs 进行对应，使利益相关者对其实质性议题的评估及其在 SDGs 上的影响和贡献一目了然。

在环境、社会和治理维度下披露各相关主题的具体内容时，总体来说，三菱汽车按照基本方法、管理架构、行动、目标、结果和评估的思路，对公司在各主题下的努力进行了清晰和完整的呈现，而且在环境、社会和治理维度下，其覆盖的主题也较为全面，见表 5 - 2。

表5-2　　　　　　　三菱汽车可持续发展报告覆盖的主题

维度	覆盖的主题
环境	环境管理
	应对气候变化和能源问题
	资源回收
	供应链环境管理
	水资源保护
	污染防治
	生物多样性保护
社会	提供可帮助防止交通事故的产品
	提高产品、销售和服务质量
	通过商业活动对当地经济作出贡献
	工作方式改革
	多元化
	人力资源开发
	职业健康与安全
	人权
	供应链社会责任管理
	社会贡献活动
治理	公司治理
	内部控制
	风险管理
	合规
	高管人员
	高管薪酬

　　在环境、社会和治理维度下的披露主要是定性描述，偶尔穿插一些定量结果，使利益相关者在查阅报告时可以通过定量结果对其定性内容更加信任。公司在对环境、社会和治理三个维度的披露整体完成后，还提供了一个专门的更直观展现各主题相关指标的具体绩效表，并且同时提供了最近五个年度的数据，使利益相关者可以对其各指标在不同年度间进行纵向比较，也便于用相关数据对不同公司的有关表现进行衡量比较。

二、国际趋势及监管要求对三菱汽车可持续信息披露的影响

三菱汽车在 2014 年度和 2015 年度，主要通过制定基于国际标准 ISO 26000的企业社会责任政策和中长期目标，持续参与企业社会责任活动。 2016—2018 年度的企业社会责任报告还增加参考 GRI（G4）指南和日本环境部发布的《环境报告指南》进行编制，并参考 SDGs 等来确定实质性问题。

基于商业环境正在向可持续社会转变的前提，2018 年日本环境部对《环境报告指南》进行了修订。考虑到投资者将在 ESG 框架内使用环境报告的信息需求，该指南要求企业报告传统的环境管理信息和前瞻性的非财务数据，要求它们确定其业务和价值链中的重大问题，并解释它们自身的可持续性。因此，从 2019 年度开始三菱汽车将报告更名为可持续发展报告，并在此之后主要参考 GRI 标准和环境报告指南（2018 年版）进行披露。在内容体系上，从 2019 年度可持续发展报告开始，三菱汽车按照清晰的环境、社会和治理的框架进行披露，并对其中的议题划分得更为细致。

第六章　中国可持续信息披露实践

第一节　中国可持续信息披露要求的发展历程

早在 20 世纪 90 年代，我国上市公司年报中已要求披露公司治理信息，相关标准也不断完善。2001 年底中国加入世界贸易组织后，监管机构开始探索建立环境和社会责任信息披露的制度。

一、中国可持续信息披露要求梳理

自 2002 年以来，通过出台一系列政策文件和规定，监管机构提出公司应当关注环境保护问题、重视履行社会责任，要求和鼓励上市公司进行环境、社会责任和公司治理相关的信息披露（如表 6 - 1 所示）。

表 6 - 1　　　　　　　　可持续信息披露主要政策

时间	发布机构	文件名称	政策内容
1994 年 1 月 10 日	证监会	《关于颁布公开发行股票公司信息披露的内容与格式准则第二号〈年度报告的内容与格式（试行）〉的通知》	要求凡在中国境内公开发行股票的股份有限公司应当按照准则的规定编制年度报告，年度报告中应包含董事会报告等公司治理信息。
2001 年 12 月 10 日	证监会	《公开发行证券的公司信息披露内容与格式准则第 2 号——年度报告的内容与格式》	增设"公司治理结构"专节，要求公司对照证监会有关上市公司治理的规范性文件审视公司治理实际情况并说明存在的差异；介绍独立董事履职情况；说明公司独立于控股股东的情况；披露报告期内对高管的考评及激励机制等。

续表

时间	发布机构	文件名称	政策内容
2002 年 1 月 7 日	证监会、国家经贸委	《上市公司治理准则》	要求上市公司在保持公司持续发展、实现股东利益最大化的同时，应关注所在社区的福利、环境保护、公益事业等问题，重视公司的社会责任。
2003 年 9 月 2 日	国家环保总局	《关于企业环境信息公开的公告》	要求列入污染严重企业名单的企业按照规定进行环境信息公开，必须公开的环境信息包括企业环境保护方针、污染物排放总量、企业环境污染治理、环保守法、环境管理信息；可以自愿公开的环境信息包括企业资源消耗、污染物排放强度、企业环境的关注程度、下一年度的环境保护目标、获得的环境保护荣誉等。
2005 年 10 月 27 日	全国人大常委会	《公司法》	公司从事经营活动，必须遵守法律、行政法规，遵守社会公德、商业道德，诚实守信，接受政府和社会公众的监督，承担社会责任。
2006 年 9 月 25 日	深圳证券交易所	《上市公司社会责任指引》	指出上市公司社会责任是指上市公司对国家和社会的全面发展、自然环境和资源，以及股东、债权人、职工、客户、消费者、供应商、社区等利益相关方所应承担的责任，并提出深圳证券交易所上市公司应按照该指引要求积极履行社会责任，定期评估公司社会责任的履行情况，自愿披露公司社会责任报告。

续表

时间	发布机构	文件名称	政策内容
2007年4月11日	国家环保总局	《环境信息公开办法（试行)》	要求企业按照自愿公开与强制性公开相结合的原则，及时、准确地公开企业环境信息；鼓励企业自愿公开环境信息，要求列入污染严重企业名单的企业应当向社会公开有关环境信息。
2008年1月4日	国务院国资委	《关于中央企业履行社会责任的指导意见》	建立社会责任报告制度，要求有条件的企业定期发布社会责任报告或可持续发展报告。
2008年2月22日	国家环保总局	《关于加强上市公司环境保护监督管理工作的指导意见》	将上市公司的环境信息披露分为强制公开和自愿公开两种形式，规定可能对上市公司证券及衍生品种交易价格产生较大影响且与环境保护相关的重大事件属于强制公开范畴，同时鼓励上市公司定期自愿披露其他环境信息。
2008年5月14日	上海证券交易所	《关于加强上市公司社会责任承担工作暨发布〈上海证券交易所上市公司环境信息披露指引〉的通知》	鼓励上市公司及时披露公司在承担社会责任方面的特色做法及取得的成绩，并在披露公司年度报告的同时在上海证券交易所网站上披露公司的年度社会责任报告。
2010年9月14日	环境保护部	《上市公司环境信息披露指南》（征求意见稿）	要求重污染行业上市公司应当定期披露环境信息，发布年度环境报告；发生突发环境事件或受到重大环保处罚的，应发布临时环境报告；并提供了上市公司年度环境报告编写参考提纲。
2014年4月24日	全国人大常委会	《环境保护法》	规定重点排污单位应当如实向社会公开其主要污染物的名称、排放方式、排放浓度和总量、超标排放情况，以及防治污染设施的建设和运行情况，接受社会监督。

续表

时间	发布机构	文件名称	政策内容
2015 年 9 月 11 日	中共中央和国务院	《生态文明体制改革总体方案》	提出要建立上市公司环保信息强制性披露机制。
2016 年 8 月 31 日	中国人民银行、国家发展改革委、环境保护部、证监会等七部委	《关于构建绿色金融体系的指导意见》	提出逐步建立和完善上市公司和发债企业强制性环境信息披露制度，对属于环境保护部门公布的重点排污单位的上市公司，研究制定并严格执行对主要污染物达标排放情况、企业环保设施建设和运行情况以及重大环境事件的具体信息披露要求。
2016 年 12 月 9 日	证监会	《公开发行证券的公司信息披露内容与格式准则第 2 号——年度报告的内容与格式》	规定属于环境保护部门公布的重点排污单位的公司及其子公司，应当披露相关环境信息。重点排污单位之外的公司可以参照披露环境信息。鼓励公司自愿披露有利于保护生态、防治污染、履行环境责任的信息。
2017 年 12 月 26 日	证监会	《公开发行证券的公司信息披露内容与格式准则第 2 号——年度报告的内容与格式》	鼓励公司结合行业特点，主动披露积极履行社会责任的工作情况，对属于重点排污单位的公司或其重要子公司，强制要求披露相关环境信息；重点排污单位之外的公司可以参照相关要求披露环境信息，若不披露的，应当充分说明原因。
2018 年 9 月 30 日	证监会	《上市公司治理准则》	确立了上市公司 ESG 信息披露的基本框架：规定上市公司应当依照法律法规和有关部门的要求，披露环境信息以及履行扶贫等社会责任相关情况，应当依照有关规定披露公司治理相关信息，定期分析公司治理状况，制定改进公司治理的计划和措施并认真落实。

时间	发布机构	文件名称	政策内容
2020 年 3 月 3 日	中共中央办公厅和国务院办公厅	《关于构建现代环境治理体系的指导意见》	要求排污企业通过企业网站等途径依法公开主要污染物名称、排放方式、执行标准以及污染防治设施建设和运行情况，并对信息真实性负责；并再次提及建立完善上市公司和发债企业强制性环境治理信息披露制度。
2020 年 9 月 4 日	深圳证券交易所	《上市公司信息披露工作考核办法》	对上市公司履行社会责任的披露情况进行考核，重点关注的方面包括是否主动披露 ESG 履行情况，报告内容是否充实、完整。考核计分时，主动披露 ESG 履行情况，报告内容充实、完整的加 1 分。
2021 年 2 月 5 日	证监会	《上市公司投资者关系管理指引（征求意见稿)》	落实新发展理念的要求，在上市公司与投资者沟通的内容中增加公司的环境保护、社会责任和公司治理（ESG）信息。
2021 年 6 月 28 日	证监会	《公开发行证券的公司信息披露内容与格式准则第 2 号——年度报告的内容与格式（2021 年修订)》	要求上市公司完善公司治理章节，细化董事会及其下设专门委员会履职情况披露内容，完善控股股东、实际控制人与公司保持独立性、避免同业竞争等方面披露要求，并要求公司介绍报告期内的内部控制制度建设及实施、对子公司的管理控制等情况。新增环境和社会责任章节，要求公司披露报告期内因环境问题受到行政处罚的情况；鼓励公司自愿披露其他环境和社会相关信息，包括在报告期内为减少其碳排放所采取的措施及效果和巩固拓展脱贫攻坚成果、乡村振兴等工作情况。

二、中国可持续信息披露要求的发展趋势

在 2015 年之前，中国对上市公司在环境和社会责任方面的信息披露要求主要是以鼓励为主、强制为辅。其中，强制要求列入污染严重企业名单或重点排污单位名录的企业必须公开有关环境信息，强制上市公司立即披露可能对上市公司证券及衍生品种交易价格产生较大影响且与环境保护相关的重大事件；鼓励上市公司定期自愿披露其他环境信息，鼓励上市公司披露社会责任报告。

2015 年，中共中央和国务院在《生态文明体制改革总体方案》中提出建立上市公司环保信息强制性披露机制。2016 年，中国人民银行联合国家发展改革委、证监会等七部委发布的《关于构建绿色金融体系的指导意见》中，提出逐步建立和完善上市公司和发债企业强制性环境信息披露制度。在 2018 年中国环境产业高峰论期间，中国金融学会绿色金融专业委员会主任马骏介绍，按照七部委《关于构建绿色金融体系的指导意见》的分工方案，上市公司强制性环境信息披露制度将分"三步走"：第一步，从 2017 年起，要求被原环境保护部列入重点排污单位的上市企业披露环境信息；第二步，从 2018 年要求所有其他上市公司实施半强制披露，即"不披露就解释"；第三步，截至 2020 年，要将强制环境信息披露要求覆盖到全部上市公司。[①]

第一步的要求早在 2003 年国家环保总局的《关于企业环境信息公开的公告》中就有规定，该文件要求被各省、自治区、直辖市环保部门列入污染严重企业名单的企业，自 2004 年开始在每年 3 月 31 日以前公布上一年的环境信息。此后，《环境信息公开办法（试行）》《环境保护法》也都再次对重点排污单位应当公开环境信息的要求进行了明确。2016 年 12 月，证监会修订了《公开发行证券的公司信息披露内容与格式准则第 2 号——年度报告的内容与格式》，规定属于环境保护部门公布的重点排污单位的公司及其

---

① 2018 中国环境产业高峰论坛：上市公司环境信息披露试点已启动［EB/OL］. 南方财富网，(2018－07－16). https：//www.sohu.com/a/241405904＿119746.

子公司，应当披露相关环境信息；重点排污单位之外的公司可以参照披露其环境信息。

第二步的目标也如期在 2017 年底完成。2017 年 6 月 12 日，证监会与环境保护部签署了《关于共同开展上市公司环境信息披露工作的合作协议》，旨在共同推动上市公司强制环境信息披露制度，督促上市公司切实履行环境保护社会责任。后证监会于 2017 年 12 月修订了《公开发行证券的公司信息披露内容与格式准则第 2 号——年度报告的内容与格式》，对属于重点排污单位的公司或其重要子公司，强制其披露相关环境信息；重点排污单位之外的公司则实行"不遵守就解释"政策，不披露环境信息的，应当充分说明原因。

2021 年 2 月 26 日，证监会在对政协十三届全国委员会第三次会议第 2633 号提案"关于尽快探索设立'责任投资'的中国标准，加大推动中国 ESG 投资实践的提案"的答复中表示：近年来，证监会在持续完善上市公司 ESG 信息披露规则，积极构建与国际主要市场 ESG 信息披露发展同步的境内 ESG 信息披露制度体系，持续引导上市公司加强 ESG 信息披露，践行绿色发展理念、履行社会责任。此外，证监会还派员加入了 IOSCO 可持续金融专项工作组（Sustainability Task Force）及其"发行人可持续相关信息披露工作小组（WS1）"。未来，证监会将在发行人可持续性信息披露、建立非财务信息报告的国际标准等有关方面与国际组织进一步对接合作。下一步，证监会将在兼顾上市公司信息披露成本的基础上，不断完善上市公司 ESG 信息披露制度，引导上市公司完善治理、更好地履行社会责任，进一步营造良好的责任投资氛围。①

2021 年 6 月 28 日，第三步目标正式达成。证监会正式公布了《公开发行证券的公司信息披露内容与格式准则的第 2 号——年度报告的内容与格式（2021 年修订）》。在具体内容上，除了在公司治理章节中细化、完善和增加了一些具体要求外，主要是新增了对上市公司报告期内因环境问题受到行

---

① 证监会. 关于政协十三届全国委员会第三次会议第 2633 号提案的答复［EB/OL］.（2021 – 02 – 26）. http：//www.csrc.gov.cn/pub/zjhpublic/G00306201/202102/t20210226_393187.htm.

政处罚的情况提出强制披露要求，也正是这一要求初步实现了第三步目标。但环境和社会责任的信息披露要求总体来说还是非常概括的，缺乏具体的指标和指引。

2020 年 9 月，深圳证券交易所修订了《上市公司信息披露工作考核办法》，首次提及 ESG 信息披露。根据该办法，深圳证券交易所对上市公司履行社会责任的披露情况进行考核，重点关注的方面包括是否主动披露 ESG 履行情况，报告内容是否充实、完整。这代表了我国资本市场在 ESG 信息披露监管方面迈出的重要步伐。不过，ESG 报告内容充实、完整的标准该如何定义？上海证券交易所和深圳证券交易所在未来大概率会出台更具体的披露指引，制定可持续信息披露指标体系，为上市公司进行可持续信息披露提供指导。

综上所述，加强上市公司可持续信息披露已是大势所趋。从国内现有的政策及监管层发声来看，公司治理信息一直是上市公司强制披露的范畴，且当局正在持续完善和改进披露标准；环境信息走向强制披露趋势已非常明确；社会责任信息目前仍属自愿披露的范畴，但从境外发达市场的经验来看，未来被纳入强制信息披露范围也是大概率事件。

第二节　绿色金融对
可持续信息披露的强烈需求

2016 年 1 月，中国倡导成立了 G20 绿色金融研究小组。绿色金融研究小组研究了绿色金融所面临的五大挑战：绿色项目外部性的内生化问题，绿色项目的期限错配，缺乏绿色定义，信息不对称和环境风险分析能力缺失。其中，信息不对称主要表现为投资者找不到标的企业和项目绿色程度的判断依据，因为企业往往不披露如二氧化碳、二氧化硫、污水等排放和能耗信息，而只有企业披露了相关数据，资本市场才能用各种方法对这些企业的环境效益或绿色表现进行评估、排序等。所以，必须通过提高环境信息披露来解决信息不对称的问题。迄今为止，全球已经有 20 多家证券交易所发布了上市公司环境信息披露指引，但实行强制性披露的还不多。①

2018 年，为涵盖更广的可持续金融概念，绿色金融研究小组扩充为可持续金融研究小组（SFSG）。2019 年美国正式宣布退出《巴黎协定》，此后绿色金融议题在 G20 峰会核心议题中逐步淡出。2021 年 2 月 26 日，G20 财长与央行行长视频会议形成共识，同意恢复设立可持续金融研究小组，联席主席是中国和美国，分别由中国人民银行和美国财政部担任。可持续金融研究小组的任务包括研究应对气候变化带来的金融风险，加强气候相关信息的披露以及支持绿色转型。

2016 年 8 月，中国人民银行等七部委发布《关于构建绿色金融体系的指导意见》，使我国成为全球首个建立了比较完整的绿色金融政策体系的经济体。近年来，中国人民银行联合相关部门不断完善绿色金融顶层设计，促进资金流入绿色行业和领域，并持续扩大金融业开放，便利国际投资者参与中国绿色金融市场。

2021 年 4 月 15 日，中国人民银行与国际货币基金组织联合召开"绿色金融和气候政策"高级别研讨会，中国人民银行行长易纲在开幕致辞中表示：碳达峰、碳中和目标对金融部门提出了新的更高要求，着眼未来，有几个方面的重点工作需要推进。其中在以市场化方式动员公共和私人部门资金支持绿色经济活动上，一方面是加强信息披露，中国人民银行计划分步推动建立强制披露制度，统一披露标准，推动金融机构和企业实现信息共享；在 G20 框架下，推动加强信息披露方面的国际协调。另一方面是完善并统筹绿色金融分类标准。②

2021 年 4 月 27 日，中国人民银行、国家发展改革委、证监会联合发布了《绿色债券支持项目目录（2021 年版）》，在具体支持项目层面，增加了二氧化碳捕集、利用与封存的绿色项目、农村地区清洁供暖绿色项目，从

---

① 首席经济学家论坛. G20 绿色金融研究小组做了什么？听听央行马骏怎么说［EB/OL］.（2016－08－28）. https：//www. sohu. com/a/112489721＿465450.

② 中国人民银行. 易纲行长出席中国人民银行与国际货币基金组织联合召开的"绿色金融和气候政策"高级别研讨会并致辞［EB/OL］.（2021－04－15）. http：//www. pbc. gov. cn/hanglingd-ao/128697/128728/128832/4232138/index. html.

而有利于更好地服务新时期国内绿色产业发展和生态文明建设的战略目标；删除了涉及煤炭等化石能源生产和清洁利用的项目类别，以与国际标准接轨。6月，中国人民银行又发布了《银行业金融机构绿色金融评价方案》，通过对银行业金融机构的绿色金融评价，并根据评价结果实行激励约束机制，着力提升银行业金融机构绿色金融绩效。

目前中国正与欧盟共同推动绿色分类标准的国际趋同，拟出台一套共同的分类标准，供国际投资者参考，促进国际绿色金融协同发展。中国人民银行行长易纲表示，中国人民银行鼓励金融机构在"一带一路"投融资中深化落实绿色投资原则，特别是要评估环境和气候风险，加强信息披露，同时多渠道加强绿色发展能力建设；中国人民银行将继续帮助发展中国家加强绿色金融能力建设，增强它们支持自身绿色转型、应对气候变化的能力。根据可持续银行网络（SBN，由金融监管机构、中央银行、行业协会和新兴市场环境监管机构组成的自愿团体，由世界银行下的 IFC 担任秘书处）发布的第二份《全球进展报告》显示，为推动发展和应对气候变化，多个新兴市场国家启动了关键金融市场改革，这些实施改革的新兴市场经济体中，近一半位于亚太地区。10 个亚太经济体已发布国别可持续金融政策和自愿原则，中国则是其中一个可持续金融体系发展至成熟阶段的国家。

在 2020 年 9 月中国明确了 2030 年前实现碳达峰、2060 年前实现碳中和的目标之后，2020 年 10 月，生态环境部、国家发展改革委、人民银行、银保监会和证监会五部委联合印发《关于促进应对气候变化投融资的指导意见》，其中也提出要完善气候信息披露标准，推动建立企业公开承诺、信息依法公示、社会广泛监督的气候信息披露制度。明确气候投融资相关政策边界，推动气候投融资统计指标研究，鼓励建立气候投融资统计监测平台，集中管理和使用相关信息，旨在引导和促进更多资金投向应对气候变化领域的投资和融资活动，以营造有利于气候投融资发展的政策环境。

中国在落实绿色金融的行动上一直走在世界前列，随着国内绿色金融实践的发展和业务多样化、复杂化、国际化程度提高，对绿色金融全链条可持续信息披露的需求也越高。截至 2020 年末，中国绿色贷款余额近 12 万亿元，存量规模世界第一位；绿色债券存量 8132 亿元，居世界第二位。叠加碳中和目标的驱动，中国绿色金融领域的大规模投资必不可少。清华大学气候变化与可持续发展研究院研究估算，在温度升幅被控制在 2 摄氏度或 1.5 摄氏度目标下，未来 30 年中国能源系统需要新增投资为 100 万亿～138 万亿元。① 可持续信息披露是促进绿色金融可持续发展的重要机制，为便利境内外投资者参与中国绿色金融市场，中国应加快建设与国际接轨的信息披露标准。

第三节　中国可持续信息披露现状分析

在广泛的利益相关者中，投资者是可持续信息最主要的使用者。近年来，以环境、社会和治理为主题的可持续投资（或简称负责任投资）发展加快，其内涵与联合国可持续发展目标（SDGs）一脉相承。我国创新、协调、绿色、开放、共享的新发展理念和进入新发展阶段的实践也包含了可持续投资的具体诉求。截至 2021 年 8 月 13 日，国内已有 69 家机构加入了 UN PRI，承诺系统地践行负责任投资。

在可持续投资的生态链条中，可持续信息披露是底层基础，可持续投资的研究、评价、投资决策以及有效监管都构建在企业可持续信息的详尽披露之上。随着可持续投资的日益发展和监管机构的推动，我国上市公司进行可持续信息披露的意识正在不断提升，越来越多的上市公司开始披露可持续发展报告/ESG 报告/社会责任报告（以下均称为可持续发展报告）。截至 2021 年 6 月 30 日，A 股共有 1150 家上市公司发布了 2020 年度的可持续发展报告，约占当前上市公司总数量的26.3%，其中还有 132 家 A＋H 的上市公司（存在香港交易所要求的披露义务）；2019 年度披露了可持续发展报告的公司数为 1028 家，占比约为 26%，2018 年度这一占比为 24.14%。

尽管发布可持续发展报告的上市公司数量不断增加，但总体来看仍然存在一定的问题。对于目前国内可持续信息披露的环境及相关信息的收集

① 项目综合报告编写组. 中国长期低碳发展战略与转型路径研究综合报告［J］. 中国人口·资源与环境，2020（11）.

和使用，可持续信息价值链中的不同主体均有各自的感受。为了了解各利益相关方对国际可持续信息披露标准的使用、对国内可持续信息披露现状的感受及其对中国可持续信息披露的期望或建议，本书通过问卷调查、电话访谈等方式，从上市公司、资产所有者、资产管理人、数据集成商、评级机构和指数公司等利益相关者的视角，分别对相关代表主体进行调研，对中国可持续信息披露现状和问题进行分析，以期为中国的可持续信息披露发展提供能满足各利益相关方的痛点需求，又切实可行的建议。

一、上市公司对可持续信息披露的体会

目前，国内上市公司在响应广大利益相关方诉求的过程中，是可持续信息披露的重要主体。本书对中国平安、海尔智家、海螺水泥、南钢股份、三七互娱、顺丰控股、中国广核、中集集团、中远海能、赣锋锂业、药明康德等上市公司进行了问卷调查并与相关 ESG 负责人进行了访谈，调研结果总体概括如下。

（一）披露动因

披露动因可以分为内部动因和外部动因。内部动因主要是企业的社会责任感和可持续发展意识。随着政府和监管机构以及国内外投资者都越来越重视可持续发展理念，越来越多的公司意识到，可持续信息披露将有利于向投资者和其他利益相关方传达公司对可持续性风险和机遇的重视，体现公司可持续发展潜力；而且往往能引导公司走在监管前面，未雨绸缪。同时，可持续发展报告内容也可展现公司品牌和负责任形象，成为企业核心竞争力的一部分。

外部驱动力则主要来源于政策号召、监管要求、供应链要求和资本市场要求。出于回应政策号召以及监管要求的企业主要包括大型央企、重点排污企业，因为交易所的要求而就环境相关信息进行的披露，以及部分指数成分股企业应交易所的要求而进行的披露。对于 A＋H 股上市公司来说，香港交易所对 ESG 报告有强制性要求，为了满足合规要求企业也需要进行信息披露。在全球供应链体系和中国资本市场对外开放的背景下，海外客户、投资者对企业可持续信息披露的影响和促进也非常大。

由于目前国内尚无强制性可持续信息披露要求，因此还有很多非重点排污行业或非相关指数成分股的上市公司没有把可持续信息披露提上议事日程，而且从领导层面到工作层面也缺乏相关的意识。

（二）披露成本和价值

在进行可持续信息披露过程中，市场有不少担心会增加上市公司的负担。目前从上市公司的反馈来看，成本还在可控的范围内，主要包括编制可持续发展报告所花费的 ESG 团队人力物力、专业人员收集 ESG 信息的时间和成本、采购的外部 ESG 咨询服务、第三方独立鉴证机构服务和可持续报告设计服务等相关成本，以及为了实现更好的 ESG 管理和绩效而进行的相关技术、设备和管理系统的投资支出，其中投入更大的通常都是后者。

在给公司带来一定成本的同时，可持续信息披露也能对公司产生多方面的价值。如经济价值方面，通过信息披露回应了投资者对 ESG 信息的需求后，公司优异的 ESG 表现在资本市场上能够吸引更多投资；披露过程中也可以发现 ESG 相关风险和机遇，在公司资产组合和业务上进行更为合理的布局，获取更加优异的资产回报。在品牌价值方面，对 ESG 信息的主动披露有利于提升公司在国内外的评级表现，树立负责任的公司形象，从而提高公司品牌声誉，提升品牌价值。在对企业文化的认同方面，公司员工在进行 ESG 相关工作时能够更好地感受到公司对社会负责的企业使命，加强对于企业文化的理解和认同。

除少数刚在相关设备或管理系统上完成投资的公司，目前尚无法明确感知到相关收益外，绝大多数上市公司都认为可持续信息披露给公司带来的价值大于成本。例如，有的公司在全球供应链驱动下提前进行了光伏投资，通过绿电生产和运营帮助公司降低了运营成本，并且获得了国际客户的认可和订单，已经切实产生了收益。虽然有的价值暂时难以量化，但企业确定相关投资的后期效益将逐步提升。而且有的技术或设备投资并不能完全归于信息披露的成本，也是企业完成低碳转型的需要，如有的公司本身在其项目的可研阶段就注重环境问题，所以因信息披露而增加的成本并不多。

鉴于可持续信息对各利益相关方的重大意义，对比财务指标的披露和管理成本，目前可持续信息披露的成本都处于可接受范围。

（三）参考标准

国内上市公司参考最多的报告标准是《上海证券交易所上市公司环境信息披露指引》、《深圳证券交易所上市公司社会责任指引》、GRI 标准、中国社会科学院的《中国企业社会责任报告编写指南》和香港交易所《ESG 报告指引》（A＋H 股上市公司）。此外，ISO 26000、SDGs、UNGC、TCFD 等也都有相关企业进行参考。

企业选择这些标准的原因有多种，主要包括有的文件出自监管机构，具有一定的约束力，需要满足合规要求；相关国际标准全球公认度高，主要同行企业及客户都以相关标准为主要参考，希望通过披露提升企业竞争力；听取投资者建议，参考相关标准进行披露，以获得投资者的认可；为了保证报告的专业性而参考相关标准等。

（四）信息披露中的主要困难

对国内企业来说，主要是在编制可持续发展报告的早期困难会相对较多。

首先，国内监管体系目前没有明确的可持续信息披露要求，公司缺少明确可供参考的披露标准；国内市场上现有的相关要求和指引通常都缺少定量指标，缺乏统一的定义和口径。

其次，主动参考境外标准进行披露时，境外标准数量太多，各标准的内容及细致程度也不尽相同，而且会存在境内外国情及管理惯例差异较大，某些内容在国内不适用或难以适用的情形，因而梳理披露框架和整合信息的成本较高。

最后，国内缺乏对境内外有较大影响力的评级机构，境外评级机构对企业影响很大，但是境外机构的评价基础可能因企业国别就已存在偏颇，而且评级依据并不公开，很多公司不具备主动接洽的渠道，也不知其获取信息的来源和方式，难以明确公司薄弱之处，进而有针对性地改进提升。

（五）对中国可持续信息披露标准的建议

被调研的上市公司普遍反馈希望中国监管机构出台一套适合中国国情同时与国际标准接轨的可持续信息披露标准，并提升该标准的国际影响力。

这样能够帮助公司更精准地回应各利益相关方的期待，有助于公司可持续信息披露更加规范和统一，国内企业互相之间也能进行一些比较和提升。

上市公司对中国可持续信息披露标准的具体建议主要包括以下角度。

1. 标准着眼点

建议从以投资者的 ESG 投资逻辑、评价体系为内核向外发散，帮助公司更高效、更客观地被投资者了解。

2. 指标覆盖范围

建议参照国际标准并适当吸收境外交易所的要求，覆盖环境、社会和治理三个维度中的主要指标，减少标准间的差异化，从而减少新标准给公司带来的成本。

3. 指标类别

建议包括定性指标和定量指标。针对定性指标可制定参考性框架，由企业在框架范式内灵活披露。针对定量指标，可以对包括数据怎么统计、怎么计算、按什么单位披露、披露几年的数据等都可以进行比较细致的要求。

4. 强制性程度

总体来说，企业赞同标准的要求可以设高一点、细致一点，通过高标准树立方向，优秀企业会率先实现，其他企业也会跟进，可以实现可持续信息披露引领企业高质量发展的目的。但在强制性方面，包括主体范围、内容范围及强制方式上，都建议采取渐进的过程。

在主体上，建议上市公司先有披露义务，非上市公司自主选择是否披露。在上市公司中，又可以要求高污染行业的上市公司先行披露，然后逐步推广到其他行业上市公司。

在内容上，建议重要指标，如气候变化等当前全球普遍关注的相关指标可以先强制披露，对于部分细分领域数据收集和统计难度较大的指标，可以由企业结合实际情况自主选择是否披露；日后根据市场发展情况及信息披露情况，逐步拓宽强制披露内容。标准中应当有中国特色并适应中国国情，但是部分能体现中国特色但全球理解差异较大的内容不应纳入强制范围，例如党建，在供应链全球化、资本市场对外开放、海外对党建的理解与国内不一致的背景下，过分强调党建可能给很多上市公司的业务发展带来诸多障碍，因此，此类指标建议可以由企业自主进行披露。

需要赋予强制性的内容，在强制方式上，建议采用"不披露就解释"的半强制方式，因为如果有的指标对公司来说不相关或者不适用，还强制要求公司披露的话，可能会对市场产生一定的误导。

5. 行业差异

建议考虑行业之间的差异性，为各行业提供定向的和具体可参考的披露标准。如果第一阶段没法做到分行业的话，则具有强制性的内容宜粗不宜细，过细的话可能对很多企业就不适用。

（六）其他相关期望

有的被调研企业还希望监管层能对披露积极性强、披露质量高、披露频率高的公司给予一定的激励，例如行业协会的积极评价、政策资源的倾斜等，以增强公司披露可持续信息的动力。

希望投资者加强与上市公司的沟通，直截了当地表达对于可持续发展的关注点，使上市公司更好地了解投资者在可持续信息方面的需求。

希望同业之间加强横向沟通，保持信息公开透明，互相学习，取长补短。

鉴于目前市场的发展状态，上市公司普遍有更成熟和专业的第三方服务机构对企业的可持续发展包括信息披露提供专业支持。希望市场服务机构或者行业组织能定期举办 ESG 交流会、分享会，介绍可持续信息披露标准或要求，提高市场主体对 ESG 信息披露的认知。同时，呼吁中国应有自己的评级机构和公开透明的评级标准，使中国企业得到客观公正的评价，维护企业的国际形象。

二、资产所有者对可持续信息披露的期望

社保基金作为中国最大的资产所有者，在国内投资机构中较早就提出了长期投资、价值投资和责任投资的理念。这两年也在开展系统性的研究，加速推动 ESG 投资原则在中国资本市场的落地。其表示任何一家资产管理机构，都应认真对待 ESG 并加以实践。

同时社保基金也意识到，目前 ESG 投资在中国资产管理业中的应用总体还是比较少，ESG 在中国发展面临的最突出问题是上市公司相关的信息披露不足。在现阶段，由于监管层面鼓励自愿披露，导致投资者在采用 ESG 投资策略时面临数据不足、数据质量的真实可靠性难以考证的问题。

从资产所有者的角度，社保基金表示，期望中国能有一个相对统一的又适合中国国情的 ESG 信息披露标准，这样不光是社保基金自己的管理人，而是整个投资行业在投资时都很清楚对项目如何进行比较。企业层面进行了规范、统一的披露，在管理人层面、管理组合层面也就有了信息源头和依据，因此，作为一个负责任的资产所有人也就能获得相对可靠的数据和报告，从而为自己的长期投资、价值投资和责任投资的实践提供有力保障。

如果对于资产管理人也能有一个信息披露标准（当然这可能是另一个新的规范），那么管理人也会更清楚应获取哪些信息，在机构层面和产品层面向资产所有人和公众投资人披露哪些信息，如此社保基金对资产管理人也能有一个更好的评估和比较。

同时，国内在 ESG 发展上还处于初级阶段，虽然也有很多信息披露和投入，但是从总体经验和体会来说，与发达市场还是有一定的差距。社保基金认为，在 ESG 信息披露方面，中国需要与发达市场进行互动、交流和学习，特别是在披露标准、方法和实践方面，充分借鉴境外发达市场的经验是非常必要的。

作为资产所有者的中国平安在其委托投资过程中，希望管理人能反馈以下内容：第一，ESG 层面的战略布局。第二，投资理念和投资政策层面的 ESG 原则纳入情况。第三，重点 ESG 议题，包括投资过程的碳中和体现、员工权益保护、数据安全及治理措施、社会公益、公司治理情况等。第四，ESG 投资情况以及与被投企业沟通情况的定期汇报。但是发现市场上很多管理机构对 ESG 的了解程度还不够，反馈信息不充分。

中国平安在直接投资的过程中也发现，目前获取或使用被投企业 ESG 数据方面还存在以下挑战：第一，官方披露信息不完全。很多公司未发布可持续发展报告或社会责任报告，年报中披露的可持续相关信息也很少。第二，披露信息标准不统一，目前国内 ESG 信息披露缺乏统一的披露框架和指标体系，导致公司披露的内容参差不齐，无法横向比较，同一公司每年披露的标准及数据统计口径也可能不一致，难以纵向比较。第三，披露信息不可靠。目前国内很多 ESG 报告缺乏第三方机构验证，甚至部分公司会为了保持良好企业形象隐瞒对自己不利的信息，从而使得 ESG 信息质量无法保障。

中国平安认为，资产所有者能够督促资产管理人构建符合其投资价值体系的可持续投资策略。一方面，资产所有者可以发挥正面激励作用，通过给予 ESG 表现优异的公司资源倾斜，激励其他公司积极披露 ESG 信息。另一方面，资产所有者还可以要求资产管理人反馈具体的 ESG 信息，促使管理人思考自身的 ESG 表现，并更加重视组合层面的 ESG 绩效，推动管理人的 ESG 信息披露进程。此外，大型资产所有者还能够参与建立与可持续信息披露相关的规则体系，为规则制定的标准化贡献力量。

三、资产管理人在可持续信息方面遇到的挑战

资产管理人是可持续信息最终的也是最主要的使用者。从资产管理人的角度来说，目前国内的可持续信息披露状况给其投资过程中带来的挑战主要表现在以下几点。

（1）公开数据较少。A 股的可持续信息披露虽然在逐年增加，但整体上还处于非常初级阶段，自愿披露仍相对不足，投资机构很大程度上需要依靠第三方进行数据挖掘或与上市公司一对一互动获取相关信息。

（2）缺乏标准化的披露，分析难度较大。企业在进行可持续信息披露时随意性较高，没有统一的规范，已进行披露的公司，内容的披露缺乏连贯性和进度报告，难以进行纵向比较；不同公司的可持续信息披露口径不同，可量化指标的披露单位不一致或定义不明确，导致横向可比性较差。

（3）定性内容较多，定量数据极少，在使用中要进行量化存在困难。上市公司要进行系统性可持续信息披露，需要搭建内部治理架构，投入相应的人力、物力、财力，在当前缺乏指引的情况下，上市公司不知道需要收集哪些数据。即使投资机构在调研时向上市公司询问相关信息，有时上市公司董秘、高管也不知道这些数据该问什么人，该如何获取。

（4）数据更新频次太长，年度披露的数据对于投资时的评级或打分来说是非常滞后的，存在时效性的缺失。

为解决国内可持续信息披露方面的问题，资产管理人从监管和市场的角度主要有以下期望。

（1）在监管层面，期望可以制定指导性的披露框架，或者建议或要求参考市场上比较权威和可信的标准框架，确认到关键指标层面，并和现有的国际主要披露框架和标准保持相对一致或者兼容。期望对不同行业提供相关披露指引，未来可以达到全行业的强制信息披露。不过由于上市公司的资源和资本有差别，因此可以循序渐进地推进披露，可以考虑某些规模的公司/行业/议题先行。

（2）在市场层面，期望资产管理人同行能更积极主动地与被投企业进行互动，推动上市提升可持续信息披露；期望中国的资产所有者更好地发挥带头作用，推动中国的可持续投资；期望行业组织和第三方服务机构能积极组织行业间和跨行业的ESG交流，相互学习先进经验。

在ESG产品布局方面走在行业前列的汇添富基金表示，"推动上市公司披露是一个长期的过程，需要付出很多努力，作为机构投资者，我们会希望并要求上市公司披露一些数据，其他机构也可能会有它们的披露要求，如果没有统一标准，那上市公司就会疲于应付。所以由监管层出台信息披露要求并制定相应标准规范和指标体系，自上而下推动可持续信息披露，这对上市公司、对我们投资机构来说都是更好、更有效的"。

全球最大的投资管理公司之一——富达国际表示，"中国企业的ESG信息披露程度和披露质量不一定代表公司真实的ESG水平。公司可能由于种种原因，比如没有披露要求、不熟悉主流的ESG披露框架、对关键的ESG数据点不敏感等，导致公司没有进行披露或ESG信息披露数量和质量都不达标。因此，如果只依赖靠抓取公开披露和另类数据的外部评级机构的打分来衡量企业的ESG表现是不全面、不客观的。"

同为全球最大的资产管理公司之一——贝莱德从投资机构的角度出发，表示具有财务实质性的可持续信息最终还是应与财务信息一样纳入强制披露的范畴。当然，这是一个长期发展的过程，在企业还没有适用的强制要求时，贝莱德会考虑向公司建议或分享全球可持续信息披露框架中其比较推荐的标准。同时，其表示 ESG 信息披露给公司带来的不仅是成本支出，还会帮助公司在低碳转型中发现商业机遇，包括引导投资者的资产配置，有很多正面的效应。

富达国际和贝莱德等机构的经验代表了目前国际投资行业的一种重要理念和趋势，即要推动上市公司的可持续信息披露，一方面依赖监管出台规范性标准和框架，但初期要做到对投资者等信息使用方有使用价值；另一方面依赖使用者和上市公司的长期有效的沟通。

可持续信息披露情况和绩效表现会影响投资机构的投后尽责管理活动，同时投资机构的尽责管理活动又可以进一步促进企业提升信息披露。但在谈到国内的尽责管理活动时，富达国际表示，"目前积极行使股东权利的国内投资者不多，造成了小股东难以通过合力有效推动控股股东改变和影响投票决定，因此导致可持续投资机构无法达到像在其他市场那样通过投票来有效影响企业提升 ESG 行为的效果"。

领先资产管理机构的经验都说明，促进上市公司和发债主体积极有效披露可持续相关信息，不能单单靠监管机构的要求，机构投资者作为最大的利益相关方之一有很多机会来督促、帮助被投企业更好地披露相关信息，而且这是一个持续的过程，从投资前的组合构建到投后的积极所有权行动。

四、第三方评级机构和指数公司的建议

中国最具市场影响力的金融市场指数提供商——中证指数公司一直推动和引领国内 ESG 投资发展，发布中证 ESG 评价体系和 ESG 指数系列等；专注中国资本市场的 ESG 评级、数据和研究的第三方服务公司——鼎力可持续数字科技（深圳）有限公司最近也在 Wind 金融终端上线鼎力 ESG 评级产品。作为第三方信息使用者，在数据整合、研究评级和指数编制等业务实践过程中，它们一致感觉国内 ESG 信息披露存在报喜不报忧、内容不规范、定量信息较少、披露格式不标准的问题。

（1）由于披露标准缺乏，上市公司披露时报喜不报忧，自愿披露的上市公司通常倾向于披露对自身有利的数据，而隐藏不利信息，导致信息披

露不完整。

（2）上市公司 ESG 信息披露的内容规范性较低，例如不同上市公司对于同一指标披露的口径非常不一致，甚至同一上市公司不同年度披露的指标、范围和计算方法由于人员变动或其他原因也不一致。

（3）上市公司披露的 ESG 信息整体较少，尤其缺乏定量数据，如二氧化碳排放量等关键环境数据缺失严重，二氧化碳排放量指标在中证全指中披露不足 5%。

（4）披露格式不标准，数据采集成本较高，难以进行数据整合，例如环境、社会与公司治理信息在不同上市公司报告中呈现方式多样，例如部分报告数据为表格展示、部分为图片展示等。

上述问题对于 ESG 数据获取和数据使用造成极大的困难，概括起来包括：第一，由于上市公司的信息一部分在公司定期报告中，一部分在公司网站上，还有一部分由新闻媒体披露，信息源较多，信息收集成本较高；第二，由于披露格式不规范，难以完全依靠技术手段提取信息，获取数据后仍然需要大量人工核对保证数据准确性，人力成本高；第三，上市公司披露的数据统计口径可能不统一，对于如污染物排放等指标使用不同的统计口径，造成无法直接使用与比较；第四，上市公司信息披露较少，造成使用的信息数据会出现大量缺失，无法客观反映上市公司 ESG 实际情况。

中证指数公司认为，前述困难出现的原因是阶段性的，是由于 ESG 理念在境内还处于萌芽阶段，市场各方还没有充分认识 ESG 信息的重要性。另外，境内 ESG 评价机构种类繁多，各家机构评价理念不尽相同，对同一家公司的评价结果呈现较大差异，在造成投资者困惑的同时，使上市公司缺少明确的信息披露参照，市场亟须一套中立、客观、全面的统一共识的 ESG 标准。

中证指数公司建议监管在考虑上市公司负担的前提下，建立信息披露标准指引，帮助企业明确需要披露的信息，提高重要 ESG 数据（如碳排放等）披露的要求。建议 ESG 评价机构、数据供应商、投资机构等积极推广践行 ESG 理念，以市场的力量鼓励上市公司披露 ESG 信息，增加与上市公司的沟通交流，帮助其完善信息披露的范围、内容与形式。借鉴国际 ESG

发展经验，进一步发挥指数和指数供应商在构建 ESG 评价标准和 ESG 实践方面的载体作用，促进 ESG 投资生态圈的建立与完善。

鼎力公司在给投资机构和上市公司提供服务的过程中，清晰地感知到投资机构是上市公司进行可持续信息披露的重要推动力之一。在资本越来越关注可持续投资的背景下，可持续信息披露不论是对于投资者来说，还是对上市公司自身来说都非常重要。可持续信息可以给投资者的投资决策提供更多依据，提升投资者的信心。通过高质量的可持续信息披露，上市公司可以为自身战略制定和管理提供更多信息，树立品牌形象，提高公司声誉，吸引长线资本的支持，进一步推动公司长期可持续发展。上市公司主动披露更广泛的可持续信息，无疑能够为投资者识别和评估公司价值提供更全面的信息基础。但目前我国缺乏规范、具体、统一的可持续信息披露标准，可持续投资生态系统发展仍不完善，因此建议投资机构、数据提供商、评级机构、指数公司等信息使用者之间加强合作，并加强与政策制定者的沟通交流，积极参与可持续信息披露标准的制定过程，在促进上市公司披露利益相关方尤其是投资机构所关注的实质性信息上发挥充分的力量。

第七章　中国可持续信息披露发展建议

当前，保护生态环境、应对气候变化、维护能源资源安全，是全球共同面临的最紧迫挑战，碳中和已成为全球共识。习近平总书记强调，实现"碳达峰、碳中和"是一场广泛而深刻的经济社会系统性变革，要把"碳达峰、碳中和"纳入生态文明建设整体布局。企业作为实体经济的生力军，面临的气候与环境风险日益提升，在履行社会责任、强化环境保护等方面的责任更加重大。因此，做好企业可持续信息披露意义重大。尽管目前国内在环境信息披露制度建设方面已取得一定进展，但与境外成熟市场相比，尚未形成针对企业可持续信息披露的系统化制度安排。基于此，本章结合我国以 ESG 为代表的可持续信息披露制度和实践情况，对进一步完善 ESG 信息披露制度提出相应建议，以期为尽早实现碳达峰、碳中和作出积极贡献。

第一节　制定中国可持续
信息披露标准的总体考虑

我国正在加快推动绿色低碳发展，促进经济社会发展全面绿色转型。随着企业经济占国民经济的比重不断提高，企业在落实环境保护责任方面责无旁贷，是促进我国绿色发展的重要力量。制定合理有效的可持续信息披露标准是保障企业绿色发展的有力抓手。

一、现实意义

（一）开拓合作共赢新局面、构建人类命运共同体的客观要求

党的十九届五中全会提出，"实行高水平对外开放，开拓合作共赢新局面"，并明确要求"积极参与全球经济治理体系改革"。这是以习近平总书

记为核心的党中央统筹中华民族伟大复兴战略全局和世界百年未有之大变局作出的重大战略部署，擘画了开放合作新蓝图，为新形势下资本市场对外开放指明了方向。

生态文明建设关乎人类未来，建设绿色家园是各国人民的共同梦想，绿色治理已成为全球经济社会治理体系的重要组成部分。目前，以欧美为代表的发达国家通过经济全球化构建的全球价值链，使全球绿色治理能力整体呈现了"发达国家强、发展中国家弱"的非均衡性特征。近年来，随着新兴经济体的快速发展，构建新的全球绿色治理格局逐渐被提上日程。对中国而言，不断提高绿色治理能力，需要对全球既有绿色治理规则进行建设性接纳与制度性突破，积极参与全球绿色治理体系的重构。

标准的开放是制度开放的基础。综观国际，已有 60 家证券交易所出台了上市公司可持续信息披露指引，其中 95% 的指引参考了 GRI 标准，78%参考了 SASB 标准，57% 参考了 TCFD 标准。我国沪深交易所分别在 2008 年和 2006 年发布《上海证券交易所上市公司环境信息披露指引》和《深圳证券交易所上市公司社会责任指引》，但并未参考 GRI 等其他信息披露标准。中国作为全球第二大经济体，制定符合全球共识、适合中国国情的可持续信息披露标准，是提升中国在全球绿色治理中地位、助力开拓合作共赢新局面的客观要求，是建设开放型世界经济的必然选择，也是构建人类命运共同体的重要路径，有助于以点带面，推动形成更加包容的全球治理、更加有效的多边机制、更加积极的区域合作。

（二）便利可持续投资、提升资本要素配置效率的基础保障

实现可持续发展目标，需要更可持续、更加稳定的金融政策支持。积极发挥资本市场资源配置优势，引导金融资本流向可持续发展领域，对应对全球环境变化等诸多挑战、防止社会陷入"断层"危机具有至关重要的作用。2020 年 3 月，中共中央、国务院发布《关于构建更加完善的要素市场化配置体制机制的意见》，围绕深化要素市场化配置改革作出了一系列决策部署，并明确提出要推进资本要素市场化配置，增加有效金融服务供给，以及推进绿色金融创新。

可持续投资的逻辑是投资者将资本投入更好履行环境和社会责任、具

有高效治理架构的公司或行业中。判断企业的可持续性、筛选优质投资标的，是可持续投资的第一步也是最关键的一步。因此，制定统一规范的可持续信息披露标准是便利可持续投资的基石。投资者可以根据企业披露的更加规范、更具可比性的可持续信息，采取多种方法构建投资组合，比如使用正面筛选策略，投资所有行业在 ESG 评价最佳的公司；或是运用负面剔除策略，避免投资 ESG 评价较差的公司。

当前，中国可持续投资已逐步得到行业相关参与方及监管机构的重视，但信息披露质量参差不齐，可持续信息可用性、可比性仍有不足，极大地制约了可持续投资的进一步发展。截至 2021 年 3 月底，我国 ESG 主题基金仅占我国股票型和混合型基金总规模的 2.9%。未来，亟须推动完善我国可持续信息披露制度，这既是壮大我国可持续投资力量的基础保障，也是充分发挥资本市场资源配置功能、引导资源流向更可持续更高质量发展产业领域的必然要求。

（三）推动提高上市公司质量、助力构建新发展格局的重要抓手

党的十九届四中全会提出，"加快发展现代产业体系，推动经济体系优化升级"，并明确要求"促进经济社会发展全面绿色转型，建设人与自然和谐共生的现代化"。这是党中央立足新发展阶段、贯彻新发展理念、服务新发展格局，推动实现我国经济更高质量、更有效率、更加公平、更可持续、更为安全的发展所作出的重大决策部署。

提高上市公司质量是推动资本市场健康发展的内在要求，是新时代加快推动经济转型升级的重要内容。上市公司质量的核心在于治理、绩效和责任，其中治理是基础。践行可持续发展理念，以更高效的治理，认真履行对环境、社会的责任，是新时代经济社会转型发展对上市公司提出的新要求。推动上市公司可持续发展，有助于发掘上市公司新的利润增长引擎，增强上市公司抵御外部冲击的韧性，永葆上市公司持续健康向上发展的活力，进而以创新驱动、高质量引领和创造新需求，推动形成强大国内市场，助力构建新发展格局。

统一规范的可持续信息披露标准是引导企业可持续发展的重要参考依据。明确的可持续信息披露要求，将有利于促进企业树立可持续发展理念，科学平衡经济发展与环境保护、自身业绩增长与全社会共同富裕的关系，努力提升现代化企业治理水平。同时，更加规范的可持续信息披露要求，有助于

ESG 评价机构获取更加全面的信息，提升企业 ESG 评价结果可信度，进一步推动上市公司提升可持续发展水平。因此，建立中国可持续信息披露标准，将以更有力度的监管要求、更具可比性的披露数据、更获市场认同的评级结果，全方位推动企业主动践行可持续发展理念，推动提高上市公司质量，助力构建以国内大循环为主体、国内国际双循环相互促进的新发展格局。

二、基本原则

（一）立足世情国情，坚持国际共识与中国特色相结合

高质量的可持续信息披露包含一致性、可比性、全面性等特点，能帮助投资者更好地评估企业的风险和价值，满足广泛利益相关者的需求。在可持续发展成为全球战略共识以及中国资本市场双向开放力度不断增强的背景下，制定中国的可持续信息披露标准，促进可持续信息披露的普及化、常态化，有利于增强中国资本市场的国际吸引力。在可持续信息披露标准上，应将涉及的维度和覆盖的指标与国际共识的权威标准保持接轨，有利于全球可持续发展目标的实现。从国际对话角度来看，有助于确保中国在可持续信息披露方面与国际社会拥有共同语言；从境内外利益相关方的角度来看，可使相关信息更好地满足全球投资者和其他利益相关者的需求，并适用不同管辖区间的使用，减少企业准备不同辖区报告内容的成本。

虽然国际上已经出现得到广泛认可的可持续信息披露框架和标准，但在制定本地可持续信息披露框架时，各国政府以及交易所会结合本国国情在信息披露内容上有所侧重。目前，国际上可持续信息披露执行体系较为典型的国家和地区为美国、欧盟和我国香港地区。其中，美国信息披露的目的是加大对上市公司环境和责任问题的监管，主要参考标准为 GRI、ISO 26000 等；欧洲信息披露的目的是降低因疏忽环境、社会等要素而给投资者带来的投资风险，主要参考标准为 GRI、SASB 等；我国香港地区是为了给资本市场提供真实、客观、有效、可比较的企业责任信息，主要参考标准为《环境、社会及管治报告指引》、GRI 等。各个国家和地区的信息披露目的和参考标准和而不同，带有各自的鲜明特征。

制定中国可持续信息披露标准，一方面，要顺应国际大趋势，积极借

鉴先进经验和全球共识，特别是运用好全球权威标准制定机构的信息披露框架；另一方面，不能完全照搬国外标准，需要结合中国实际情况，充分考虑我国的发展阶段、市场情况、投融资平衡、投资者结构以及法治诚信环境，对可持续信息披露指标进行客观、系统地评估和筛选，制定符合中国国情的可持续信息披露标准。

（二）根据企业实际情况，循序渐进扩大披露主体

2021 年 5 月，生态环境部发布《环境信息依法披露制度改革方案》，明确规定重点排污单位、实施强制性清洁生产审核的企业、因生态环境违法行为被追究刑事责任或者受到重大行政处罚的上市公司、发债企业以及法律法规等规定应当开展环境信息强制性披露的其他企业事业单位等主体，必须强制披露环境信息。

对此，综合考虑现有监管制度的规定和不同类型企业披露成本的差异，建议在研究完善中国可持续信息披露制度时，根据企业实际情况，要设置相应的推进路径，循序渐进地扩大披露对象范围。一是在发展初期，建议生态环境部明确规定的上述强制环境信息披露主体强制披露可持续信息，其他类型企业则为鼓励披露；二是鉴于中国香港等境外市场已明确要求其上市公司披露 ESG 报告，可考虑短期内要求 A＋H 公司等同时在境内和境外上市的公司以及已在境外上市的其他中国企业强制披露可持续信息，后续再根据市场情况，按照由大型企业向中小型企业、由国有企业向非国有企业、由污染行业向其他行业、由已上市公司向未上市企业扩展的原则，分阶段推进所有类型企业披露可持续信息；三是积极发挥大型金融机构的表率作用，鼓励大型金融机构主动披露绿色金融投融资活动等信息，最终推动所有类型金融机构完善可持续信息披露。

（三）先制定普遍通用框架，再逐步推出行业性标准

目前，市场最迫切需要的是先有一套规范、具体、统一的信息披露标准，以满足最基础的信息可得和可比的需求。据此，要按照从一般到特殊的顺序，先尽快制定一个具备普适性的可持续信息披露标准框架，对可持续信息披露覆盖的环境、社会和治理维度，以及各维度包含的基本主题进行规范，并列出广泛适用于各行业企业的主要指标（包括定性和定量的指

标）、披露要求和度量标准等。

普适性的可持续信息披露标准框架将解决现阶段企业"无标准可用"的难题，走出重要的第一步。后续，随着普适性的信息披露标准逐步改善市场整体的信息披露情况、初步满足利益相关者的主要信息需求后，再根据制度实际运行情况，逐步细化完善，并结合行业差异和特性逐步制定分行业的信息披露标准，不断提升信息披露的针对性和有效性。

（四）以强制披露为方向，逐步扩大强制披露的指标范围

随着绿色金融的不断发展以及对环境保护的重视程度不断提高，特别是《关于构建绿色金融体系的指导意见》明确提出建立和完善上市公司和发债企业强制性环境信息披露制度以来，我国在可持续信息尤其是环境信息披露方面取得积极进展。具有一定强制力的信息披露要求，有助于改善信息披露率低、披露不完整以及企业可持续信息披露指标各异、口径不一的问题，提升可持续信息的可得性、完整性和可比性。

中国监管机构近期在强制性信息披露上的表态已给市场一定的心理预期，加上强制性要求出台后还可以再给市场提供过渡期。因此，现阶段在中国建立强制的可持续信息披露标准已具备一定基础，监管机构可考虑对可持续信息披露标准赋予一定的强制力。

同时，要在提升披露水平和不增加企业负担成本之间做好平衡，需要逐步、稳妥地推进企业适用披露规则。根据目前市场需求和中国战略发展需要，建议先以正面列举的形式将重要且具有普适性的指标划入强制披露范畴，其他指标则先划入半强制（不披露就解释）或自愿披露范畴，未来视市场发展和国情需要，再适时逐步提升部分指标的强制披露水平。

（五）顺应全球趋势，与时俱进吸收 TCFD 气候信息披露要求

在碳中和的时代背景和大趋势下，国内外利益相关者越来越要求上市公司披露气候的相关信息。

2017 年，TCFD 发表了《气候相关财务信息披露工作组建议报告》，以指导企业如何披露气候变化相关财务风险及发展机遇。该报告发布后获得全球主要企业及金融监管机构的大力支持，部分地区的证券交易所和监管机构开始考虑在现行的 ESG 披露指南中加入 TCFD 的建议。2018 年 11 月，

香港联交所更新了《如何编制环境、社会及管治报告》，建议发行人参照 TCFD 的披露建议对气候相关风险及机遇对其业务的潜在财务影响进行汇报。TCFD 建议是目前全球影响力较大、获得较多支持的气候变化相关信息披露标准。目前，我国参照 TCFD 建议进行气候相关信息披露的机构数量不断增加，已覆盖了银行、资管、保险等多个行业。

我国在制定可持续信息披露标准时，可借鉴 TCFD 建议，探索并纳入气候变化相关信息的披露机制，提升应对气候风险的前瞻性和针对性，促进中国发展战略的优先事项和全球可持续发展目标的并轨前行。

第二节　中国可持续信息披露框架

在明确中国可持续信息具体披露内容时，建议在借鉴国际共性特征的基础上，充分体现中国特色，构建符合中国国情的可持续信息披露指标框架。

一、可持续信息披露的中国特色

制定中国可持续信息披露标准，既要吸收借鉴国际通用披露指标，促进中国市场与全球的连接，也应立足中国国情，对指标体系进行有针对性的调整，以充分反映中国市场发展情况。近年来，中国基金业协会、中证指数公司等机构在积极探索构建中国本土 ESG 信息披露与评价体系。这些披露框架主要吸收借鉴了 GRI 和 MSCI 的指标体系，为构建中国可持续信息披露框架进行了有益探索。其中，中国基金业协会的披露框架较为全面，覆盖的指标类型较为广泛；中证指数公司出于评级的考虑，主要参考了 MS-CI 的 ESG 评价体系，以量化指标为主。

从实践来看，中国对可持续信息披露标准仍处于初步探索阶段，现有的这些披露标准缺乏一定的权威性，未能得到市场主体的广泛认可，且在内容设置上存在一定改进空间。一是部分指标过于宽泛，披露内容不够清晰具体，可能导致企业披露的随意性，如环境管理方面未明确具体披露事项。二是部分指标覆盖的议题过于宏观，如中国基金业协会建议披露企业对宏观经济金融环境的影响。三是涉及中国特色的披露指标不多，未能充分反映中国本土市场发展实际。

表 7-1　　　　　　　　中国现有 ESG 信息披露框架的探索

维度	主题	指标	中证指数公司	中国基金业协会
环境	对环境的影响	温室气体排放	✓	✓
		污染和废弃物	✓	✓
		能源利用		✓
		水资源	✓	
		生物多样性	✓	
	环境管理	环境政策与环保合规	✓	✓
	环境机遇	绿色业务收支	✓	✓
社会	股东	股东回报		✓
	员工	待遇、发展、安全、雇用关系	✓	✓
	客户	产品质量、信息安全	✓	✓
	供应链	集中度与合规性	✓	✓
		债务及合同违约、企业信用关系		✓
	宏观经济	经济金融风险与经济转型		✓
	政府和公众	公益与扶贫	✓	✓
		税收、法律合规、企业信用、公共安全及其他	✓	✓
治理	公司战略	ESG 战略、商业战略、风险管理战略		✓
	治理结构	股东、董事会、监事会治理	✓	✓
	治理结果	现金分红、资本回报率	✓	✓
	治理异常	减持、控制权变更、关联交易、高管离职		✓
		监管处罚、法律诉讼	✓	
	信息披露	信息披露机制与质量	✓	✓

注：本表比较中证指数公司的 ESG 评价体系以及中国基金业协会《中国上市公司 ESG 评价体系研究报告》（2019）中建议的上市公司 ESG 信息披露指标体系。

面对中国可持续发展面临的新形势、新情况、新要求，建议积极推动实现可持续信息披露标准的本土化，从以下几个方面体现中国特色：

一是环境指标注重气候变化、环保合规和绿色项目收支情况。近两年，在全球趋势及紧迫的现实需求推动下，气候变化已成为中国环境事宜的重点方向。中国提出了"30·60"双碳目标，推出了碳排放权交易机制。在此背景下，要求相关企业披露温室气体排放数据及因碳排放权交易情况给企业造成的财务影响，不仅可以帮助企业发现问题并积极采取措施应对气候变化，也能通过提高信息透明度推动碳排放权交易市场发展。

　　目前，境内监管部门将环保合规信息的披露写入了相关政策法规，强制要求上市公司披露受到生态环境部门的环保处罚情况。同时，绿色发展作为我国新发展理念的重要组成部分，党中央高度重视绿色金融市场建设，多次强调要深化绿色金融创新。近期，人民银行还发布实施了《银行业金融机构绿色金融评价方案》，对绿色金融业务制定了统一评价体系。因此，我国可持续信息披露标准的环境指标需要覆盖环保处罚、绿色投融资和绿色收支等信息。

　　二是社会指标需要强调参与扶贫攻坚、助力共同富裕情况。消除贫困、改善民生、实现共同富裕是社会主义的本质要求。坚决打赢扶贫攻坚战是我国第一大民生工程，最新修订发布的《上市公司治理准则》中也明确要求上市公司依规披露履行扶贫等社会责任信息。披露精准扶贫概要、扶贫工作成果、后续扶贫计划等，可以引导上市公司为全面脱贫攻坚提供有力支撑，也有助于投资者了解上市公司的社会责任意识。

　　推动经济社会发展，归根结底是要实现全体人民共同富裕。企业和员工在社会发展的重要力量，企业是员工的收入来源，肩负通过收入分配缩小贫富差距、提高员工幸福感的重要使命。可以说企业是实现共同富裕的重要力量，如何在共同富裕的道路上贡献一份力量，正成为当前企业承担社会责任的一种体现。股权激励、员工持股计划、员工福利、职业教育与发展等都是企业在推进共同富裕方面可以有所作为的方向。

　　同时，某些部分西方国家特有的或者是基于某国家国内规则的指标，比如雇用童工和现代奴隶、政治捐赠、出口限制等，并不适合我国国情，不宜体现在我国可持续信息披露标准的社会指标体系中。

　　三是治理指标需体现中国企业治理的特色。第一，披露党建活动与党组参与公司治理的情况。《中华人民共和国公司法》第十九条规定"在公司中，根据中国共产党章程的规定，设立中国共产党的组织，开展党的活动。公司应当为党组织的活动提供必要条件"。此外，2015年9月中共中央、国务院发布的《关于深化国有企业改革的指导意见》指出"党建工作总体要求纳入国有企业章程"。经过多年的实践，目前中央企业已全部实现党委书记、董事长"一肩挑"以及重要决策的党组讨论前置程序要求，党对国有企业特别是中央企业的领导得到全面加强。基于此，建议要求国有企业披露党建活动以及党组参与公司治理情况，同时鼓励其余类型企业披露党建情况。第二，披露"关键少数"的关键行为，比如关联交易、大股东股权质押、经营性资金占用等，这些都是我国资本市场上比较常见的治理问题，也是证券监管部门重点关注的事项，建议将其纳入我国可持续信息披露标准的治理指标体系中。第三，披露现金分红和股权激励情况。我国历来鼓励上市公司分配利润、回报股东，同时也积极支持公司对员工进行股权激励，建议将这些正面信息也纳入治理指标中。第四，强调披露"商业道德"相关内容。

二、中国可持续信息披露框架体系建议

综合考虑国际组织的可持续信息披露框架和指标，并结合我国客观实际进行有针对性的调整以后，建议从以下三个维度构建中国统一规范的可持续信息披露指标框架。

一是重视气候等环境信息披露。一方面，关注企业在生产经营过程中对环境的影响，包括温室气体排放、主要污染物排放、能源消耗、水资源利用、物料使用、生物多样性六个方面的管理措施及量化数据。其中，量化数据包括总量、强度、结构及循环利用情况（如有）。另一方面，重视企业在环境管理和环境机遇方面的情况，包括需要遵守外部环境政策、为应对环境风险所建立的企业治理架构、内部环境保护政策、绿色活动投融资规模及经济收入、曾受环保处罚及整改进展等情况。

二是关注社会责任履行情况。基于"利益相关者理论"，披露对利益相关方的管理，包括对员工、客户以及社会的责任履行情况。其中，对员工的责任涉及雇用关系、员工福利、职业发展、安全等多个方面；对客户的责任聚焦所提供的产品和服务质量方面；对社会责任则主要披露企业参与

公益慈善、扶贫攻坚、推动共同富裕等情况。

三是遵循现行公司治理规定。治理维度关注反映企业所采取的内部和外部机制来保证公司决策科学化、维护公司可持续运营以及公司各方利益的制度安排。近年来，监管部门对上市公司治理的相关规定进行多轮修改，定期报告中关于公司治理的披露内容不断丰富完善。2018 年 9 月，证监会对《上市公司治理准则》进行修订，新增了利益相关者、环境保护与社会责任章节；2020 年 10 月，国务院发布《关于进一步提高上市公司质量的意见》，明确要求完善上市公司治理；2021 年 6 月，证监会对年报和半年报内容与格式进行了修订，进一步丰富了上市公司治理信息的披露。为确保不同渠道披露信息的一致，避免过度增加企业不必要的披露成本，建议在制定我国统一的可持续信息披露框架时，对治理范畴的指标体系设置，尽可能沿用现有制度的规定，同时允许企业以索引的形式链接定期报告中已披露的治理信息。

我国可持续信息具体披露框架建议有以下几点。

（一）可持续发展治理

（1）披露公司的可持续发展治理架构。

（2）披露董事会对可持续发展议题相关风险和机遇的治理情况，至少包括董事会对实质性可持续发展议题的确定，以及董事会对可持续发展议题管理和目标实现进度的监督情况。

（3）披露管理层在评估和管理可持续发展议题相关风险和机遇方面的职责。

（二）可持续发展战略

（1）披露公司实质性可持续发展议题相关的风险和机遇。

（2）披露相关风险和机遇对公司业务、战略和财务的实际和潜在影响。

（3）披露公司的战略适应力，即应对风险和把握机遇的能力。

（三）可持续发展议题管理

（1）披露公司各实质性可持续发展议题相关的政策和管理流程。

（2）披露公司在管理实质性可持续发展议题上所采取的具体举措及其成效。

（四）可持续发展指标和目标

（1）披露公司评估实质性可持续发展议题相关风险和机遇，衡量管理绩效时所使用的指标。

（2）披露公司在管理实质性可持续发展议题相关风险和机遇时所使用的目标及目标实现情况。可持续发展目标可以是方向性的声明，也可以是针对绩效指标订立的具体目标。

为进一步提升我国可持续信息的一致性、可比性，降低企业编制可持续发展报告的难度，建议企业可参考表7-2的议题来识别和评估公司的实质性可持续发展议题，也可参照表7-2的样式对适用的相关绩效指标进行披露。

表7-2　　　　　　　　中国可持续信息披露的议题及绩效指标建议

维度	议题	绩效指标	单位	第N年	第N-1年	第N-2年
环境	气候变化	直接（范围1）温室气体排放量	每吨二氧化碳当量			
		能源间接（范围2）温室气体排放量	每吨二氧化碳当量			
		其他间接（范围3）温室气体排放量	每吨二氧化碳当量			
		单位产值的温室气体排放量	每吨二氧化碳当量/百万元			
		公司被分配的碳排放配额	每吨二氧化碳当量			
		企业外购/自有国家核证自愿减排量	每吨二氧化碳当量			
		配额清缴支出	万元			
		配额转让收入	万元			
		结余配额	每吨二氧化碳当量			
	污染物排放	公司适用的各类大气污染物排放浓度	（企业自行添加种类和单位）			
		公司适用的各类大气污染物排放总量				
		公司适用的各类水污染物排放浓度				
		公司适用的各类水污染物排放总量				
		公司适用的各类土壤污染物排放浓度				
		公司适用的各类土壤污染物排放总量				
	废弃物管理	有害废弃物总量	吨			
		无害废弃物总量	吨			
		危险废物总量	吨			
	能源使用	能耗总量	吉焦			
		可再生能源消耗量占总能耗的百分比	%			
		可再生能源消耗量中自产的可再生能源比例	%			

续表

维度	议题	绩效指标	单位	第N年	第N-1年	第N-2年
环境	能源使用	化石燃料消耗占总能耗的比例	%			
		电力消耗占总能耗的比例	%			
		热力消耗占总能耗的比例	%			
		单位产值的能耗密度	吉焦/百万元			
	水资源利用	耗水总量	吨			
		循环/再利用水的百分比	%			
		单位产值的耗水密度	吨/百万元			
		排水总量	吨			
		单位产值的排水量	吨/百万元			
	生物多样性	受公司业务影响的相关栖息地的面积	平方千米			
		直接或间接参与保护的栖息地面积	平方千米			
		受组织运营影响的栖息地中已被列入IUCN红色名录及国家保护名册的物种总数	种			
	物料使用	生产/服务消耗的原材料中回收利用材料占比	%			
		生产/服务所用包装材料的总量	吨			
		单位产值所用包装材料量	吨/百万元			
	绿色金融	公司绿色融资金额	万元			
		绿色项目的投资金额	万元			
		绿色研发投入的占比	%			
		绿色收入金额	万元			
	环境合规管理	因违反环境法律法规而受到行政处罚的次数	次			
		因违反环境法律法规而受到的罚款总额	万元			
		因违反环境法律法规而被提起争端解决机制的案件数	件			
		已完结的违反环境法律法规的争端案件给公司造成的损失金额	万元			

续表

维度	议题	绩效指标	单位	第 N 年	第 N - 1 年	第 N - 2 年
社会	员工多样性	公司员工总数	人			
		全职员工人数	人			
		兼职员工人数	人			
		男性全职员工人数	人			
		女性全职员工人数	人			
		高级管理人员人数	人			
		高级管理人员中女性占比	%			
		中级管理人员人数	人			
		中级管理人员中女性占比	%			
		30 岁以下全职员工人数	人			
		30～50 岁全职员工人数	人			
		50 岁以上全职员工人数	人			
		博士全职员工人数	人			
		硕士全职员工人数	人			
		本科全职员工人数	人			
		高中及以下学历全职员工人数	人			
		按地区划分的全职员工人数	人			
	员工流动性	全职员工流动率	%			
		男性全职员工流动率	%			
		女性全职员工流动率	%			
		30 岁以下全职员工流动率	%			
		30～50 岁全职员工流动率	%			
		50 岁以上全职员工流动率	%			
		按地区划分的全职员工流动率	%			
	职业健康与安全	开展的职业健康和安全培训次数	次			
		接受职业健康和安全培训的全职员工占比	%			
		公司员工可记录工伤数量	次			
		员工因工死亡人数	人			

续表

维度	议题	绩效指标	单位	第N年	第N-1年	第N-2年
社会	职业健康与安全	员工伤亡损失工作日数	日			
		在公司控制的工作场所履行工作的承包商人员工伤数量	次			
		在公司控制的工作场所履行工作的承包商人员因工死亡人数	人			
		公司组织进行职业健康检查的员工总数	人			
	福利待遇	员工平均薪酬	万元			
		员工薪酬中位数	万元			
		男性员工薪酬中位数	万元			
		女性员工薪酬中位数	万元			
		缴纳五险一金的员工总数	人			
		公积金单位缴存比例	%			
		享受带薪休假的员工总数	人			
		享受产休假或育儿假的员工总数	人			
		产休假结束后在年度内返岗的员工总数	人			
		产休假结束后在年度内返岗且到年度终止仍在职的员工总数	人			
	职业发展培训	公司组织的职业发展培训次数	次			
		接受职业发展培训的员工总数	人			
		员工接受职业发展培训的平均时长	小时			
	劳工实践	发生的歧视事件总数	件			
		与公司员工有关的职场性骚扰事件总数	件			
		公司与员工发生劳动纠纷的案件数量	件			
		劳动纠纷裁决结果给公司造成的损失金额	万元			

续表

维度	议题	绩效指标	单位	第 N 年	第 N - 1 年	第 N - 2 年
社会	客户服务	产品和服务相关的投诉数量	起			
		客户投诉处理满意度	%			
	客户隐私和数据安全	经证实的与侵犯客户隐私有关的投诉总数	起			
	产品安全和质量	因产品和服务质量问题而被起诉或调查的案件数量	件			
		因召回问题产品而造成的损失金额	万元			
		与产品和服务质量有关的诉讼或调查案件给公司造成的损失金额	万元			
	产品标识和营销	产品和服务标识不合规的案件数量	件			
		产品和服务标识不合规被处罚的金额	万元			
		违规营销案件数量	件			
		违规营销损失金额	万元			
	知识产权保护	因侵犯他人知识产权而被起诉的案件数量	件			
		知识产权侵权案件的判决结果给公司造成的损失金额	万元			
	公平竞争	因涉嫌参与不正当竞争或垄断行为而被起诉或调查的案件数量	件			
		与不正当竞争或垄断行为有关的诉讼或调查结果给公司造成的损失金额	万元			
	供应链管理	供应商数量	家			
		按国家和地区划分的供应商数量（企业自行添加）	家			
		进行环境影响评估的供应商数量	家			
		经评估确定为具有重大负面环境影响的供应商数量	家			

续表

维度	议题	绩效指标	单位	第 N 年	第 N - 1 年	第 N - 2 年
社会	供应链管理	经评估确定为具有重大负面环境影响的供应商中，经评估后同意并实施改进的供应商数量	家			
		经评估确定为具有重大负面环境影响的供应商中，经评估后决定终止合作的供应商数量	家			
		进行社会影响评估的供应商数量	家			
		经评估确定为具有重大负面社会影响的供应商数量	家			
		经评估确定为具有重大负面社会影响的供应商中，经评估后同意并实施改进的供应商数量	家			
		经评估确定为具有重大负面社会影响的供应商中，经评估后决定终止合作的供应商数量	家			
	社会贡献	扶贫资金金额	万元			
		扶贫物资折款金额	万元			
		帮助建档立卡困困人口脱贫数	人			
		向注册的非营利组织提供的企业或团体捐款总额	万元			
		向注册的非营利组织提供的捐赠物资折款金额	万元			
		员工志愿者活动人次	人次			
		员工志愿者活动时长	小时			
		注册志愿人数	人			
公司治理	党建	党组决策前置议案数	个			
		年度党建活动举办次数	次			
	董事多样性	董事会成员人数	人			

续表

维度	议题	绩效指标	单位	第 N 年	第 N－1 年	第 N－2 年
公司治理	董事多样性	董事会成员中独立董事占比	%			
		董事会成员中女性董事占比	%			
		董事会专门委员会中独立董事任主任的百分比	%			
		董事会专门委员会中女性董事任主任的百分比	%			
	董监高履职	董事会会议次数	次			
		各董事出席董事会会议次数（自行添加）	次			
		各董事出席股东大会次数（自行添加）	次			
		董事流动率	%			
		监事列席董事会会议的次数	次			
		监事会提议罢免的董事和高管人次	人			
		监事会提议召开股东大会次数	次			
		各监事出席监事会次数（自行添加）	次			
		各监事出席股东大会次数（自行添加）	次			
		CEO 外部任职机构数量	家			
		高管外部任职超过三家机构的人数	人			
		高管出席股东大会次数	次			
		高管流动率	%			
	薪酬与激励	各董事薪酬（自行添加）	万元			
		各高管薪酬（自行添加）	万元			
		股权激励数量占当前总股本比例	%			
		员工持股计划规模相较总股本的比例	%			
		持股员工人数	人			
	审计与合规	审计机构任期	年			

续表

维度	议题	绩效指标	单位	第 N 年	第 N - 1 年	第 N - 2 年
公司治理	审计与合规	审计机构总费用	万元			
		审计费用	万元			
		非审计费用	万元			
		董事和高管被采取纪律处分或行政处罚的案件数	件			
		公司因违反证券法律法规而受到处罚的案件数	件			
		公司因违反证券法律法规而受到的损失金额	万元			
		经营性资金占用时间	日			
		经营性资金占用总额	万元			
		经营性资金占用收取的占用费标准的比例	%			
		非经营性资金占用总额	万元			
	股东权益	现金分红比例	%			
		股东大会次数	次			
		同股不同权的，特别表决权占已发行的有表决权的股份数的比例	%			
		同股不同权的，每份特别表决权股份的表决权数量与每份普通股份表决权数量的比值	倍			
		大股东及其一致行动人股票质押比例	%			
	债权人权益	累计债券余额	万元			
		违约债券涉及的本金	万元			
		延期支付的利息	万元			
		违约债券涉及的债券持有人人数	人			
		其他合同违约导致的纠纷案件数	次			
		因违约而累计支付的违约金总额	万元			
	关联交易	关联交易累计支出总额	万元			
		与大股东的关联交易累计支出总额	万元			

维度	议题	绩效指标	单位	第 N 年	第 N－1 年	第 N－2 年
公司治理	关联交易	对外提供的关联担保总额	万元			
		关联交易累计收入总额	万元			
		与大股东的关联交易累计收入总额	万元			
	商业道德	向董监高、员工及供应商提供的商业道德培训总次数	次			
		已接受商业道德培训的董事占比	%			
		已接受商业道德培训的监事占比	%			
		已接受商业道德培训的高管占比	%			
		已接受商业道德培训的员工占比	%			
		已接受商业道德培训的供应商占比	%			
		与公司或员工有关的违反商业道德案件数量	件			
		导致与业务合作伙伴的合同被终止或未续订的、与违反商业道德有关的违规事件总数	件			
		由于违反商业道德而被开除或受到纪律处分的董事、高管总人数	人			
		由于违反商业道德而被开除或受到纪律处分的员工人数	人			
	税收透明	公司承担的纳税总额	万元			
		税金及附加总额	万元			
		不可抵扣的增值税总额	万元			
		企业所得税总额	万元			
		公司代扣代缴个人所得税总额	万元			

第三节　中国可持续信息披露监管

新冠肺炎疫情全球蔓延引发全球对可持续发展的关注，在企业治理中践行社会责任、具有 ESG 基因的企业在资本市场上显现出更强的韧性，投资人、企业更深刻地意识到企业在生产经营中需重视 ESG 发展。在可持续发展的背景下，监管层对企业在环境、社会等非财务方面的监管也不断加强，如何合理高效地进行可持续信息披露监管，是引导企业向更符合可持续理念发展的重要保障。

一、探索完善上市公司可持续信息披露评价机制

当前，中国人民银行计划分步推动建立强制披露制度，统一披露标准，推动金融机构和企业实现信息共享。证监会也在持续完善上市公司 ESG 信息披露规则，积极构建与国际主要市场同步的 ESG 信息披露制度体系，与国际组织加强对接合作，在兼顾上市公司信息披露成本的基础上，不断完善上市公司 ESG 信息披露制度。对此，建议监管部门在制定关键指标披露标准时，要求上市公司对未有效披露的关键指标进行说明，推动从自愿披露到不披露就解释的半强制信披的过渡。同时，随着我国上市公司可持续信息披露制度不断完善，信息披露的内容日渐规范化、定量化，可吸收借鉴人民银行制定《银行业金融机构绿色金融评价方案》的经验，适时研究探索建立上市公司可持续信息披露的评价方案。

二、基于可持续信息披露情况研究引入分类监管制度

坚持科学监管、分类监管、专业监管和持续监管的理念，在普适性的可持续信息披露评价机制稳定运行一段时间后，可继续研究引入分类监管制度。考虑行业差异和特性，对不同行业、不同特性的企业，根据其可持续信息披露情况，实行分类监管，区分情况，突出重点，对持续践行可持续发展理念的优质上市公司在融资、并购等方面提供更多便利，提升企业发展的内生动力；对乱象频出、不认真做好规范经营和信息披露工作的问题公司应重点聚焦、严格监管，督促上市公司不断提升可持续信息披露质量。

第四节　完善中国可持续投资生态建设

可持续发展理念并不是一个简单的概念，而是一个系统的生态。可持

续投资生态链包括监管机构、企业、投资机构、第三方服务机构和学术机构等参与方。其分工如下：监管机构制定信息披露要求和相关监管要求，企业按照要求披露可持续信息，投资机构基于可持续信息开展投资活动并进行可持续金融信息披露，第三方服务机构提供信息鉴证、数据集成、评级、指数和研究服务，学术机构为整个生态系统的有效运行提供基础研究、人才培养等支撑。整个生态系统环环相扣、协同发展。因此，应鼓励市场参与各方更多参与可持续发展相关政策制定，为参与各方提供广阔的可持续投融资交流平台，促进可持续投资生态系统健康发展。

一、规范金融机构的可持续信息披露

监管机构需要规范金融机构的可持续信息披露。企业贯彻可持续发展理念，提升可持续信息透明度，将成为未来经济社会可持续发展的关键。而企业的可持续发展，离不开金融支持。金融机构作为现代经济的核心，不仅直接影响经济建设的进程，也在一定程度上关系经济和社会的可持续发展。金融机构如何践行可持续发展理念，如何披露可持续金融信息，也是支撑经济和社会可持续发展的关键。

目前全球监管机构普遍高度重视可持续金融领域的发展，并致力于建立相关政策驱动并规范辖区的可持续金融发展。较为突出且有效的做法是，通过对可持续金融机构和金融产品确立具有前瞻性的监管制度，向市场表达明确的监管态度，要求有关金融机构披露其可持续金融实践，以帮助投资者了解其产品的可持续影响并评估是否符合其投资需求。

通过规范金融机构的可持续信息披露，可以防止"漂绿"行为，也有助于引导资金流向可持续经济活动。因此建议中国各金融监管机构开展合作，在提倡可持续投资的同时，对金融产品及金融机构的可持续信息披露进行规范，防止误导性陈述；使金融机构及其投资产品的可持续性影响和贡献能被衡量，从而确保金融机构投资行为能够真正产生可持续发展效益。相关行业组织也可以考虑就可持续金融信息披露制定自律规则并提供指引，引导金融机构进行可持续相关投资并披露可持续金融信息。

二、发展适应中国国情的 ESG 评价体系

推动中国可持续投资的发展壮大，提升中国企业的融资吸引力和竞争力，除了需要更加完善的信息披露作为依托，也离不开投资评价机制的规范性引导。目前，对境内外投资者影响较大的主要是 MSCI、富时罗素等境外评级机构，而这些境外机构的评级方法并不公开透明，有的评价标准也不符合中国国情。

近年来，我国发展出包括中证 ESG 评价体系、鼎力公司治商 ESG 评价体系、社会价值投资联盟 ESG 评价体系等在内的各类 ESG 评价体系。尽管其各自的评价指标和计算方法存在差异，导致评价结果也不尽相同，但总体是符合本国实际和发展趋势的。由于不同信息使用方的评价出发点不同，看待信息发展变化的时间维度不同，其对同一事件或信息的评价结果也会不同，要求信息在所有人眼中形成统一的评价并不现实。随着中国可持续信息披露的普及和统一，市场对可持续信息披露的评价指标也会逐渐趋同，尽管评价方法论不会完全统一，但是对信息的理解总体来说还是会达成一个共识。

支持我国证券监管部门或行业自律组织构建符合中国国情的 ESG 评价体系，鼓励市场机构基于公开透明的评价标准开展 ESG 评价工作，使中国企业得到适应中国国情的客观公正的评价，维护中国企业的国际形象，推动提升我国可持续投资的标准化水平。

三、丰富可持续投资相关产品

丰富的可持续投资产品可以扩大投资者的选择范围，增加投资者对可持续企业的关注度。与成熟市场相比，我国可持续投资产品仍有待进一步丰富。

（一）开发可持续投资指数和基金

指数和指数供应商是全球构建一致性 ESG 标准和推动 ESG 实践的重要载体。自 2005 年以来，国内可持续投资指数和基金产品日益丰富，为投资者开展 ESG 为代表的可持续投资提供了重要工具。在指数方面，中证指数

公司已累计发布 ESG、社会责任、绿色主题等可持续发展相关指数 74 条，其中股票指数 58 条，债券指数 15 条，多资产指数 1 条，并正式发布了中证 ESG 评价方法，为推动 ESG 投资实践，发挥资本市场服务绿色产业的资源配置功能提供了重要基础和助力。在基金产品方面，截至 2021 年 3 月底，共有 49 家基金公司发布了 143 只 ESG 主题基金，基金规模合计 2603.73 亿元。下一步，建议进一步深化交易所、指数公司及基金公司的合作，持续优化 ESG 评价方法，丰富指数体系，积极推动 ESG 等可持续指数产品在交易所挂牌上市，引导养老金等长期资金践行 ESG 投资。

（二）稳步推进绿色债券市场创新

绿色债券是可持续主题投资和影响力投资策略在债券领域的重要应用。我国自 2016 年正式启动绿色公司债券试点以来，市场规模稳步扩大。截至 2021 年 3 月底，我国境内债券市场累计发行 1035 只绿色债券，发行总额约 1.16 万亿元；其中 2020 年共发行绿色债券 2717.9 亿元。2021 年 2 月 4 日，为服务我国双碳政策，首批碳中和绿色债在上交所落地。下一步，建议相关监管部门完善绿色债券相关规则，强化绿色债券募集资金用途的持续监管，鼓励绿色债券发行人持续披露绿色项目的资金使用情况，同时持续创新绿色债券品种，积极支持符合条件的企业发行碳中和债券，大力发展绿色直接融资，着力建设绿色金融机制，助力推动经济社会绿色转型。

（三）探索绿色 REITs、碳交易衍生品等创新产品

持续产品创新是推动可持续投资生态圈不断优化的原动力。境外市场 ESG 衍生品种类较多，包括与可持续发展挂钩的利率互换、汇率互换、信用风险对冲工具等。对此，从完善我国可持续投资产品体系的角度出发，建议一方面在 ESG 指数的基础上发展期权、期货产品，目前欧洲证券交易所、美国洲际交易所、芝加哥商品交易所和芝加哥期权交易所都有较为成熟的 ESG 期权期货产品，可以作为境内发展 ESG 衍生品的借鉴；另一方面，REITs 的底层资产主要包括收费公路、机场港口等交通设施，水电气热等市政设施，污染治理、信息网络、产业园区等其他基础设施，这些项目具有极高的社会价值，而 ESG 也可以给 REITs 带来资本溢价，可以鼓励 REITs 将可持续发展融入日常管理，发布独立的 ESG 报告，促进 REITs 和 ESG 的

协同发展。

四、开展可持续投资宣传教育

个人投资者和最终消费者在可持续投资生态链中扮演着重要角色，个人投资者的选择会影响投资机构的负责任投资行为，最终消费者的选择也会影响上市公司的负责任经营。目前已有部分消费者对所购买产品背后的社会、环境及经济影响越来越敏感，这在一定程度上能促进公司践行可持续发展。公司通过可持续信息披露展示自身优势，响应投资者和消费者的可持续性需求；同时更加规范自身行为，吸引更多的投资和消费。

建议各金融机构和投资者保护机构对投资者开展可持续投资培训或宣讲，企业和消费者权益保护组织对消费行为和生活方式开展可持续相关培训，进一步培育广大投资者和消费者的可持续发展意识，让人们认识到自己在可持续发展链条中的重要性，从而倒逼机构投资者制定并执行可持续投资策略，并促使企业进行更全面、更广泛的可持续信息披露。

附录 缩略语

ACCA（The Association of Chartered Certified Accountants）特许公认会计师公会

AIFM（Alternative Investment Fund Managers）另类投资基金管理人

BEIS（Department for Business，Energy & Industrial Strategy）英国商业、能源和产业战略部

CA ANZ（Chartered Accountants Australia & New Zealand）澳大利亚和新西兰特许会计师公会

CDSB（Climate Disclosure Standards Board）气候披露标准委员会

CDP（ex Carbon Disclosure Project）全球环境信息研究中心，原"碳排放信息披露项目"

CERES（Coalition for Environmentally Responsible Economics）环境责任经济联盟

CSRD（Corporate Sustainability Reporting Directive）企业可持续发展报告指令

DJSI（The Dow Jones Sustainability Indexes）道琼斯可持续发展指数

DWP（Department for Work and Pensions）英国就业和养老金部

EC（European Commission）欧盟委员会

ECB（European Central Bank）欧洲中央银行

EFRAG（European Financial Reporting Advisory Group）欧洲财务报告咨询组

EMS（Environmental Management System）环境管理体系

ESAP（European Single Access Point）公司信息单一接入点

ESAs（The European Supervisory Authorities）欧盟监管当局

ESG（Environmental，Social and Governance）环境、社会和治理

EU（European Union）欧盟

EU Taxonomy（EU Sustainable Finance Taxonomy Regulation）欧盟可持续金融分类法

FCA（Financial Conduct Authority）英国金融行为监管局

FRC（Financial Reporting Council）英国财务报告委员会

FSA（Financial Services Agency）日本金融厅

FSB（Financial Stability Board）金融稳定理事会

GBA – GFA（Greater Bay Area Green Finance Alliance）粤港澳大湾区绿色金融联盟

GFI（Green Finance Institute）英国绿色金融研究所

GFIT（The Green Finance Industry Taskforce）新加坡绿色金融行业工作组

GPIF（Government Pension Investment Fund）日本政府养老投资基金

GRI（Global Reporting Initiative）全球报告倡议组织

GSIA（Global Sustainable Investment Alliance）全球可持续投资联盟

GSSB（Global Sustainability Standards Board）全球可持续发展标准委员会

ICGN（International Corporate Governance Network）国际公司治理网络

HKEX（Hong Kong Exchanges）香港交易所

HKMA（Hong Kong Monetary Authority）香港金融管理局

HKGFA（Hong Kong Green Finance Association）香港绿色金融协会

IASB（International Accounting Standards Board）国际会计准则理事会

IBC（International Business Council）国际工商理事会

ICAS（The Institute of Chartered Accountants of Scotland）苏格兰特许会计师公会

IFAC（International Federation of Accountants）国际会计师联合会

IFC（International Finance Corporation）国际金融公司

IFRS（International Financial Reporting Standards）国际财务报告准则

IIRC（International Integrated Reporting Council）国际综合报告委员会

IMAS（Investment Management Association of Singapore）新加坡投资管理协会

IOSCO（International Organization of Securities Commissions）国际证监会组织

IPSF（International Platform on Sustainable Finance）国际可持续金融平台

＜IR＞（International Integrated Reporting Framework）国际综合报告框架

ISO（International Organisation for Standardization）国际标准化组织

JPX（Japan Exchange Group）日本交易所集团

LCA（Life Cycle Assessment）生命周期评估

MAS（Monetary Authority of Singapore）新加坡金融管理局

METI（Ministry of Economy，Trade and Industry）日本经济产业省

MOE（Ministry of the Environment）日本环境省

NFRD（Non‐financial Reporting Directive）非财务报告指令

NGFS（Central Banks and Supervisors Network for Greening the Financial System）央行和监管机构绿色金融网络

OECD（Organization for Economic Co‐operation and Development）经济合作与发展组织

PRA（Prudential Regulation Authority）英国审慎监管局

SFC（Securities & Futures Commission of Hong Kong）香港证券及期货事务监察委员会

SASB（Sustainability Accounting Standards Board）可持续发展会计准则委员会

SDGs（Sustainable Development Goals）联合国可持续发展目标

SEC（U. S. Securities and Exchange Commission）美国证券交易委员会

SFDR（Sustainable Finance Disclosure Regulation）可持续金融信息披露条例

SGX（Singapore Exchange）新加坡证券交易所

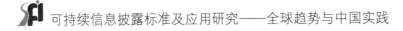

SSB（Sustainability Standards Board）可持续发展标准理事会

TCFD（Task Force on Climate – Related Financial Disclosures）气候相关财务信息披露工作组

TMB（Technical Management Board）技术管理局

TSE（Tokyo Stock Exchange）东京证券交易所

UNEP（United Nations Environment Programme）联合国环境规划署

UNGC（United Nations Global Compact）联合国全球契约

UN PRI（United Nations Supported Principles for Responsible Investment）联合国负责任投资原则组织

UN SSE（UN Sustainable Stock Exchanges Initiative）联合国可持续证券交易所倡议

WBA（World Benchmarking Alliance）世界基准联盟

WBCSD（World Business Council for Sustainable Development）世界可持续发展工商理事会

WEF（World Economic Forum）世界经济论坛

参考文献

一、国际组织相关标准或指南

［1］ UNGC. 联合国全球契约组织战略 2021—2023 年［EB/OL］. （2021 - 01 - 19）. https：//unglobalcompact. org/library/5869.

［2］ 联合国. 联合国可持续发展目标［EB/OL］. https：//www. un. org/sustainabledevelopment/zh/sustainable - development - goals/.

［3］ OECD. 经合组织跨国企业准则［EB/OL］. http：// mneguidelines. oecd. org/guidelines/MNEGuidelines - Chinese. pdf.

［4］ GSSB. GRI Standards［EB/OL］. https：//www. globalreporting. org/ how - to - use - the - gri - standards/gri - standards - simplified - chinese - translations/.

［5］ SASB. 77 Industry Standards［EB/OL］. https：//www. sasb. org/ standards/download/.

［6］ SASB. Engagement Guide for Asset Owners & Asset Managers［EB/ OL］. （2019 - 01 - 01）. https：//www. sasb. org/knowledge - hub/engagement - guide/.

［7］ SASB. Industry Guide to the Sustainable Development Goals［EB/ OL］. （2020 - 06）. https：//www. sasb. org/knowledge - hub/industry - guide - to - the - sustainable - development - goals/.

［8］ WEF. Measuring Stakeholder Capitalism：Towards Common Metrics and Consistent Reporting of Sustainable Value Creation［EB/OL］. （2020 - 09 - 22）. http：//www3. weforum. org/docs/WEF _ IBC _ Measuring _ Stakeholder _

Capitalism _ Report _ 2020. pdf.

[9] World Bank IFC. Performance Standards [EB/OL]. https：// www. ifc. org/wps/wcm/connect/28c0ea8e－65a9－4fb4－b500－774b4f795b51/ PS _ Chinese _ 2012 _ Full － Document. pdf? MOD = AJPERES&CVID = jxI1aOF.

[10] World Bank IFC. Environmental, Health, and Safety Guidelines [EB/OL]. https：//www. ifc. org/wps/wcm/connect/topics _ ext _ content/ifc _ external _ corporate site/sustainability － at － ifc/policies － standards/ehs － guidelines/ehsguidelines.

[11] TCFD. Recommendations of the Task Force on Climate － related Financial Disclosures [EB/OL]. (2017－06). https：//assets. bbhub. io/company/sites/60/2020/10/FINAL－2017－TCFD－Report－11052018. pdf.

[12] TCFD. Proposed Guidance on Climate － related Metrics, Targets, and Transition Plans [EB/OL]. (2021－06). https：//assets. bbhub. io/company/ sites/60/2021/05/2021－TCFD－Metrics _ Targets _ Guidance. pdf.

[13] CDSB. CDSB Framework for Reporting Environmental & Climate Change Information [EB/OL]. (2019－12). https：//www. cdsb. net/sites/ default/files/cdsb _ framework _ 2019 _ v2. 2. pdf.

[14] CDSB Framework. Application Guidance for Climate － related Disclosures [EB/OL]. (2020－07). https：//www. cdsb. net/sites/default/files/climateguidancedoublepage. pdf.

[15] CDSB. Accounting for Climate [EB/OL]. (2020－12). https：// www. cdsb. net/sites/default/files/cdsb _ climateaccountingguidance _ s _ 110121. pdf.

[16] IIRC. International ＜IR＞ Framework [EB/OL]. (2021－01). https：//integratedreporting. org/wp － content/uploads/2021/01/InternationalIntegratedReportingFramework. pdf.

[17] ISO. ISO 26000：2010 Guidance on Social Responsibility [EB/OL]. https：//www. iso. org/standard/42546. html.

[18] UNGC. The Ten Principles of the UN Global Compact [EB/OL]. ht-

tps：//www. unglobalcompact. org/what－is－gc/mission/principles.

［19］OECD. G20/OECD Principles of Corporate Governance ［EB/OL］. https：//www. oecd. org/daf/ca/Corporate－Governance－Principles－ENG. pdf.

［20］ICGN. ICGN Global Governance Principles 2021 ［EB/OL］. https：//www. icgn. org/sites/default/files/ICGN％ 20Global％ 20Governance％ 20Principles2021＿0. pdf.

二、各国和地区相关规定或指引

［21］HKEX. 主板上市规则 ［EB/OL］. https：//www. hkex. com. hk/－/ media/HKEX－Market/Listing/Rules－and－Guidance/Listing－Rules/Consolidated－PDFs/Main－Board－Listing－Rules/consol＿mb＿sc. pdf? la＝zh－HK.

［22］HKEX. 创业板上市规则 ［EB/OL］. https：//www. hkex. com. hk/－/ media/HKEX－Market/Listing/Rules－and－Guidance/Listing－Rules/Consolidated－PDFs/GEM－Listing－Rules/consol＿gem＿sc. pdf? la＝zh－HK.

［23］HKEX. 咨询总结——检讨《环境、社会及管治报告指引》及相关《上市规则》条文 ［EB/OL］. （2019－12）. https：//www. hkex. com. hk/－/ media/HKEX－Market/News/Market－Consultations/2016－Present/May－2019－ Review－of－ESG－Guide/Conclusions－（December－2019）/cp201905cc＿ c. pdf? la＝zh－HK.

［24］HKEX. 咨询文件——检讨《企业管治守则》及相关《上市规则》条文 ［EB/OL］. （2021－04）. https：//www. hkex. com. hk/－/media/HKEX－ Market/News/Market－Consultations/2016－Present/April－2021－Review－ of－CG－Code－and－LR/Consultation－Paper/cp202104＿c. pdf.

［25］EU. Non－financial Reporting Directive （Directive 2014/95/EU of the European Parliament and of the Council of 22 October 2014 Amending Directive 2013/34/EU as Regards Disclosure of Non－financial and Diversity Information by Certain Large Undertakings and Groups）. ［EB/OL］. （2014－10－ 22）. https：//eur－lex. europa. eu/legal－content/EN/TXT/? uri＝CELEX％ 3A32014L0095.

［26］EU. NFRD Public Consultation ［EB/OL］. https：//ec. europa. eu/info/law/better – regulation/have – your – say/initiatives/12129 – Revision – of – Non – Financial – Reporting – Directive/public – consultation.

［27］EU. The European Green Deal ［EB/OL］. （2019 – 12 – 11）. https：//eur – lex. europa. eu/legal – content/EN/TXT/? uri = COM% 3A2019% 3A640% 3AFIN.

［28］EU. Action Plan：Financing Sustainable Growth ［EB/OL］. （2018 – 03 – 08）. https：//eur – lex. europa. eu/legal – content/EN/TXT/? uri = CELEX% 3A52018DC0097.

［29］EU. EU Taxonomy Regulation – Regulation （EU） 2020/852 of the European Parliament and of the Council of 18 June 2020 on the Establishment of a Framework to Facilitate Sustainable Investment，and Amending Regulation （EU） 2019/2088 ［EB/OL］. （2020 – 06 – 18）. https：//eur – lex. europa. eu/legal – content/EN/TXT/? uri = CELEX：32020R0852.

［30］EU. EU Taxonomy, Corporate Sustainability Reporting, Sustainability Preferences and Fiduciary Duties：Directing Finance towards the European Green Deal ［EB/OL］. （2021 – 04 – 21）. https：//eur – lex. europa. eu/legal – content/EN/TXT/? uri = CELEX：52021DC0188.

［31］EU. EU Taxonomy Climate Delegated Act ［EB/OL］. （2021 – 06 – 04）. http：//ec. europa. eu/finance/docs/level – 2 – measures/taxonomy – regulation – delegated – act – 2021 – 2800 _ en. pdf.

［32］EU. Corporate Sustainability Reporting Directive – Directive of the European Parliament and of the Council Amending Directive 2013/34/EU，Directive 2004/109/EC，Directive 2006/43/EC and Regulation （EU） No 537/2014，as Regards Corporate Sustainability Reporting ［EB/OL］. （2021 – 04 – 21）. https：//eur – lex. europa. eu/legal – content/EN/TXT/? uri = CELEX：52021PC0189.

［33］EU. Alternative Investment Fund Managers Directive – Directive 2011/61/EU of the European Parliament and of the Council of 8 June 2011 on Alternative Investment Fund Managers and Amending Directives 2003/41/EC and 2009/65/EC and Regulations（EC）No 1060/2009 and（EU）No 1095/2010 Text with EEA Relevance［EB/OL］.（2019 – 06 – 08）. https：//eur – lex. europa. eu/legal – content/EN/TXT/？uri = celex%3A32011L0061.

［34］EU. Guidelines on Non – financial Reporting：Supplement on Reporting Climate – related Information［EB/OL］.（2019 – 06 – 20）. https：//eur – lex. europa. eu/legal – content/EN/TXT/PDF/？uri = CELEX：52019XC0620（01）&from = EN.

［35］EC. Reports on Development of EU Sustainability Reporting Standards［EB/OL］. https：//ec. europa. eu/info/publications/210308 – efrag – reports_en.

［36］ECB. Guide on Climate – related and Environmental Risks［EB/OL］.（2020 – 11）. https：//www. bankingsupervision. europa. eu/ecb/pub/pdf/ssm. 202011finalguideonclimate – relatedandenvironmentalrisks ~ 58213f6564. en. pdf.

［37］ECB. ECB Report on Institution's Climate – related and Environmental Risk Disclosures［EB/OL］.（2020 – 11）. https：//www. bankingsupervision. europa. eu/ecb/pub/pdf/ssm. ecbreportinstitutionsclimaterelatedenvironmentalrisk disclosures202011 ~ e8e2ad20f6. en. pdf.

［38］EFRAG. Proposals for a Relevant and Dynamic EU Sustainability Reporting Standard Setting［EB/OL］. https：//ec. europa. eu/info/sites/default/files/business_economy_euro/banking_and_finance/documents/210308 – report – efrag – sustainability – reporting – standard – setting_en. pdf.

［39］European Commission. Action Plan：Financing Sustainable Growth［EB/OL］.（2018 – 03 – 08）. https：//eur – lex. europa. eu/legal – content/EN/TXT/？uri = CELEX：52018DC0097.

［40］ESAs. Final Report on Draft Regulatory Technical Standards［EB/OL］.（2021 – 02 – 02）. https：//www. eiopa. europa. eu/sites/default/files/publications/reports/jc – 2021 – 03 – joint – esas – final – report – on – rts – under – sfdr. pdf.

［41］BEIS. Consultation on Requiring Mandatory Climate – related Financial Disclosures by Publicly Quoted Companies, Large Private Companies and Limited Liability Partnerships (LLPs) [EB/OL]. https：//assets. publishing. service. gov. uk/government/uploads/system/uploads/attachment _ data/file/972422/ Consultation _ on _ BEIS _ mandatory _ climate – related _ disclosure _ requirements. pdf.

[42] UK Secretary of State. The Companies, Partnerships and Groups (Accounts and Non Financial Reporting) Regulations 2016 [EB/OL]. https：// www. legislation. gov. uk/uksi/2016/1245/pdfs/uksi _ 20161245 _ en. pdf.

[43] UK. The Occupational Pension Schemes (Investment) Regulations 2005 [EB/OL]. (2005 – 12 – 08). https：//www. legislation. gov. uk/uksi/ 2005/3378/contents/made.

[44] UK. Pension Protection Fund (Pensionable Service) and Occupational Pension Schemes (Investment and Disclosure) (Amendment and Modification) Regulations 2018 [EB/OL]. (2018 – 09 – 10). https：//www. legislation. gov. uk/uksi/2018/988/contents/made.

[45] UK. Occupational Pension Schemes (Investment and Disclosure) (Amendment) Regulations 2019 [EB/OL]. (2019 – 06 – 03). https：//www. legislation. gov. uk/uksi/2019/982/contents/made.

[46] FRC. The UK Stewardship Code 2020 [EB/OL]. https：// www. frc. org. uk/getattachment/5aae591d – d9d3 – 4cf4 – 814a – d14e156a1d87/ Stewardship – Code _ Dec – 19 – Final – Corrected. pdf.

[47] HM Government. Green Finance Strategy – Transforming Finance for a Greener Future [EB/OL]. (2019 – 07 – 02). https：//assets. publishing. service. gov. uk/government/uploads/system/uploads/attachment _ data/file/820284/ 190716 _ BEIS _ Green _ Finance _ Strategy _ Accessible _ Final. pdf.

[48] Chancellor Statement to the House – Financial Services [EB/OL]. (2020 – 11 – 09). https：//www. gov. uk/government/speeches/chancellor – statement – to – the – house – financial – services.

[49] HM Treasury. A Roadmap towards Mandatory Climate – related Disclo-

sures [EB/OL]. (2020 – 11). https：//assets. publishing. service. gov. uk/government/uploads/system/uploads/attachment ＿ data/file/933783/FINAL ＿ TCFD ＿ ROADMAP. pdf.

[50] HM Treasury. Interim report of the UK's Joint Government – Regulator TCFD Taskforce [EB/OL]. (2020 – 11). https：//assets. publishing. service. gov. uk/government/uploads/system/uploads/attachment ＿ data/file/933782/FINAL ＿ TCFD ＿ REPORT. pdf.

[51] HM Treasury. A Roadmap towards Mandatory Climate – related Disclosures [EB/OL]. (2020 – 11). https：//assets. publishing. service. gov. uk/government/uploads/system/uploads/attachment ＿ data/file/933783/FINAL ＿ TCFD ＿ ROADMAP. pdf.

[52] Bank of England, FCA, et al. Initial Response to IFRS Foundation Trustees Consultation [EB/OL]. (2020 – 11). https：//www. gov. uk/government/publications/joint – statement – of – support – for – ifrs – foundation – consultation – on – sustainability – reporting/initial – response – to – ifrs – foundation – trustees – consultation.

[53] London Stock Exchange Group. Guide to ESG Reporting [EB/OL]. https：//www. lseg. com/sites/default/files/content/GReen/LSEG ＿ Guide ＿ to ＿ ESG ＿ Reporting ＿ 2020. pdf.

[54] SEC. Statement on the Review of Climate Related Disclosure [EB/OL]. (2021 – 02 – 24). https：//www. sec. gov/news/public – statement/lee – statement – review – climate – related – disclosure.

[55] SEC. SEC Announces Enforcement Task Force Focused on Climate and ESG Issues [EB/OL]. (2021 – 03 – 04). https：//www. sec. gov/news/press – release/2021 – 42.

[56] SEC. Public Input Welcomed on Climate Change Disclosures [EB/OL]. (2021 – 03 – 15). https：//www. sec. gov/news/public – statement/lee – climate – change – disclosures.

[57] SEC. Commission Guidance Regarding Disclosure Related to Climate

Change〔EB/OL〕. (2010 – 02 – 08). https：//www. sec. gov/rules/interp/2010/33 – 9106. pdf.

〔58〕Nasdaq. ESG Reporting Guide〔EB/OL〕. (2019 – 05). https：//www. nasdaq. com/docs/2019/11/26/2019 – ESG – Reporting – Guide. pdf.

〔59〕Singapore Exchange. Mainbord Listing Rulebook〔EB/OL〕. http：//rulebook. sgx. com/rulebook/mainboard – rules.

〔60〕Singapore Exchange. Sustainable Reporting Guide〔EB/OL〕. (2018 – 02). https：//api2. sgx. com/sites/default/files/2018 – 07/Sustainability%20Reporting%20Guide%20%28220218%29. pdf.

〔61〕FSA. Japan's Stewardship Code.〔EB/OL〕. (2020 – 03 – 24). https：//www. fsa. go. jp/en/refer/councils/stewardship/20200324/01. pdf.

〔62〕FSA. Revisions of Japan's Corporate Governance Code and Guidelines for Investor and Company Engagement〔EB/OL〕. (2021 – 04 – 06). https：//www. fsa. go. jp/en/news/2021/20210406/01. pdf.

〔63〕FSA. Financial Instruments and Exchange Act〔EB/OL〕. https：//www. fsa. go. jp/common/law/fie01. pdf.

〔64〕Japan's Companies Act〔EB/OL〕. http：//www. japaneselawtranslation. go. jp/law/detail/? re = 02&x = 0&y = 0&co = 01&ia = 03&ja = 04&al〔〕= C&ky = companies + act&page = 20.

〔65〕METI. Guidance for Integrated Corporate Disclosure and Company – Investor Dialogue for Collaborative Value Creation〔EB/OL〕. (2017 – 05 – 29). https：//www. meti. go. jp/english/press/2017/pdf/0529 _004b. pdf.

〔66〕Ministry of the Environment. Overview of the Plan for Global Warming Countermeasures〔EB/OL〕. (2016 – 05 – 13). https：//www. env. go. jp/press/files/en/676. pdf.

〔67〕TSE. Japan's Corporate Governance Code〔EB/OL〕. (2018 – 06 – 01). https：//www. jpx. co. jp/english/news/1020/b5b4pj000000jvxr – att/20180602 _ en. pdf.

〔68〕TSE. Japan's Corporate Governance Code〔EB/OL〕. (2021 – 06 –

11）. https：//www. jpx. co. jp/english/equities/listing/cg/tvdivq0000008jdy － att/20210611. pdf.

［69］ JPX. JPX Report 2020 ［EB/OL］. （2020 － 09）. https：//www. jpx. co. jp/english/corporate/investor － relations/tvdivq000000lbh5 － att/JPXReport2020. pdf.

［70］ TCFD Consortium. Guidance on Climate － related Financial Disclosures 2. 0 ［EB/OL］. （2020 － 07）. https：//tcfd － consortium. jp/pdf/en/news/20081201/TCFD＿Guidance＿2＿0 － e. pdf.

［71］ JPX，TSE. Practical Handbook for ESG Disclosure ［EB/OL］. （2020 － 03 － 01）. https：//www. jpx. co. jp/english/corporate/sustainability/esg － investment/handbook/b5b4pj000003dkeo － att/handbook. pdf.

［72］ Joint Segment on Sustainability. Singapore Green Plan 2030 ［EB/OL］. https：//www. greenplan. gov. sg/.

［73］ MAS. Guidelines on Environmental Risk Management（Banks）［EB/OL］. （2020 － 12）. https：//www. mas. gov. sg/ － /media/MAS/Regulations － and － Financial － Stability/Regulations － Guidance － and － Licensing/Commercial － Banks/Regulations － Guidance － and － Licensing/Guidelines/Guidelines － on － Environmental － Risk － Banks/Guidelines － on － Environmental － Risk － Management － for － Banks. pdf.

［74］ MAS. Guidelines on Environmental Risk Management（Insurers）［EB/OL］. （2020 － 12）. https：//www. mas. gov. sg/ － /media/MAS/Regulations － and － Financial － Stability/Regulations － Guidance － and － Licensing/Insurance/Regulations － Guidance － and － Licensing/Guidelines/Guidelines － on － Environmental － Risk － Management － Insurers. pdf.

［75］ MAS. Guidelines on Environmental Risk Management（Asset Managers）［EB/OL］. （2020 － 12）. https：//www. mas. gov. sg/ － /media/MAS/Regulations － and － Financial － Stability/Regulations － Guidance － and － Licensing/Securities － Futures － and － Fund － Management/Regulations － Guidance － and － Licensing/Guidelines/Guidelines － on － Environmental － Risk － Management －

for － Asset － Managers. pdf.

［76］ MAS. Sustainable Bond Grant Scheme ［EB/OL］. https：// www. mas. gov. sg/schemes － and － initiatives/sustainable － bond － grant － scheme.

［77］ SGX. SGX Strengthens Commitment to Sustainability with $ 20 Million Plan ［EB/OL］. （2020 － 12 － 15）. https：//www. sgx. com/media － centre/20201215 － sgx － strengthens － commitment － sustainability － s20 － million － plan.

［78］ SGX. Starting with a Common Set of Core ESG Metrics （Consultation Paper） ［EB/OL］. （2019 － 08 － 26）. https：//api2. sgx. com/sites/default/ files/2021 － 08/Consultation% 20Paper% 20on% 20Starting% 20with% 20a% 20Common% 20Set% 20of% 20Core% 20ESG% 20Metrics. pdf.

［79］ SGX. Climate and Diversity：The Way Forward （Consultation Paper） ［EB/OL］. （2021 － 08 － 26）. https：//api2. sgx. com/sites/default/files/2021 － 08/Consultation% 20Paper% 20on% 20Climate% 20and% 20Diversity% 20 － % 20The% 20Way% 20Forward. pdf.

［80］ IMAS. Singapore Stewardship Principles for Responsible Investors ［EB/OL］. （2016 － 11）. http：//www. imas. org. sg/public/media/2018/03/ 07/1458 _ Final _ Singapore _ Stewardship _ Principles _ IMAS _ Final. pdf.

［81］ SGX. Sustainability Reporting Guide ［EB/OL］. （2018 － 02）. https：//api2. sgx. com/sites/default/files/2018 － 07/Sustainability% 20Reporting % 20Guide% 20% 28220218% 29. pdf.

［82］ MAS. Code of Corporate Governance ［EB/OL］. （2018 － 08 － 06）. https：//www. mas. gov. sg/ － /media/MAS/Regulations － and － Financial － Stability/Regulatory － and － Supervisory － Framework/Corporate － Governance － of － Listed － Companies/Code － of － Corporate － Governance － 6 － Aug － 2018. pdf.

［83］ GFIT. Handbook on Implementing Environmental Risk Management for Asset Managers，Banks and Insurers ［EB/OL］. （2021 － 01 － 28）. https：// abs. org. sg/docs/library/handbook － on － implementing － environmental － risk －

management.

［84］GFIT. Identifying a Green Taxonomy and Relevant Standards for Singapore and ASEAN［EB/OL］. https：//abs. org. sg/docs/library/gfit – taxonomy – consultation – paper.

［85］HKMA, SFC. Joint Statement on the Establishment of the Green and Sustainable Finance Cross – Agency Steering Group［EB/OL］. （2021 – 05 – 05）. https：//www. hkma. gov. hk/eng/news – and – media/press – releases/2020/05/20200505 – 8/.

［86］The Green and Sustainable Finance Cross – Agency Steering Group. Strategic Plan to Strengthen Hong Kong's Financial Ecosystem to Support a Greener and More Sustainable Future［EB/OL］. （2020 – 12 – 17）. https：//www. sfc. hk/ – /media/EN/files/ER/Strategic – Plan – 20201215 – Eng. pdf.

［87］HKGFA. Greater Bay Area Green Finance Alliance Officially Launched Today［EB/OL］. （2020 – 09 – 05）. https：//www. hkgreenfinance. org/greater – bay – area – green – finance – alliance – officially – launched – today/.

［88］HKEX. How to Prepare an ESG Report［EB/OL］. （2020 – 03）. https：//www. hkex. com. hk/ – /media/HKEX – Market/Listing/Rules – and – Guidance/Environmental – Social – and – Governance/Exchanges – guidance – materials – on – ESG/step _ by _ step. pdf? la = en.

［89］HKEX. HKEX – GL – 86 – 16 Guidance Letter［EB/OL］. https：//en – rules. hkex. com. hk/sites/default/files/net _ file _ store/gl8616. pdf.

［90］SFC. Strategic Framework for Green Finance［EB/OL］. （2018 – 09 – 21）. https：//www. sfc. hk/ – /media/EN/files/ER/PDF/SFCs – Strategic – Framework – for – Green – Finance – Final – Report – 21 – Sept – 2018. pdf.

［91］SFC. Survey on Integrating Environmental, Social and Governance Factors and Climate Risks, in Asset Management［EB/OL］. （2019 – 12 – 16）. https：//www. sfc. hk/web/files/ER/ENG% 20Survey% 20Findings% 20Report% 2016% 2012% 202019. pdf.

〔92〕 SFC. Circular to Management Companies of SFC – authorized Unit Trusts and Mutual Funds – Green or ESG Funds〔EB/OL〕. (2019 – 04 – 11). https：//apps. sfc. hk/edistributionWeb/api/circular/openFile？ lang = EN&refNo = 19EC18.

〔93〕 SFC. Circular to Management Companies of SFC – authorized Unit Trusts and Mutual Funds – ESG Funds〔EB/OL〕. (2021 – 06 – 29). https：// apps. sfc. hk/edistributionWeb/gateway/EN/circular/products/product – authorization/doc？ refNo = 21EC27.

〔94〕 SFC. Consultation Paper on the Management and Disclosure of Climate – related Risks by Fund Managers〔EB/OL〕. (2020 – 10). https：//apps. sfc. hk/edistributionWeb/api/consultation/openFile？ lang = EN&refNo = 20CP5.

〔95〕 SFC. Principles of Responsible Ownership〔EB/OL〕. (2016 – 03). https：//www. sfc. hk/ – /media/EN/files/ER/PDF/Principles – of – Responsible – Ownership _ Eng. pdf.

〔96〕 HKMA. Green and Sustainable Banking〔EB/OL〕. https：// www. hkma. gov. hk/eng/key – functions/banking/banking – regulatory – and – supervisory – regime/green – and – sustainable – banking/.

〔97〕 HKMA. Common Assessment Framework on Green and Sustainable Banking〔EB/OL〕. (2020 – 05 – 13). https：//www. hkma. gov. hk/media/ eng/doc/key – information/guidelines – and – circular/2020/20200513e1. pdf.

〔98〕 HKMA. White Paper on Green and Sustainable Banking〔EB/OL〕. (2020 – 06). https：//www. hkma. gov. hk/media/eng/doc/key – information/ guidelines – and – circular/2020/20200630e1a1. pdf.

三、国内相关规定或指引

〔99〕 全国人民代表大会常务委员会. 中华人民共和国证券法〔Z〕. 2019 – 12 – 28.

〔100〕 全国人民代表大会常务委员会. 中华人民共和国公司法〔Z〕. 2018 – 11 – 20.

［101］全国人民代表大会常务委员会．环境保护法［Z］．2014－04－24．

［102］中共中央和国务院．生态文明体制改革总体方案［Z］．2015－09－11．

［103］中共中央和国务院．关于构建现代环境治理体系的指导意见［Z］．2020－03－03．

［104］中国人民银行、国家发展改革委、证监会．绿色债券支持项目目录（2021年版）．2021－04－02．

［105］中国人民银行、国家发展改革委、环境保护部、证监会等七部委．关于构建绿色金融体系的指导意见［Z］．2016－08－31．

［106］中国人民银行．银行业金融机构绿色金融评价方案［Z］．2021－05－27．

［107］中国证券监督管理委员会．上市公司治理准则［Z］．2018－09－30．

［108］中国证券监督管理委员会．公开发行证券的公司信息披露内容与格式准则第2号——年度报告的内容与格式［Z］．2017－12－26．

［109］中国证券监督管理委员会．公开发行证券的公司信息披露内容与格式准则第2号——年度报告的内容与格式（征求意见稿）［Z］．2021－05－07．

［110］中国证券监督管理委员会．上市公司股东大会规则［Z］．2016－09－30．

［111］中国证券监督管理委员会．上市公司信息披露管理办法［Z］．2007－01－30．

［112］中国证券监督管理委员会．关于在上市公司建立独立董事制度的指导意见［Z］．2001－08－16．

［113］中国证券监督管理委员会．上市公司投资者关系管理指引（征求意见稿）［Z］．2021－02－05．

［114］生态环境部、国家发展改革委、中国人民银行等五部委．关于促进应对气候变化投融资的指导意见［Z］．2020－10－21．

[115] 国家环境保护总局. 关于加强上市公司环境保护监督管理工作的指导意见 [Z]. 2008 - 02 - 22.

[116] 国务院国有资产监督管理委员会. 关于印发《关于中央企业履行社会责任的指导意见》的通知 [Z]. 2008 - 01 - 04.

[117] 财政部等五部委. 企业内部控制基本规范 [Z]. 2008 - 05 - 22.

[118] 中国证券投资基金业协会. 绿色投资指引（试行）[Z]. 2018 - 11 - 10.

[119] 上海证券交易所. 关于加强上市公司社会责任承担工作暨发布《上海证券交易所上市公司环境信息披露指引》的通知 [Z]. 2008 - 05 - 14.

[120] 上海证券交易所. 上海证券交易所科创板股票上市规则 [Z]. 2019 - 04 - 30.

[121] 上海证券交易所. 上海证券交易所科创板上市公司自律监管规则适用指引第 2 号——自愿信息披露 [Z]. 2020 - 09 - 25.

[122] 深圳证券交易所. 深圳证券交易所上市公司信息披露工作考核办法 [Z]. 2020 - 09 - 04.

[123] 深圳证券交易所. 深圳证券交易所上市公司规范运作指引 [Z]. 2020 - 02 - 28.

[124] 深圳证券交易所. 深圳证券交易所创业板上市公司规范运作指引 [Z]. 2020 - 06 - 12.

四、市场研究及动态

[125] 联合国可持续证券交易所倡议. 证券监管机构如何推动实现可持续发展目标经验共享 [EB/OL]. https：//sseinitiative. org/wp - content/up - loads/2019/12/SSE - Regulator - Report _ Chinese. pdf.

[126] PRI. 中国的 ESG 数据披露 [EB/OL]. https：//www. unpri. org/download？ac =6973.

[127] 气候行动 100 + . 2020 年进展报告 [EB/OL]. https：//www. climateaction100. org/wp - content/uploads/2021/03/CN - Climate - Action -

100 – 2020 – Progress – Report _ Final. pdf.

［128］邱慈观. ESG 影响力评估：机遇与挑战［EB/OL］. 财新网，2021 – 04 – 22，https：//opinion. caixin. com/2021 – 04 – 22/101694824. html? cxw = Android&Sfrom = Wechat&originReferrer = Androidshare.

［129］孙继荣."十四五"时期可持续发展与 ESG 投资［EB/OL］. 2021 – 01 – 27，https：//www. sohu. com/a/447095156 _ 559393.

［130］项目综合报告编写组. 中国长期低碳发展战略与转型路径研究综合报告［J］. 中国人口·资源与环境，2020（11）.

［131］IRFS Foundation. Consultation Paper on Sustainability Reporting［EB/OL］.（2020 – 09）. https：//cdn. ifrs. org/ – /media/project/sustainability – reporting/consultation – paper – on – sustainability – reporting. pdf? la = en.

［132］IFRS Foundation. IFRS Foundation Trustees Announce Next Steps in Response to Broad Demand for Global Sustainability Standards［EB/OL］.（2020 – 02）. https：//www. ifrs. org/news – and – events/2021/02/trustees – announce – next – steps – in – response – to – broad – demand – for – global – sustainability – standards/.

［133］IFRS Foundation. Effects of Climate – related Matters on Financial Statements［EB/OL］.（2020 – 11）. https：//www. ifrs. org/news – and – e-vents/2021/02/trustees – announce – next – steps – in – response – to – broad – demand – for – global – sustainability – standards/.

［134］IOSCO. IOSCO Sees an Urgent Need for Globally Consistent, Compa-rable, and Reliable Sustainability Disclosure Standards and Announces Its Priori-ties and Vision for a Sustainability Standards Board under the IFRS Foundation ［EB/OL］. https：//www. iosco. org/news/pdf/IOSCONEWS594. pdf.

［135］IOSCO. Sustainable Finance and the Role of Securities Regulators and IOSCO［EB/OL］.（2020 – 04）. https：//www. iosco. org/library/pub-docs/pdf/IOSCOPD652. pdf.

［136］IOSCO. IOSCO Response to the IFRS Foundation Consultation on Sustainability Reporting［EB/OL］.（2020 – 12 – 23）. http：//eifrs. ifrs. org/

eifrs/comment ＿ letters//570/570 ＿ 27480 ＿ JonathanBravoInternationalOr-
ganizationofSecuritiesCommissionsIOSCO ＿ 0 ＿ IOSCOcommentlettertoIFRSCon-
sultationPaperonSustainabilityReporting. pdf.

［137］IOSCO. IOSCO Technical Expert Group to Undertake an Assessment
of the Technical Recommendations to be Developed as Part of the IFRS Foundation's
Sustainability Project ［EB/OL］. （2020 - 09）. https：//www. iosco. org/news/
pdf/IOSCONEWS599. pdf.

［138］NGFS. Overview of Environmental Risk Analysis by Financial Institu-
tions. ［EB/OL］. （2020 - 09）. https：//www. ngfs. net/sites/default/files/
medias/documents/overview ＿ of ＿ environmental ＿ risk ＿ analysis ＿ by ＿ financial ＿
institutions. pdf.

［139］NGFS. Case Studies of Environmental Risk Analysis Methodologies
［EB/OL］. （2020 - 09）. https：//www. ngfs. net/sites/default/files/medias/
documents/case ＿ studies ＿ of ＿ environmental ＿ risk ＿ analysis ＿ methodolo-
gies. pdf.

［140］GRI. Measuring Impact with the GRI Standards ［EB/OL］. （2020 -
02 - 21）. https：//4post2020bd. net/wp - content/uploads/2020/02/GRI -
presentation. pdf.

［141］SASB. Promoting Clarity and Compatibility in the Sustainability Land-
scape ［EB/OL］. https：//www. sasb. org/blog/gri - and - sasb - announce -
collaboration - sustainability - reporting/.

［142］CDP, CDSB, GRI, IIRC, SASB. Statement of Intent to Work
Together towards Comprehensive Corporate Reporting ［EB/OL］. （2020 - 09）.
https：//www. globalreporting. org/media/bixjk1ud/statement - of - intent - to -
work - together - towards - comprehensive - corporate - reporting. pdf.

［143］IIRC. IIRC and SASB Anounce Intent to Merge in Major Step towards
Simplifying the Corporate Reporting System ［EB/OL］. https：//integratedreport-
ing. org/news/iirc - and - sasb - announce - intent - to - merge - in - major -
step - towards - simplifying.

［144］GRI, USB, UNEP. Sustainability Reporting Policy：Global Trends in Disclosure as the ESG Agenda goes Mainstream ［EB/OL］. （2020 – 07）. https：//www. carrotsandsticks. net/media/zirbzabv/carrots – and – sticks – 2020 – june2020. pdf.

［145］GRI, ISO. How to Use the GRI G4 Guidelines and ISO 26000 in Conjunction ［EB/OL］. https：//www. iso. org/files/live/sites/isoorg/files/archive/pdf/en/iso – gri – 26000 _ 2014 – 01 – 28. pdf.

［146］GSIA. Global Sustainable Investment Review 2020 ［EB/OL］. http：//www. gsi – alliance. org/wp – content/uploads/2021/07/GSIR – 2020. pdf.

［147］TCFD. 2020 Status Report ［EB/OL］. （2020 – 10 – 29）. https：// www. fsb. org/wp – content/uploads/P291020 – 1. pdf.

［148］European Parliamentary Research Service. Implementation Appraisal of Non – financial Reporting Directive ［EB/OL］. https：//www. europarl. europa. eu/RegData/etudes/BRIE/2021/654213/EPRS _ BRI （2021） 654213 _ EN. pdf.

［149］CDP. CDP Global Supply Chain Report 2020 ［EB/OL］. （2021 – 02）. https：//6fefcbb86e61af1b2fc4 – c70d8ead6ced550b4d987d7c03fcdd1d. ssl. cf3. rackcdn. com/cms/reports/documents/000/005/554/original/CDP _ SC _ Report _ 2020. pdf? 1614160765.

［150］CFA Institute. ESG Disclosure Practice and Dialogue ［EB/OL］. https：//www. arx. cfa/ – /media/regional/arx/post – pdf/2020/07/31/esg – disclosure – practice – and – dialogue. ashx.

［151］CFA Institute. ESG Disclosures in Asia Pacific ［EB/OL］. （2019 – 07 – 21）. https：//www. cfainstitute. org/ – /media/documents/article/position – paper/esg – disclosures – apac. ashx.

［152］CFA Institute. Corporate Governance and ESG Disclosure in the EU ［EB/OL］. （2020 – 01）. https：//www. cfainstitute. org/ – /media/documents/article/position – paper/CFA – CG _ ESG _ EU _ WEB. ashx.

［153］ WBCSD. ESG Disclosure Handbook ［EB/OL］. https：// docs. wbcsd. org/2019/04/ESG _ Disclosure _ Handbook. pdf.

［154］ WBCSD. Corporate and Sustainability Reporting in Singapore and Southeast Asia ［EB/OL］. （2018 – 10）. https：//docs. wbcsd. org/2018/10/ Corporate _ and _ sustainability _ reporting _ in _ Singapore _ and _ Southeast _ Asia. pdf.

［155］ WBCSD. Corporate and Sustainability Reporting Trends in Japan ［EB/OL］. （2019 – 02）. https：//docs. wbcsd. org/2019/02/Corporate _ and _ sustainability _ reporting _ trends _ in _ Japan. pdf.

［156］ World Meteorological Organization. State of the Global Climate 2020 ［EB/OL］. https：//library. wmo. int/doc _ num. php? explnum _ id = 10444.

［157］ BlackRock. Exploring ESG：A Practitioner's Perspective ［EB/OL］. https：//www. blackrock. com/corporate/literature/whitepaper/viewpoint – exploring – esg – a – practitioners – perspective – june – 2016. pdf.

［158］ BlackRock. Towards a Common Language for Sustainable Investing ［EB/OL］. （2020 – 08）. https：//www. blackrock. com/corporate/literature/ whitepaper/viewpoint – towards – a – common – language – for – sustainable – investing – january – 2020. pdf.

［159］ State Street. CEO's Letter on Our 2020 Proxy Voting Agenda ［EB/ OL］. （2020 – 01）. https：//www. ssga. com/library – content/pdfs/insights/ CEOs – letter – on – SSGA – 2020 – proxy – voting – agenda. pdf.

［160］ Vanguard. Investment Stewardship 2019 Annual Report ［EB/OL］. （2019 – 08 – 29）. https：//global. vanguard. com/documents/2019 – investment – stewardship – annual – report. pdf.

［161］ Governance & Accountability Institute，Inc. 90% of S&P 500 Index Companies Publish Sustainability Reports in 2019，G&A Announces in its Latest Annual 2020 Flash Report ［EB/OL］. （2020 – 07 – 16）. https：//www. ga – institute. com/press – releases/article/90 – of – sp – 500 – index – companies – publish – sustainability – reports – in – 2019 – ga – announces – in – its – latest –

a. html.

［162］ The Economist Intelligence Unit. The Cost of Inaction: Recognising the Value at Risk from Climate Change ［EB/OL］. 2015. https: //eiuperspectives. economist. com/sites/default/files/The%20cost%20of%20inaction _ 0. pdf.

［163］ KPMG. The Time Has Come – The KPMG Survey of Sustainability Reporting 2020 ［EB/OL］. （2020 – 12）. https: //assets. kpmg/content/dam/kpmg/xx/pdf/2020/11/the – time – has – come. pdf.

［164］ Keidanren, GPIF, the University of Tokyo. The Evolution of ESG Investment, Realization of Society 5. 0, and Achievement of SDGs ［EB/OL］. 2020. https: //www. gpif. go. jp/en/investment/Report _ Society _ and _ SDGs _ en. pdf.

［165］ Richard Monks. Building Trust in Sustainable Investments ［EB/OL］. （2020 – 10 – 21）. https: //www. fca. org. uk/news/speeches/building – trust – sustainable – investments.

［166］ Camilleri, M. A. A Cost – Benefit Analysis of ISO's Standard on Social Responsibility: A Review and Appraisal ［Z］. In ISO 26000 – A Standardized View on Corporate Social Responsibility, 2019: 159 – 175.

［167］ Janet Yellen. Climate Action and the Institute of International Finance ［EB/OL］. （2021 – 04 – 22）. https: //secjanetyellen. medium. com/climate – action – and – the – institute – of – international – finance – 1e06b9db2105.

［168］ Guido Orzes, Antonella Maria Moretto et al. The Impact of the United Nations Global Compact on Firm Performance: A Longitudinal Analysis ［Z］. 1 February, 2020.

［169］ EcoVadis. Commitment vs Practice: A Comparison of CSR Performance of the UN Global Compact Signatories and Non – Signatories ［Z］. March 2019.

［170］ Carol A Adams, Paul B Druckman, Russell C Picot. Sustainable Development Goals Disclosure （SDGD） Recommendations ［EB/OL］. （2020 – 01）. https: //integratedreporting. org/wp – content/uploads/2020/01/Adams _

Druckman _ Picot _ 2020 _ Final _ SDGD _ Recommendations. pdf.

［171］Spaiser et al. The Sustainable Development Oxymoron：Quantifying and Modelling the Incompatibility of Sustainable Development Goals ［Z］. 2017.

五、可持续发展报告

［172］Apple. 供应链中的人与环境——2021 年进展报告［EB/OL］. https：//www. apple. com. cn/supplier－responsibility/pdf/Apple _ SR _ 2021 _ Progress _ Report. pdf.

［173］HP. Sustainable Impact Report 2020［EB/OL］. https：// www8. hp. com/h20195/v2/GetPDF. aspx/c07539064. pdf#page = 34.

［174］Allianz Group. Allianz Group Sustainability Report 2020 － "Collaborating for a Sustainable Future"［EB/OL］. https：//www. allianz. com/content/ dam/onemarketing/azcom/Allianz _ com/sustainability/documents/Allianz _ Group _ Sustainability _ Report _ 2020 － web. pdf.

［175］Philip Morris International. "Delivering a Smoke － free Future，Progress toward a World without Cigarettes" － Integrated Report 2020［EB/OL］. https：//pmidotcom3 － prd. s3. amazonaws. com/docs/default － source/pmi － sustainability/pmi － integrated － report － 2020. pdf？sfvrsn = f17a78b7 _ 6.

［176］Mitsubishi Motors Corporation. Sustainability Report 2020［EB/ OL］. https：//www. mitsubishi － motors. com/en/sustainability/pdf/report － 2020/sustainability2020 _ e. pdf？201214.

后　记

近年来，以环境、社会和治理（ESG）为主题的可持续投资发展加快，形成国际潮流。在全球可持续投资快速发展及中国资本市场对外开放的背景下，中国与全球在可持续投资方面的互动渐趋深入。

目前国内可持续投资的发展受信息披露的掣肘，而境外机构的信息披露和评价标准有些方面不太符合我国国情，难以直接满足我国的可持续投资实践需要。因此，加快完善科学系统的信息披露标准及评价体系是可持续投资实践的基础和前提。

鉴于可持续信息披露是评价和投资的底层支撑，上海新金融研究院发起了"可持续投资的信息披露标准设计：国际经验与我国探索"课题项目，并取得了监管部门、业界和学界有关机构的大力支持。课题总结了全球可持续信息披露标准发展趋势，研究境外主要国家和地区对可持续信息披露的推动和实践，综合考虑我国实际情况，为我国可持续信息披露标准的建立建言献策，以期为各利益相关者，尤其是作为披露主体的企业和作为主要信息使用者的投资者提供相关指引，并提高中国在可持续信息披露规则制定领域的话语权和影响力。

"可持续投资的信息披露标准设计：国际经验与我国探索"的研究方向、课题架构和主要内容由屠光绍建议，并由课题组全体成员共同研究确定。课题组成员包括上海证券交易所曾刚，深圳证券交易所何基报、孙烨，全国社会保障基金理事会刘寒星，鼎力可持续数字科技（深圳）有限公司王德全、赵俊峰，中证指数有限公司宋红雨，汇添富基金管理股份有限公司叶从飞，中国平安保险（集团）股份有限公司耿艺宸。本书第一章至第六章由鼎力可持续数字科技（深圳）有限公司王德全及其团队主笔撰写。

第七章由曾刚、宋红雨、王德全等共同撰写。课题组其他成员在整个研究和撰写的不同阶段提出了大量的宝贵意见。感谢各课题组成员的倾心投入！

此外，感谢中国证券监督管理委员会原主席肖钢、国际会计准则理事会理事张为国、全国社会保障基金理事会副理事长陈文辉、上海证券交易所总经理蔡建春等评审专家在本书编撰过程中提出的宝贵意见，同时也感谢全国社会保障基金理事会、贝莱德、富达国际、赣锋锂业、海尔智家、海螺水泥、南钢股份、三七互娱、顺丰控股、药明康德、中国广核、中集集团、中远海能等机构对课题的大力支持。感谢上海高级金融学院邱慈观教授对课题提出的宝贵意见，还要感谢上海新金融研究院的张鑫、杨悦珉对课题的大力支持。感谢所有为本书的完成而付出心血和努力的机构和个人！

当前中国企业可持续信息的披露占比仍不高，国内在可持续信息披露标准上仍处于摸索阶段。可持续信息披露上还有很多问题有待探索和解决，例如分行业可持续信息披露标准的建立、强制性披露的指标范围和实施步骤等，这些都需要广大利益相关方共同参与。欢迎海内外利益相关者提供反馈，加强沟通，共同推动中国可持续信息披露的普及和发展，推进中国可持续信息披露标准的制定和完善。

本书课题组
2021 年 10 月